MANUEL
DU CLERGÉ

ET

DU CULTE CATHOLIQUE

POUR LE RÈGLEMENT DES CHOSES DU TEMPOREL

PAR

PAUL CÈRE,

Ancien Préfet,
Auteur du Manuel du Maire,

ET

EUGÈNE DES BLONDEAUX,

Ancien Magistrat.

PARIS

COTILLON, ÉDITEUR, LIBRAIRE DU CONSEIL D'ÉTAT

16, RUE DES GRÈS-SORBONNE ;

GABRIEL ROUX,

24, RUE DES GRANDS-AUGUSTINS.

1854

MANUEL DU CLERGÉ

ET

DU CULTE CATHOLIQUE.

MONTMARTRE. — IMPRIMERIE DE PILLOY.

MANUEL
DU CLERGÉ

ET

DU CULTE CATHOLIQUE

POUR LE RÈGLEMENT DES CHOSES DU TEMPOREL

PAR

PAUL CÈRE,

Ancien Préfet,

Auteur du Manuel du Maire,

ET

EUGÈNE DES BLONDEAUX,

Ancien Magistrat.

———

PARIS

COTILLON, ÉDITEUR, LIBRAIRE DU CONSEIL D'ÉTAT

16, RUE DES GRÈS-SORBONNE ;

GABRIEL ROUX,

24, RUE DES GRANDS-AUGUSTINS.

1854

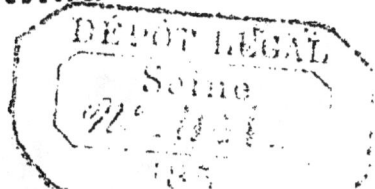

PRÉFACE.

Un Manuel élémentaire, succinct, explicite, traitant des diverses questions du temporel des églises catholiques, nous a été demandé, à plusieurs reprises, par des ecclésiastiques, par des membres de municipalités et par des fabriciens.

Les gouvernements qui se sont succédé, en France, depuis soixante ans, ont édicté une série de lois, de décrets et d'ordonnances dont l'ensemble forme le *Code des Cultes*. Parmi ces nombreuses dispositions législatives, les unes sont abrogées implicitement ou explicitement; les autres sont sans application usuelle ou d'une application peu fréquente; d'autres, enfin, sont appliquées tous les jours dans les plus petites communes comme dans les grandes cités; et ce sont celles-ci dont il importe de vulgariser la connaissance.

Le texte complet de ces lois formerait une compilation indigeste, le commentaire en demanderait des volumes, l'étude en exigerait des années de travail, et il nous a paru plus utile de renfermer, dans un ouvrage restreint, divisé avec méthode, l'exposition des différentes questions du temporel des églises catholiques.

Les relations entre l'autorité civile et l'autorité ecclésiastique s'établissent, presque partout, par la tradition, et on ne sait pas toujours qu'il existe, pour les déterminer, des règles fixes et invariables, dont l'application est une garantie de bon accord, de liberté réciproque et de sage administration.

L'ignorance ou la connaissance incomplète des droits et des devoirs respectifs de l'autorité civile et des ministres du culte ont produit, dans plus d'une commune, des divisions fâcheuses à tous égards, et de nature à porter atteinte, en même temps, et au respect dû à la religion et à la bonne administration de la cité.

Il est facile d'éviter des conflits en se renfermant toujours, exactement, dans ses attributions et dans ses droits; mais c'est parce qu'on ne connaît, d'une manière certaine, ni les uns ni les autres, qu'on se laisse quelquefois entraîner plus loin qu'il ne conviendrait. Les difficultés disparaissent, pour la plupart, après l'examen de la loi, et elles n'auraient pas pris naissance si la loi avait été tout d'abord examinée ou connue.

Où consulter la loi? à quel recueil recourir? Des

hommes éminents par leur position dans l'Église, par leur haut mérite, Monseigneur Affre, archevêque de Paris, M. Dieulin, M. Vuillefroy ont publié des recueils complets de jurisprudence et de droit ecclésiastiques; mais ces ouvrages étendus, importants par le sujet qu'ils traitent, d'un prix élevé, ne peuvent pas être répandus dans toutes les communes. Il y avait donc une lacune que le *Manuel du Culte catholique* viendra, nous l'espérons, combler en partie.

Ce livre est écrit pour les membres du clergé catholique, en même temps que pour les maires et les membres des fabriques; il contient l'exposé exact de la jurisprudence qui régit, actuellement, les relations civiles du prêtre, dans la commune; l'exposé de ses droits comme de ses devoirs et de ses obligations.

Nous avons évité, autant que possible, les discussions théoriques, qui n'ont, le plus souvent, d'autres résultats que d'égarer les esprits; nous nous sommes appliqué à résoudre, de la manière la plus conforme à la pratique, et en nous basant sur les décisions les plus certaines, toutes les questions importantes pour le règlement des choses du temporel.

La tâche que nous nous sommes proposé exigeait une grande réserve d'appréciation, une prudence extrême, et il fallait, surtout, s'abstenir de manifester une opinion, à moins d'être absolument sûr de sa conformité avec la loi.

Il était, en outre, sage et convenable de s'appuyer, en quelque sorte, sur le témoignage de l'autorité épiscopale, tout en compulsant les arrêts du conseil d'Etat et ceux de la Cour de cassation. C'est ce que nous avons fait.

Nous n'ignorons pas qu'un grand nombre des questions que nous avons posées, discutées ou résolues, sont l'objet de controverses sérieuses ; que le fait n'est pas, partout, conforme au droit. Aussi, nous n'avons pas eu l'intention de nous immiscer dans la discipline générale de l'Église, de combattre ou de contester les instructions diocésaines ou métropolitaines, d'essayer, en aucune manière, d'imprimer une direction quelconque au clergé catholique.

Nous avons fait du droit civil ecclésiastique, rien de plus.

Le *Répertoire alphabétique* du *Manuel* expose toutes les questions les plus usuelles du temporel catholique, des définitions que nous nous sommes efforcé de rendre exactes et claires, le résumé de la doctrine et de la jurisprudence et les renseignements pratiques les plus utiles.

Nous nous sommes attaché à remplacer les *formules* de demandes d'autorisation, de comptabilité et d'autres actes d'administration, en indiquant la *construction* des actes et les autorités auxquelles ils doivent être adressés. On pourra donc, avec un peu d'attention, et en suivant les indications du *Manuel*, rédiger tous les actes sans *formulaire.*

Nous avons reproduit, dans le corps de l'ouvrage, quelques-uns des textes des lois, des décrets et des ordonnances cités, pour servir de complément nécessaire à nos explications.

Nous avons ensuite fait choix des dispositions législatives les plus importantes pour les inscrire, *en entier,* à la suite du *Répertoire alphabétique.* Le lecteur les consultera souvent avec fruit.

Enfin, sans accuser la prétention d'avoir écrit, sur une matière aussi délicate, un ouvrage aussi complet que possible, nous espérons qu'on nous rendra cette justice que ce livre est une œuvre de bonne foi, qui peut avoir son utilité.

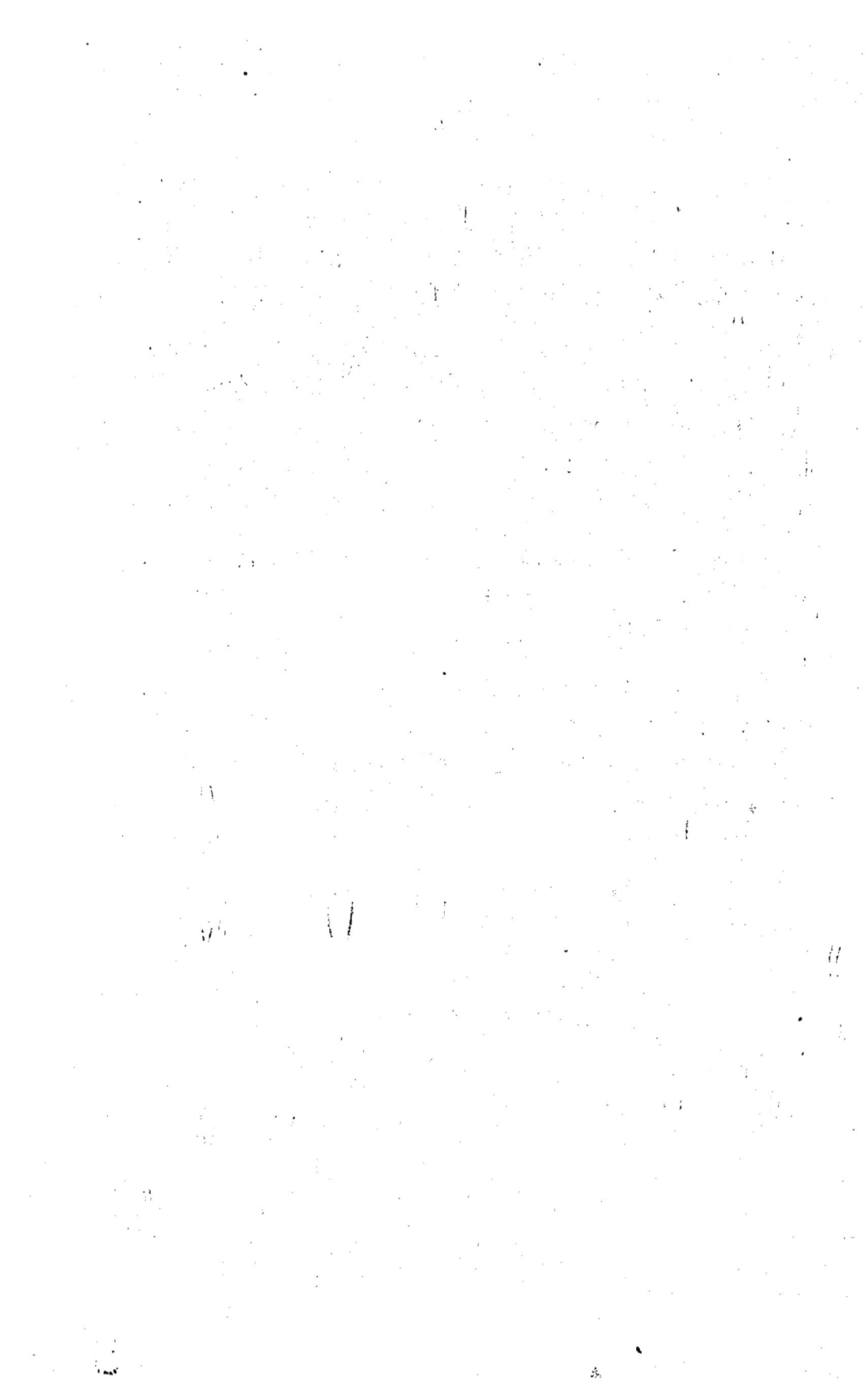

MANUEL

DU CLERGÉ

ET

DU CULTE CATHOLIQUE

POUR LE RÈGLEMENT DES CHOSES DU TEMPOREL.

———≪≫———

CHAPITRE PREMIER.

DU PRÊTRE AU POINT DE VUE CIVIL.

———

Le prêtre ne concourt pas au recrutement de l'armée (loi du 21 mars 1832). Il est également exempté du service de la garde nationale, et ces exemptions sont étendues, simultanément, aux ecclésiastiques engagés dans les ordres, aux ministres des différents cultes reconnus par l'État, aux élèves des grands séminaires et des facultés de théologie.

L'exemption accordée aux élèves des grands séminaires, régulièrement autorisés à continuer leurs études ecclésiastiques, est cependant conditionnelle : s'ils
ne sont pas entrés dans les ordres majeurs à vingt-
cinq ans accomplis, ils sont tenus de faire le service
militaire pendant le temps fixé par les lois sur le recrutement de l'armée. Dès qu'ils abandonnent la car-
rière en vue de laquelle ils ont été comptés en réduction
du contingent, ils sont tenus de faire, pendant le
cours de l'année où ils ont cessé leurs études, au
maire de la commune qu'ils habitent, une déclaration dont ils retirent une expédition, pour la soumettre au visa du préfet du département, dans le délai
d'un mois. L'oubli ou la négligence à accomplir ces
formalités les exposerait à un emprisonnement d'un
mois à un an ; ils sont, dans tous les cas, rétablis parmi
le contingent de leur classe, sans déduction du temps
écoulé depuis la cessation de leurs études jusqu'au
moment où ils ont fait leur déclaration.

Le bénéfice de l'exemption du service militaire ne
profite pas aux autres personnes qui se préparent à
l'état ecclésiastique dans les petits séminaires ou dans
les maisons particulières.

Le curé ou le desservant n'est pas assujetti à remplir les fonctions de juré, il est exonéré de l'obligation d'être tuteur hors du département où il exerce
son ministère ; mais l'ecclésiastique non tenu à résidence peut être chargé d'une tutelle ou d'une
curatelle.

Bien que la loi du 11 juin 1792 assujettisse à la
servitude du logement des militaires en passage ou
en cantonnement, tous les habitants de la commune,

sans exception, cependant, dans le plus grand nombre des cités, on ne donne pas de billets de logement pour les desservants.

Les prêtres et les lévites ne paient pas de droits universitaires lorsqu'ils subissent des examens.

La loi du 15 mars, sur l'enseignement public, attribue aux ministres des différents cultes reconnus par l'État, le droit de donner l'instruction secondaire à quatre jeunes gens, au plus, destinés aux écoles ecclésiastiques, sans être soumis aux prescriptions de la loi concernant l'instruction secondaire, mais toutefois, à la condition de faire une déclaration au recteur.

Le curé n'est astreint, pour enseigner ces jeunes gens, ni à une autorisation préalable, ni au paiement des droits universitaires.

La loi de 1850 a également établi qu'on peut ouvrir, sans brevet de capacité, une école primaire, quand on jouit du titre de ministre non interdit, ni révoqué, de l'un des cultes reconnus par l'État. Elle donne, en outre, à toute personne qui agit dans un but charitable, et sans exercer la profession d'instituteur, le droit d'enseigner, sans brevet, la lecture et l'écriture aux enfants, avec l'autorisation du délégué cantonnal de l'enseignement primaire.

Le curé et les desservants peuvent, comme toutes les autres personnes charitables, profiter de cette disposition nouvelle de la législation.

Le curé est l'une des autorités locales préposées, par la loi du 15 mars 1850, à la surveillance et à la direction morale de l'enseignement primaire. Mais les ministres des différents cultes sont spécialement

1*

chargés de surveiller l'enseignement religieux des écoles spéciales à leur culte, ou des écoles mixtes pour leurs coreligionnaires seulement. L'école leur est toujours ouverte.

Dans les communes où il existe des écoles mixtes, un ministre de chaque culte a toujours l'entrée de l'école pour veiller à l'éducation religieuse des enfants de son culte.

C'est, chaque année, de concert avec le curé, que le maire dresse la liste des enfants qui doivent être admis dans les écoles publiques.

Le curé et les vicaires sont exemptés de prêter le serment auquel la Constitution de l'Empire oblige tous les fonctionnaires exerçant, à un titre quelconque, gratuit ou salarié, des charges publiques dans l'État.

Le curé et les desservants peuvent donner gratuitement des soins et des conseils à leurs paroissiens malades, mais non à d'autres, sans crainte d'être poursuivis par ceux qui exercent l'art de guérir, conformément à un avis du conseil d'État, du 30 décembre 1810.

Il convient, toutefois, de distinguer entre les soins et les conseils que le prêtre peut donner, sans inconvénient, et l'exercice illégal de l'art de guérir; les tribunaux condamneraient, certainement, le prêtre qui, sans diplôme de médecin ou de pharmacien, se livrerait à l'exercice réel de la médecine, et l'excuse d'avoir traité, gratuitement, de pauvres malades, n'empêcherait pas la condamnation.

Aux termes de la loi du 21 mars 1831, sur l'organisation municipale, les curés et les autres prêtres exerçant des fonctions ecclésiastiques, ainsi que les ministres des différents cultes reconnus par l'État, ne peuvent être maires, ni adjoints. Ils sont, toutefois, électeurs municipaux, lorsqu'ils remplissent les conditions exigées par la loi du 2 février 1852.

Ils ne peuvent être conseillers municipaux dans la commune où ils exercent des fonctions ecclésiastiques, mais il est évident qu'ils peuvent l'être dans les autres communes où ils réunissent les conditions ordinaires d'éligibilité.

La loi du 22 juin 1833 avait donné, et aucune loi nouvelle n'a ôté, aux divers ministres du culte, le droit d'être électeurs pour la nomination des conseillers généraux et d'arrondissement, et même le droit d'être élus.

Il sont enfin électeurs et éligibles pour la députation.

Les curés et desservants sont payés par l'État, dans la forme que nous indiquerons au chapitre suivant; ils sont logés par la commune; le décret du 22 janvier 1852 leur assure une retraite dans leur vieillesse.

Ils jouissent du privilége d'envoyer et de recevoir, en franchise, leur correspondance avec les évêques :

1º Pour les imprimés qui contiennent des mandements, des lettres pastorales, des lettres-circulaires, des feuilles d'approbation pour l'exercice des fonctions spirituelles, quelles qu'elles soient, les lettres d'institution des curés, les pouvoirs des desservants;

2º Pour les manuscrits qui contiennent les comptes et les budgets des fabriques, les délibérations des conseils de fabrique, les ordonnances pour les fondations de chapelles domestiques, les ampliations des décrets et ordonnances royales.

Les imprimés ne jouissent de la franchise qu'autant qu'ils sont expédiés sous bande et contresignés par l'évêque, ou, en son absence, par un des grands-vicaires, qui doit mettre cette mention : *pour l'évêque empêché ou absent.*

Toutes les pièces que nous venons d'énumérer sont envoyés par le curé à l'évêque, ou par l'évêque au curé, également en franchise, pourvu qu'elles soient sous bande et régulièrement contresignées. L'évêque seul, a le droit d'envoyer aux curés des lettres sous plis et cachetées; mais, dans ce cas, il contresigne l'enveloppe, en faisant précéder sa signature des mots : *fermée par nécessité.*

Les curés ne sont pas les seuls qui puissent correspondre gratuitement avec l'évêque, pour les affaires du service; le même bénéfice profite aux grands vicaires, aux desservants et aux succursalistes; enfin, aux supérieurs des séminaires et des écoles secondaires ecclésiastiques.

Les vicaires, les aumôniers, les chapelains, les prêtres, les directeurs de maisons religieuses ou de collèges n'ont pas le droit d'envoyer ou de recevoir, en franchise, une correspondance avec l'évêque; ce n'est qu'en l'absence du curé, et en ayant soin de mentionner cette absence sur la bande, que le vicaire peut envoyer une dépêche gratuite.

Nous dirons, dans les chapitres suivants, quels sont les autres droits du prêtre, comme membre du conseil de fabrique, et quelle est sa situation comme contribuable.

Les ecclésiastiques figurent parmi les fonctionnaires et les autres agents du gouvernement qui ne peuvent être mis en accusation sans l'autorisation préalable du conseil d'État, même lorsqu'ils sont accusés de faits prévus par la loi pénale, lorsque ces faits sont inhérents à l'exercice de leurs fonctions.

C'est, dans ce cas, au conseil d'État qu'il faut s'adresser, avant de soumettre l'affaire aux tribunaux.

Au contraire, lorsque les faits dont on accuse un ecclésiastique, bien qu'accomplis pendant l'exercice du culte, y sont étrangers, la justice peut être immédiatement saisie.

Les délits commis par un prêtre, dans l'exercice de ses fonctions, sont déférés aux tribunaux ordinaires, sans autorisation du conseil d'État, quand ils constituent une attaque contre le gouvernement ou renferment toute autre violation des lois.

Si le curé s'abstient de faire un des actes de son ministère, outrepasse ses devoirs et ses droits comme ecclésiastique, refuse, en termes injurieux ou diffamatoires, soit les sacrements, soit la sépulture de l'église, enfreint les prescriptions d'un arrêté municipal, régulièrement pris et approuvé, attaque en chaire l'honneur d'un citoyen (Cour de cassation, arrêt du 18 février 1836), il ne peut cependant être poursuivi devant les tribunaux, avant que le conseil d'État n'en ait donné l'autorisation.

L'autorisation du conseil d'État est encore nécessaire dans les cas suivants : Lors d'usurpation ou d'excès de pouvoir, de contravention aux lois de l'État, d'infration des règles consacrées par les canons reçus en France, d'attentat aux libertés, franchises et coutumes de l'Église gallicane, et de tout procédé qui, dans l'exercice du culte, peut compromettre l'honneur des citoyens, troubler arbitrairement leur conscience, dégénérer contre eux en oppression, ou en injures, ou en scandale public. (Art. 6 de la loi du 18 germinal an x.)

Si un ecclésiastique interpelle ou blâme le gouvernement, traite de questions politiques; ou bien encore, assistant au service sans officier, se permet des attaques ou des injures, il peut être, dans ce cas, immédiatement poursuivi par la justice ordinaire.

Les ministres des cultes qui prononcent, dans l'exercice de leur ministère, et en assemblée publique, un discours contenant la critique ou la censure du gouvernement, d'une loi, ou de tout autre acte de l'autorité publique, peuvent être condamnés à un emprisonnement de trois mois à deux ans. (Code pénal, art. 201.)

Si le discours contient une provocation directe à la désobéissance aux lois et aux actes de l'autorité publique, ou s'il tend à soulever ou à armer une partie des citoyens contre l'autre, le ministre du culte qui l'a prononcé est puni d'un emprisonnement de deux à cinq ans, si la provocation n'a été suivie d'aucun effet, et du bannissement, si elle a donné lieu à désobéissance, autre, toutefois, que celle qui aurait dégénéré en sédition ou en révolte. (Art. 202.)

Lorsque la provocation a été suivie d'une sédition ou d'une révolte dont la nature donne lieu, contre l'un ou plusieurs des coupables, à une peine plus forte que celle du bannissement, cette peine, quelle qu'elle soit, est appliquée au ministre coupable de la provocation. (Art. 203.)

Tout écrit contenant des instructions pastorales,

n quelque langue que ce soit, et dans lequel un mi-
istre du culte s'est ingéré de critiquer ou de censu-
er, soit le gouvernement, soit tout acte de l'autorité
ublique, emporte la peine du bannissement contre le
ministre qui l'a publié. (Art. 204.)

Si l'écrit mentionné en l'article précédent contient
ne provocation directe à la désobéissance aux lois,
u aux autres actes de l'autorité publique, ou s'il tend
à soulever ou à armer une partie des citoyens contre
autre, le ministre qui l'a publié est puni de la dé-
ortation. (Art. 205.)

Lorsque la provocation contenue dans l'écrit pas-
oral a été suivie d'une sédition ou d'une révolte dont
a nature a donné lieu, contre l'un ou plusieurs des
coupables, à une peine plus forte que celle de la
déportation, cette peine, quelle qu'elle soit, est appliquée au ministre coupable de la provocation.
Art. 206.)

Tout ministre d'un culte qui a, sur des questions
ou matières religieuses, entretenu une correspondance avec une cour ou une puissance étrangère,
sans en avoir préalablement informé le ministre de
l'Empereur, chargé de la surveillance des cultes, et
sans avoir obtenu son autorisation, peut être, pour
ce seul fait, puni d'une amende de 100 francs à
500 francs et d'un emprisonnement d'un mois à deux
ans. (Art. 207.)

Si la correspondance mentionnée en l'article précédent a été accompagnée ou suivie d'autres faits
contraires aux dispositions formelles d'une loi ou
d'un décret impérial, le coupable est puni du bannissement, à moins que la peine résultant de la nature

de ces faits ne soit plus forte, auquel cas cette peine plus forte est seule appliquée. (Art. 208.)

Il est, dans l'usage, une dérogation formelle à cet article du Code, et tous les évêques correspondent directement avec le pape, sans l'autorisation du ministre des cultes, pour le consulter sur des cas de conscience ou pour en obtenir des indults ou des dispenses particulières en faveur des individus qui désirent contracter mariage dans les degrés prohibés par les lois canoniques.

Les limites tracées par les rapports entre les évêques et le souverain pontife, se sont même étendues depuis le Concordat, et on s'adresse aujourd'hui au pape, sans avoir besoin d'autorisation, pour tous les cas qui n'intéressent que l'administration spirituelle des paroisses et des diocèses.

Le curé commet un délit en procédant à l'inhumation d'un individu décédé, sans l'autorisation de l'autorité civile de la commune; il s'expose à être poursuivi et condamné à un emprisonnement de six jours à deux mois et à une amende de 16 francs à 50 francs, conformément à l'article 358 du Code pénal.

Il est également défendu, par l'article 54 de la loi organique, à tout ecclésiastique, d'administrer le sacrement du mariage à ceux qui ne justifient pas, en bonne et due forme, qu'ils ont contracté le mariage civil. L'inobservation de cette prescription constitue un délit prévu par les articles 199 et 200 du Code pénal, et puni, lorsque le ministre du culte a procédé aux cérémonies religieuses d'un mariage, sans qu'il lui ait été justifié d'un acte préalablement reçu par les officiers de l'état civil, pour la première fois, d'une amende de 16 francs à 200 francs; en cas de nouvelles contraventions, la peine est élevée, pour la première récidive, à un emprisonnement de deux à cinq ans, et pour la seconde, à la détention.

L'ecclésiastique qui se permet de proférer des injures contre l'Empereur, le Sénat ou le Cors législatif, les tribunaux, les personnes constituées en autorité et les particuliers, est puni des mêmes peines que le laïque, et conformément aux lois qui répriment ces sortes de délits.

Les délits commis par des ecclésiastiques en violation des lois canoniques, sont connus, jugés et condamnés par les supérieurs ecclésiastiques, qui appliquent des peines spirituelles.

Tous les délits commis par les prêtres dans l'exercice de leurs fonctions, lorsqu'ils tendent à troubler l'ordre public ou les intérêts d'un tiers, sont de la compétence des tribunaux ordinaires, après ou sans l'autorisation du conseil d'Etat, suivant les cas que nous avons exposés plus haut.

Les ecclésiastiques appelés comme témoins devant la justice, partagent, avec les médecins, le bénéfice de pouvoir refuser, en certain cas, de déposer des faits parvenus à leur connaissance. Un arrêt de la Cour de cassation, du 30 novembre 1810, a reconnu que le prêtre était dispensé de déposer en justice des choses qu'il avait apprises en confession; plusieurs jugements et arrêts des tribunaux et des cours d'appel ont également dispensé le prêtre de déposer sur des confidences qu'il déclare lui avoir été faites sous la promesse du serment religieux, même par des personnes appartenant à une autre communion religieuse.

Il nous reste à résoudre, dans ce chapitre, trois questions qui ont été vivement agitées à plusieurs époques; il s'agit de savoir : 1º si le prêtre peut contracter mariage ; 2º s'il peut recevoir une donation ; 3º enfin, s'il peut adopter suivant les formes tracées par le Code civil.

La première question est résolue négativement. Les règles canoniques prohibent, de la manière la plus absolue, le mariage des prêtres et de tous les ecclésiastiques engagés dans les ordres. Dans l'ancien droit civil, cette prohibition était adoptée et consacrée par l'autorité civile. Plus tard, les lois de 1793 condamnèrent à la déportation ceux qui portaient directement ou indirectement obstacle au mariage des prêtres. Le Concordat, de même que le Code civil, sont muets sur la question du mariage des prêtres, et, bien que plusieurs tribunaux de première instance aient jugé que le mariage des prêtres pouvait être conclu, la Cour de cassation, par plusieurs arrêts successifs, a établi, comme point de jurisprudence incontestable, que les prêtres ne pouvaient pas contracter mariage.

La loi annulle, dans certains cas, les donations qui pourraient être faites aux médecins, chirurgiens, pharmaciens et aux ecclésiastiques; ces derniers peuvent cependant recevoir des libéralités destinées à la cure ou à la succursale dont ils sont titulaires; la même possibilité existe, et il leur est permis d'accepter personnellement des dons et des legs, lorsque la donation ou le testament ont été faits avant la dernière maladie pendant laquelle ils ont confessé le malade.

Il est incontestable qu'ils peuvent recevoir des dons

e toute nature d'un donateur, leur parent jusqu'au uatrième degré inclusivement, lorsque ce parent n'a as d'héritiers en ligne directe. Mais ils ne peuvent, ux termes de l'article 909 du Code Napoléon, profiter es dispositions faites par un donateur auquel ils ont onné les secours spirituels de la religion pendant la naladie dont il est mort.

La Cour de cassation, par un arrêt du 18 mai 1807, décidé qu'un prêtre qui est resté continuellement uprès d'un malade, et qui lui a même administré 'extrême-onction pendant la maladie dans laquelle le estament a été fait, pouvait recueillir le legs fait en sa aveur, pourvu qu'il n'ait pas confessé le donateur. Il eut encore recevoir, à titre rémunératoire, des dons t des legs à titre gratuit, quand il y a d'ailleurs pro- ortion entre les dons et les services rendus, ou les acultés du disposant. Enfin, il peut accepter quand e don n'est pas à titre gratuit; quand, par exemple, l est destiné à payer les honoraires de services et de messes.

L'ecclésiastique peut être exécuteur testamentaire, lors même qu'il a assisté le testateur dans ses derniers moments.

Le prêtre, qui a la liberté d'être parrain d'un en- fant, peut adopter quelqu'un, en se conformant aux formalités prescrites, en cas d'adoption, par le Code Napoléon. Aucune loi n'a ôté à l'ecclésiastique le droit d'adoption, et il est évident qu'il peut user de ce droit, comme de tous ceux dont les lois religieuses et les lois civiles ne lui interdisent pas l'exercice.

CHAPITRE II.

DU PRÊTRE DANS LA COMMUNE.

Obligations du desservant envers la commune ;
obligations de la commune envers le pasteur.

On appelle curé ou doyen, l'ecclésiastique pourvu d'une cure comme titulaire inamovible. Il y a une cure par chaque canton, mais elle peut n'être pas placée au chef-lieu.

Le curé ou doyen est nommé par l'évêque ; l'installation n'a lieu, toutefois, qu'après que la nomination a été approuvée par le gouvernement.

Le curé-doyen ne peut être dépossédé de sa cure qu'à la suite d'une destitution motivée par des faits très-graves.

Le desservant ou succursaliste est le prêtre chargé,

à titre amovible, de la direction d'une paroisse qu'on nomme succursale.

Pour être curé-doyen, il faut être Français ou naturalisé Français; tandis que l'étranger non naturalisé, mais autorisé par le gouvernement, peut être nommé à une succursale.

Les desservants, comme les vicaires, sont révocables à la volonté de l'évêque, sans recours au supérieur métropolitain, sans appel au conseil d'État.

La chapelle vicariale, subdivision du territoire de la commune où il existe une église desservie par un chapelain, aux frais de la commune pour laquelle elle a été établie, diffère de la succursale en ce que le traitement du succursaliste est payé par l'État, tandis que celui du chapelain reste, généralement, à la charge des communes, dont les habitants sont, en compensation, affranchis des frais du culte paroissial.

L'annexe est la chapelle dont les dépenses sont volontairement supportées par des souscripteurs particuliers, qui ne sont pas pour cela affranchis des frais du culte paroissial.

Le conseil d'État, par un avis du 28 décembre 1819, rapporté dans l'ouvrage de Monseigneur Affre, a assimilé les desservants aux chapelains-vicaires, qui ne diffèrent entre eux que par leur dénomination respective, par leurs traitements et par certains modes différents de posséder les biens; ils ne sont pas plus indépendants les uns que les autres de l'autorité spirituelle et temporelle.

Les formalités à remplir par les curés, les succursalistes ou les chapelains, sont les mêmes, lors de la prise de possession de leur ministère.

Le curé ou le vicaire, nommé par l'évêque, se présente, dans la commune où il doit exercer ses fonctions, devant le bureau des marguilliers de la paroisse dont la charge lui est confiée. Il lui est délivré un certificat de prise de possession, qui doit être signé, au moins, par le président et le secrétaire du bureau, et rédigé en double expédition : l'une qui est envoyée à l'évêque, chef du diocèse; l'autre au préfet du département. Ce certificat n'est nécessaire que lorsque le prêtre doit recevoir un traitement de l'État; mais, dans tous les cas, un procès-verbal de la prise de possession doit être enregistré sur le livre des délibérations du bureau des marguilliers.

Il est important que le curé, en prenant possession du presbytère, ait la précaution de faire établir un inventaire exact de tout le mobilier appartenant à la cure, afin d'éviter les contestations auxquelles pourrait donner lieu l'omission de cette formalité; cet inventaire doit être fait pour les choses appartenant à l'église, et dont le curé est responsable à sa sortie d'exercice, comme pour les objets appartenant au presbytère. L'inventaire ou l'état des lieux du presbytère a lieu contradictoirement avec le maire; l'inventaire des choses appartenant à la fabrique est fait d'accord avec les membres du bureau des marguilliers.

La prise de possession est constatée, non pas seulement dans le cas d'une première nomination, mais encore chaque fois que le desservant change de résidence.

Immédiatement après avoir fait dresser le procès-verbal d'installation, le curé ou desservant entre en possesion des biens de la cure.

Lorsque la fabrique n'a pas assez de ressources pour le fournir elle-même, la commune doit au curé ou desservant un presbytère ; à défaut d'un presbytère, un logement ou une indemnité de logement. L'usage général est de joindre un jardin, dans les communes rurales, au presbytère ou au logement, bien qu'une circulaire du ministre de l'intérieur ait établi qu'il n'était rigoureusement dû au desservant ni indemnité pour jardin, ni jardin. L'ordonnance du 12 mai 1844 dit que le curé qui n'a pas de jardin ne peut, pour ce fait, réclamer une indemnité en argent.

Le presbytère ou le logement doit être en bon état d'habitation, et toutes les grosses réparations et les réparations d'entretien sont à la charge du budget communal ; le desservant n'est obligé qu'à faire les réparations locatives.

La commune ne peut distraire du presbytère aucune partie du presbytère ou du jardin, quand bien même ils ne seraient pas utiles au prêtre, pour les louer à des tiers, sans l'autorisation du gouvernement.

Le curé qui bine dans une paroisse vacante a droit à la jouissance du presbytère et du jardin de cette commune ; il ne peut, toutefois, les mettre en location sans l'autorisation de l'évêque diocésain.

Le curé ou le desservant peut encore, outre le presbytère et le jardin, jouir d'autres immeubles appartenant à la cure, et pour lesquels il doit se préoccuper de la conservation des titres, de l'administration et du mode de jouissance, des réparations et des contestations sur les propriétés ou sur les revenus.

Le curé est tenu de jouir de tous les biens de la cure en bon père de famille et avec tous les droits et les devoirs imposés aux usufruitiers par le Code civil, sous la réserve de modifications ou de restrictions que l'en trouvera indiquées, pour chaque question, au *Répertoire alphabétique.*

Toutes les opérations qui auraient pour résultat de changer la nature des biens de la cure ou d'en diminuer le produit, telles que les aliénations, les échanges, les concessions de servitudes, sont absolument interdites au curé usufruitier des biens de la cure.

Les arbres fruitiers morts, qui garnissent les jardins des presbytères ou leurs dépendances appartiennent aux curés, à la charge par eux de les remplacer par d'autres plantations ; quant aux arbres improductifs ou en mauvais état, ils ne peuvent être arrachés sans la permission écrite des représentants de la commune ou de la fabrique, à l'une desquelles le produit de la vente de ces arbres doit profiter.

Les curés sont tenus, à moins de conditions contraires faites amiablement avec les fabriques, comme avec les propriétaires, aux mêmes obligations et réparations auxquelles les locataires ordinaires sont assujettis pour l'entretien des champs, des prés, des terres, des vignes, des jardins et des autres dépendances du presbytère; les dégradations survenues par cas fortuit, telles que l'intempérie des saisons, la force majeure ou la vétusté, sont les seules dont ils ne soient pas pécuniairement responsables.

C'est le curé qui doit entretenir les haies, tailler les arbres, planter les nouveaux plants pour remplacer ceux qui meurent, faire écheniller ceux qui bordent les routes ou les chemins.

Le curé qui habite une commune où les habitants jouissent du droit d'affouage, a le droit, comme tous les autres citoyens, après un an de domicile, de participer au partage des bois, conformément au règlement établi par l'autorité municipale.

La loi organique obligeait les curés ou desservants à résider dans leurs paroisses; la loi du 23 avril 1833 a fait dépendre le paiement du traitement de l'exécution du service et non plus de la résidence dans la paroisse. C'est l'évêque diocésain qui juge, dans la pratique, la question de résidence des titulaires ecclésiastiques; mais nul ecclésiastique salarié par l'État, lorsqu'il n'exerce pas de fait dans la commune qui lui a été désignée, ne peut toucher son traitement.

L'ordonnance royale du 13 mars 1832 n'autorise que les absences de huit jours, sans réduction sur le traitement; ces absences doivent être permises par l'évêque. Les congés pour un mois, sont obligatoirement notifiés au préfet, ainsi que les raisons qui les motivent; et les congés pour un temps plus long ne peuvent être accordés qu'avec l'autorisation du ministre des cultes, sous peine d'une retenue proportionnelle sur le traitement de l'ecclésiastique qui prendrait le congé sans y être autorisé.   *

Ainsi, l'absence temporaire, et pour cause légitime, des titulaires d'emplois ecclésiastiques, du lieu où ils sont tenus de résider, peut être autorisée par l'évêque diocésain, sans qu'il en résulte une retenue sur le traitement, si l'absence ne doit pas excéder huit jours; passé ce délai, et jusqu'à celui d'un mois, l'évêque notifie le congé au préfet et lui en fait connaître le motif. Si la durée de l'absence, pour cause de maladie ou autre, doit se prolonger au delà d'un mois, l'autorisation du ministre des cultes est nécessaire.

Nous avons vu, précédemment, que le traitement fixe des ecclésiastiques pourvus d'une charge était payé par l'État, par les communes et par les particuliers, suivant que l'église desservie était classée parmi les curés ou succursales, ou parmi les annexes ou chapelles.

Les curés de première classe et ceux qui, bien que titulaires de cures de deuxième classe, appartiennent à la première par privilége personnel, reçoivent de l'État un traitement fixe annuel de 1,500 francs, qui est même élevé à 1,600 francs lorsqu'ils sont septuagénaires et non pensionnés; lorsqu'ils sont parvenus à soixante-dix ans et qu'ils sont pensionnés, ils peuvent cumuler le traitement fixe avec la pension.

La première classe comprend : les titulaires exerçant ou dans des communes dont les maires sont nommés par l'Empereur, ou dans les chefs-lieux de préfecture, et ceux dont les églises ont été érigées avec le titre de première classe; ceux qui, étant dans une cure de deuxième classe, sont agréés par le chef de l'État comme curés de première classe, et ne jouissent, toutefois, de ce titre que comme d'une récompense personnelle, dont ils ne peuvent transmettre le titre à leur successeur.

Les curés de seconde classe reçoivent 1,200 francs, et 1,300 francs s'ils sont septuagénaires non pensionnés ; ils peuvent, lorsqu'ils ont la pension, en cumuler les recettes avec leur traitement fixe de 1,200 francs.

L'État donne aux curés, desservants septuagénaires, 1,100 francs ; aux sexagénaires, 1,000 francs ; aux desservants âgés de cinquante ans, 900 francs ; enfin, à tous les autres desservants des succursales, 800 francs.

Le traitement des chapelains-vicaires, payés par les communes, varie de 500 à 800 francs, et celui des vicaires, payés par les fabriques ou les communes, n'est fixé que de 300 à 500 francs.

Il est utile de dire ici que les curés touchent leur traitement du jour de leur installation, tandis que les desservants sont payés à dater du jour de leur nomination.

Les curés, desservants ou vicaires, peuvent recevoir, dans plusieurs cas, des suppléments de traitement.

Un prêtre, titulaire d'une succursale ou d'une annexe, peut être appelé à dire régulièrement la messe dans une paroisse privée, momentanément, d'un desservant titulaire, ou trop peu importante pour avoir un pasteur, en ajoutant le service qu'il fait dans cette paroisse à celui qu'il est tenu de faire dans celle dont il est chargé.

Dans le cas où il remplit ce double service, en desservant une seconde paroisse, en y disant la messe le dimanche ou tout autre jour de la semaine, en y allant faire des instructions, en visitant les malades et en y administrant les sacrements, l'ecclésiastique a droit à la jouissance du presbytère et de ses dépendances dans la succursale vacante, et, de plus, à une indemnité supplémentaire de 200 francs, qui est payée par le gouvernement ; pourvu, toutefois, qu'il ait le titre de curé ou de vicaire d'une cure, ou de succursaliste. Un prêtre habitué, ou sans fonctions, un chapelain ou vicaire de succursale, qui exercent exactement les fonctions ecclésiastiques dans une paroisse dont la direction est vacante, ne peuvent recevoir l'allocation supplémentaire que l'État accorde aux succursalites ou aux curés; il faut même, avant d'être admis à percevoir l'indemnité, que les bénéficiaires justifient de l'exactitude et de la durée du service, qu'ils prouvent qu'ils ont dit une messe, au moins une fois par semaine, autant que possible le dimanche; et enfin, qu'ils ont rempli, de la manière la plus complète, toutes les fonctions ecclésiastiques dans la paroisse.

L'indemnité supplémentaire n'est payée qu'à celui qui a desservi une succursale vacante; il n'y a pas d'indemnité de double service pour les fonctions remplies dans une cure de première ou de deuxième classe vacante; enfin, si un desservant était obligé de faire un triple service, en remplissant, simultanément, les fonctions ecclésiastiques dans deux paroisses autres que celles dont il est titulaire, il n'aurait droit qu'à une seule indemnité.

En dehors de cette indemnité, accordée par le gouvernement aux ecclésiastiques qui remplissent un double service, les conseillers municipaux sont libres d'attribuer, dans leur budget, au curé ou succursaliste, un supplément de traitement dont aucune loi n'a fixé le maximum.

Les traitements des ecclésiastiques sont insaisissables dans leur totalité, aux termes de l'arrêté du gouvernement en date du 18 nivôse an XI; aucun créanier ne peut donc former opposition, soit entre les mains du receveur communal', soit même entre les mains du maire, pour arrêter le paiement du traitement d'un ecclésiastique. Le créancier devrait s'adresser, pour obtenir un paiement qui lui serait réfusé, à la justice ordinaire, au juge de paix ou au tribunal de première instance, suivant la quotité de la somme réclamée, et suivant la nature de la dette; la condamnation aurait lieu comme s'il s'agissait d'un débiteur ordinaire, et les propriétés mobilières et immobilières de l'ecclésiastique, mais non son traitement, composeraient la garantie et le gage du créancier.

Le maire n'a donc pas le droit de retenir le mandat de traitement délivré au nom du curé ou du desservant, sur l'opposition du créancier; il n'a pas davantage ce droit par le motif que l'ecclésiastique, sans être muni d'un congé régulier, s'est abstenu de l'accomplissement de ses fonctions.

Le cumul de deux traitements pour deux fonctions exercées simultanément, ne peut avoir lieu qu'après une autorisation du ministre des cultes; le traitement est la rétribution exacte du service rendu; ainsi, le titulaire nommé à une autre cure, ou démissionnaire, a droit au paiement de son traitement jusqu'au jour où il cesse réellement ses fonctions, et sans interruption, jusqu'à la prise de possession de son successeur.

Le curé ou succursaliste absent, même en vertu d'un congé régulier, subit une réduction sur son traitement, pour fournir une indemnité aux ecclésiastiques désignés par l'évêque pour le remplacer provisoirement.

Dans le cas où l'absence du titulaire a été motivée par sa mauvaise conduite, son remplaçant reçoit, dans une succursale, la moitié du traitement et de la pension ecclésiastique dont il aurait joui lui-même; dans une cure de seconde classe, l'indemnité s'élève aux trois cinquièmes; dans une cure de première classe, aux deux tiers.

Si le titulaire est absent pour cause de maladie, le remplaçant reçoit : dans une succursale, 250 fr.; dans une cure de seconde classe 400 fr.; dans une cure de première classe, 700 francs.

Le casuel tout entier, auquel le titulaire aurait eu droit, appartient à l'ecclésiastique chargé des fonctions intérimaires,

Indépendamment des traitements fixes, supplémentaires et des indemnités, les curés ou les desservants reçoivent le produit de certaines oblations, telles que le produit des quêtes et de la cire, dont le partage est réglé entre les fabriques et les prêtres de la paroisse, conformément aux règlements prescrits, dans chaque diocèse, par l'évêque. Dans plusieurs localités, les habitants donnent volontairement au desservant du vin, du blé, du cidre, du bois, des substances alimentaires, etc. Ces offrandes étant toutes spontanées, peuvent être acceptées par l'ecclésiastique, conformément à l'ordonnance ministérielle du 7 décembre 1838.

Le casuel, c'est-à-dire l'honoraire dû à l'ecclésiastique pour certains actes de son ministère, payé par les particuliers, vient apporter au curé une indemnité complémentaire.

Ces honoraires sont réglés par l'évêque du diocèse; ils ne sont payés pour aucun sacrement, celui du mariage excepté; ils sont fixés d'après un tarif, et proportionnellement à la solennité demandée par les paroissiens; ils ne sont pas payés par les indigents; et

enfin, à côté de l'honoraire du curé, doit toujours fi-
gurer, dans le tarif, une indemnité due à la fabrique
paroissiale et à ses employés.

Le tarif du casuel et des oblations pour chaque
diocèse est arrêté par l'évêque et approuvé par le
gouvernement ; aucune oblation ne peut être perçue
en dehors de ce tarif approuvé, et tout tarif n'est obligatoire qu'après l'approbation du gouvernement.

C'est à l'évêque seul qu'il appartient de fixer le
chiffre des honoraires dû pour les messes.

C'est le curé, le desservant, ou le trésorier de la fabrique, quand il consent à s'en charger, qui reçoivent
les sommes dues pour le casuel.

Il n'est point besoin de recommander aux ecclésiastiques d'apporter, dans la question du règlement
de leurs honoraires, un désintéressement honorable.
Ils comprennent tous quel tort ferait, à la religion
elle-même, l'accusation de cupidité ou d'avarice à laquelle s'exposerait le desservant d'une paroisse. Les
ministres du culte ne doivent pas regarder le casuel
et les oblations comme un prix des sacrements ou des
fonctions spirituelles, mais comme un moyen de subvenir à leurs nécessités temporelles.

Il importe au respect dû aux choses religieuses que
la haute influence morale du prêtre ne soit pas com-
promise par une avidité trop grande à fixer les droits,
et par une âpreté trop vive à les réclamer. L'état
ecclésiastique n'est pas plus un métier qu'un trafic ;
c'est un noble sacerdoce, c'est une vie qui doit être
toute d'abnégation et de dévouement.

Le grand poëte, l'illustre citoyen Lamartine, a
donné aux ecclésiastiques, relativement au paiement

du casuel, les conseils suivants, que nous sommes heureux de pouvoir reproduire ici : « Recevez le casuel du riche qui insiste pour vous le faire accepter ; refusez-le du pauvre qui rougit de ne pouvoir vous l'offrir, ou chez qui se mêle à la joie du mariage, au bonheur de la paternité, au deuil des funérailles, la pensée importune de chercher, au fond de sa bourse, quelques rares pièces de monnaie, pour payer vos bénédictions, vos larmes ou vos prières. Souvenez-vous que si nous leur devons gratis le pain de la vie matérielle, à plus forte raison leur devons-nous gratis le pain céleste ; et rejetez loin de vous le reproche de faire payer aux enfants les grâces sans prix du Père commun et de mettre un tarif à la prière. »

Nous avons analysé les diverses obligations de la commune envers le curé ou succursaliste, il nous reste à dire quelles sont les obligations personnelles au curé ou desservant.

Les communes sont exonérées de l'obligation de payer l'impôt foncier pour l'église, le presbytère et le jardin du curé. Quand la commune est propriétaire du presbytère et du jardin, elle n'a à payer aucun impôt ; quand elle loue, pour loger le curé, une propriété particulière, elle doit l'impôt foncier, à moins que, dans les clauses du bail, cet impôt n'ait été laissé à la charge du propriétaire. Dans ces deux cas, et sous aucun prétexte, l'impôt foncier ne peut être demandé au desservant. Quand, au contraire, la commune donne au ministre du culte une indemnité en argent, à la charge par lui de se pourvoir d'un logement, à ses risques et périls, c'est à ce ministre des cultes qu'il appartient, s'il veut être exempté du paie-

ment de l'impôt foncier, d'en faire une condition du
bail qu'il passe avec le propriétaire de l'immeuble.

Dans quelques communes, les curés ont été exemptés du paiement des contributions mobilières et personnelles; et cette exemption a pu légalement être
admise, car le conseil municipal est autorisé, par
l'article 18.de la loi du 21 avril 1832, à désigner les
habitants qu'il croit devoir exonérer de toute cotisa-
tion; il indique ces exemptions à l'époque où les répartiteurs lui soumettent leur travail de répartition.

Cependant, dans le plus grand nombre des localités, les ecclésiastiques logés gratuitement sont imposés à la contribution mobilière au prorata de la valeur
locative des parties de bâtiments affectés à leur
habitation personnelle.

Le curé paie également l'impôt personnel dans
presque toutes les communes.

Les ecclésiastiques l'ont toujours payé, et la loi n'en
exempte que les vieillards et les enfants.

Le conseil général détermine, sur la proposition du
préfet, dans chaque département, la valeur des trois
journées de travail, auxquelles l'impôt personnel est
évalué; ce prix ne peut s'élever à plus de 1 fr. 50 c.,
ni s'abaisser à moins de 50 cent. par chaque journée.
L'addition du prix des trois journées compose le
montant de l'impôt personnel.

Il est clair que l'ecclésiastique, parvenu à l'âge auquel les autres citoyens sont exonérés du paiement
de l'impôt personnel, jouit du même bénéfice et cesse
de payer la taxe.

Tous les fonctionnaires publics logés gratuitement,
et, à ce titre, les ecclésiastiques comme les autres,

sont, aux termes de la loi du 21 avril 1832, assujettis à payer l'impôt des portes et fenêtres pour les logements qu'ils occupent. Cet impôt est proportionné au chiffre de la population de la commune, au nombre des ouvertures de la maison ou de la partie de maison habitée par l'ecclésiastique, à la nature et à la situation des ouvertures.

Le chiffre de la population, conforme au tableau officiel établi tous les cinq ans, ne peut être contesté; les portes et les fenêtres des maisons habitables sont seules taxées; les portes et fenêtres des écuries, des étables, des granges, des caves et des greniers, sont exemptes d'impôt. Les fenêtres des portes intérieures ne sont pas imposées; pour être atteintes par la taxe, il faut qu'elles soient situées sur une cour, un jardin, une place ou une voie publique. Dans le cas où un presbytère est trop vaste pour l'habitation du prêtre, celui-ci ne doit l'impôt des portes et fenêtres que pour les baies ouvertes dans la portion du presbytère qu'il habite.

Une question a été souvent agitée, celle de savoir si les curés ou les desservants, qui ne sont ni propriétaires, ni régisseurs, ni fermiers, ni colons partiaires, pouvaient être imposés à la prestation en nature ou en argent, destinée à l'entretien des chemins vicinaux.

Deux arrêts du conseil d'État (du 1er juillet 1840 et du 30 décembre 1841) ont résolu la question d'une manière définitive, en décidant que les curés sont imposables à la prestation, comme tous les autres citoyens.

Une circulaire du ministre de l'intérieur, datée du 15 février 1837, autorise, toutefois, les commissaires répartiteurs des contributions directes à exonérer les ecclésiastiques de la prestation en nature, lorsqu'ils jugent convenable de le faire. Le conseil municipal peut également donner la même autorisation.

La prestation peut être fournie en nature ou en argent, au choix du contribuable; elle est fixée au maximum à trois journées de travail, dues pour la réparation et l'entretien des chemins vicinaux, par tout père de famille ou habitant, pour sa personne et celle de chaque individu mâle, valide, âgé de dix-huit ans au moins, et de soixante ans au plus, membre ou serviteur de la famille, et résidant dans la commune. Le curé ou desservant, qui aurait à son service un domestique mâle, âgé de plus de dix-huit ans et de moins de soixante, devrait donc payer et fournir la prestation pour cet individu.

Dans les communes où le curé n'est pas exonéré de la prestation pendant son exercice, cette exemption lui bénéficie, personnellement, le jour où il atteint sa soixantième année.

La loi n'exempte pas les curés ou desservants de loger les militaires en passage ou en cantonnement, et le décret du 11 juin 1792 assujettit à cette servitude tous les habitants, quelles que soient leurs fonctions et leurs qualités; les ecclésiastiques doivent donc, comme tous les autres citoyens, dans les communes où l'usage ne leur a pas donné d'exemption à ce sujet, recevoir les militaires qui leur sont envoyés, et pourvoir, à leurs frais, au logement de ces soldats, lorsque la disposition de leur presbytère ne leur permet pas de les y accueillir.

Nous venons d'esquisser, dans ce chapitre, les

différentes obligations réciproques du prêtre envers
la commune et de la commune envers l'ecclésiastique
qui y remplit les fonctions sacerdotales. On trouve
au *Répertoire alphabétique*, avec beaucoup plus de détails que dans cette partie de l'ouvrage, l'explication
de toutes les questions relatives au sujet que nous
venons de traiter.

CHAPITRE III.

DU CONSEIL DE FABRIQUE. — DU BUREAU DES MARGUILLIERS.

On appelle *Fabrique*, l'établissement public diocésain placé sous la direction de l'évêque et sous l'autorité du préfet du département, et chargé de l'administration temporelle des biens de la paroisse.

Cette fabrique e : dirigée par une assemblée d'habitants qui prend le nom de *Conseil de Fabrique*.

Les attributions des membres du conseil de fabrique sont déterminées par la loi.

Le conseil de fabrique examine, discute et fixe le budget de la fabrique; il vote les dépenses nécessaires au culte, qui ne s'élèvent que de 50 à 100 francs, dans les paroisses qui ont moins de mille habitants, et celles qui s'élèvent de 100 à 200 francs, dans les paroisses dont la population est plus importante; il vérifie,

3

examine et arrête les comptes du trésorier; il délibère
sur la concession des bancs dans l'église et sur les tarifs de la location des chaises; il délibère également
sur l'acceptation des dons et des legs; il décide les cas
où il y a lieu d'intenter ou de soutenir un procès,
sans toutefois pouvoir engager ce procès avant d'a-
voir obtenu du conseil de préfecture l'autorisation de
plaider; il décide, mais avec l'approbation du préfet,
la conclusion des baux n'ayant pas plus de dix-huit
ans de durée, pour les biens ruraux, ou de neuf ans
pour les autres biens; il délibère sur les acquisitions,
les aliénations, les partages, les échanges d'immeubles, les transactions; mais ses délibérations ne sont
suivies d'effet qu'autant qu'elles sont ensuite approuvées, conformément aux lois et aux règlements, et
sans que le conseil de fabrique puisse, en aucune façon, prendre par lui-même aucune disposition susceptible d'apporter un changement dans la nature des
biens, ou une diminution dans leurs produits.

Le conseil de fabrique veille, en outre, à l'entretien
et à la conservation de l'église; il surveille l'exécution des travaux de réparation qui peuvent y être exécutés; il veille à la décence du culte, il en règle les
dépenses; il administre les biens et les revenus de l'é-
glise, conserve les titres de ses biens et de ses fondations, les obligations, les créances, etc.; il veille au
recouvrement de ses droits et de ses revenus, à l'emploi de ses capitaux et au paiement des sommes dues
par la fabrique, et il s'adresse au conseil municipal,
quand les ressources de la fabrique sont insuffisantes,
pour subvenir aux frais du culte; enfin, tous les intérêts matériels de la paroisse doivent être l'objet des

soins les plus assidus des membres qui composent le conseil de fabrique, et un registre des délibérations, légalement obligatoire, tenu avec ordre et résumant avec exactitude toutes les résolutions du conseil prises à chaque séance, témoigne de la bonne administration des biens de l'église.

Il y a un conseil de fabrique dans chaque paroisse, pour toutes les succursales et dans les chapelles vicairiales détachées du chef-lieu paroissial.

Les annexes et les chapelles de secours n'ont pas, légalement, de conseils de fabrique, et leurs affaires temporelles sont réglées par la fabrique du chef-lieu paroissial, qui administre leurs biens et leurs revenus.

Dans les paroisses de cinq mille âmes et au-dessus, le conseil de fabrique se compose de onze membres; dans les communes où la population est moindre, le nombre des fabriciens n'est que de sept. Dans toutes les paroisses, indistinctement, la fabrique possède deux membres de droit : le maire et le curé ou le desservant; les autres conseillers sont nommés, lors de la première fondation des conseils, par l'évêque diocésain et par le préfet. Dans les paroisses qui ont plus de cinq mille âmes, l'évêque nomme cinq fabriciens, le préfet en nomme quatre; dans les autres paroisses, le choix de l'évêque désigne trois membres; celui du préfet en nomme deux. Les fabriques des cathédrales sont régies par des règlements particuliers. Les annexes qui n'ont pas, comme nous l'avons vu plus haut, le droit d'avoir une fabrique légale, sont administrées, pour les choses du temporel, conformément à la circulaire ministérielle du 11 mars 1809, par deux ou trois membres désignés par l'évêque, et qui administrent leurs revenus.

Tous les habitants de la commune ne peuvent pas, indistinctement, faire partie du conseil de fabrique. Les fabriciens doivent, obligatoirement, être catholiques et avoir leur domicile réel dans la commune; ils doivent, en outre, être choisis parmi les notables.

On ne peut être, à la fois, membre de deux conseils de fabrique, puisque la condition de la résidence est obligatoire et qu'on ne peut être, à la fois, domicilié dans deux paroisses. Il convient de ne pas choisir les fabriciens parmi les personnes qui reçoivent un traitement de la fabrique, et il est toujours permis, à ceux qui sont désignés pour remplir ces fonctions, de les refuser.

Les fabriciens sont nommés, lorsque le conseil de fabrique est formé pour la première fois, par l'évêque du diocèse ou le préfet du département, dans la proportion que nous avons indiquée précédemment; lorsque les conseils de fabrique organisés se renouvellent ensuite, conformément à la loi, les fabriciens nouveaux sont élus par le conseil de fabrique tout entier.

Dans les cas de première fondation, les conseillers nommés sont désignés à l'évêque par le curé ou le desservant, et au préfet par le maire.

Les conseils de fabrique, comme les conseils municipaux, se renouvellent par moitié, tous les trois ans; à l'expiration des trois premières années d'exercice, il doit sortir, dans les conseils composés de neuf membres, cinq fabriciens, et trois dans les paroisses

qui n'ont pas cinq fabriciens; c'est le sort qui désigne, dans tous les cas, les membres qui doivent
cesser leurs fonctions. Ceux qui ne sortent pas
du conseil, à l'expiration de la première période
triennale, font partie du second renouvellement,
trois ans après. Mais ceux qui sont ensuite nommés
restent en fonctions pendant six années, à moins que
le conseil de fabrique ne soit complétement destitué
et qu'une recomposition générale n'ait lieu ; alors les
choses se passent comme si le conseil avait été composé pour la première fois, et un tirage au sort a lieu
pour indiquer ceux des membres qui devront sortir
après trois ans d'exercice.

Le maire et le curé, qui sont membres-nés de la
fabrique, et qui font partie du conseil pendant tout
le temps qu'ils exercent leurs fonctions, se réunissent
aux membres non soumis à la réélection pour nommer
les fabriciens nouveaux qui doivent prendre la place
des sortants. Les membres sortants peuvent être indéfiniment réélus.

L'élection se fait ordinairement au scrutin secret,
bien que la loi n'ait pas ordonné ce mode de votation
et dise qu'il faut, pour être élu, avoir réuni la majorité
absolue des suffrages exprimés, c'est-à-dire plus de la
moitié des suffrages : cinq voix, quand il y a neuf vo-
tants; quatre, s'il y en a sept; trois suffrages sur quatre exprimés, et deux sur trois.

L'élection n'est, en outre, valable, qu'autant que
quatre membres, dans les conseils composés de neuf
membres élus, et trois membres dans les conseils de
cinq membres, ont pris part au vote; autrement le
résultat est nul.

Quand tous les candidats n'ont pas obtenu la majorité absolue des voix, on procède à un second tour de scrutin; mais si, dans ce second tour, la majorité absolue n'est pas obtenue, celui ou ceux qui réunissent la majorité relative ne sont pas nommés; le plus, ou les plus âgés, parmi les candidats, deviennent fabriciens.

Lorsque, par suite de décès, de démission, ou de toute autre cause, le nombre suffisant pour effectuer une élection valable ne peut être atteint, l'évêque du diocèse nomme, sur la présentation du curé.

L'élection et le renouvellement des fabriciens sont exactement enregistrés, par le secrétaire du conseil, sur le livre des délibérations, et le procès-verbal est signé par les membres qui ont concouru à l'élection.

Dans le cas où le conseil de fabrique ne serait pas renouvelé, conformément à la loi, par le fait du mauvais vouloir ou de la négligence de ceux qui le composent, le maire en instruirait le préfet, de même que le curé en préviendrait l'évêque, qui pourrait, s'il n'était pas procédé au renouvellement un mois après l'époque légalement fixée, nommer lui-même à la place de ceux dont le temps d'exercice est expiré.

Les délibérations des fabriques, auxquelles ont pris part des membres dont le temps d'exercice est expiré, sont néanmoins valables jusqu'au jour où leurs successeurs ont été nommés, soit par l'élection, soit par la décision de l'évêque.

Lorsqu'il y a lieu, par suite de la mort, de la démission ou de la destitution individuelle d'un fabricien, de pourvoir à son remplacement, l'élection doit être faite dans la première séance ordinaire du conseil de fabrique qui suit la vacance ; mais les nouveaux fabriciens ne sont élus que pour le temps d'exercice qui restait à parcourir à ceux qu'ils sont destinés à remplacer. Tels sont les termes de l'ordonnance du 12 janvier 1825.

Les élections de fabriciens peuvent être annulées dans plusieurs cas : lorsque les électeurs n'étaient ni fabriciens, ni éligibles eux-mêmes ; lorsqu'elles n'ont pas eu lieu à l'époque fixée par la loi, le dimanche de Quasimodo, ou dans le mois qui le suit ; lorsque le conseil de fabrique a fait une élection qui appartenait au bureau, ou réciproquement.

Nous venons de voir que c'était obligatoirement le dimanche de Quasimodo, ou dans le mois qui suit, que devait avoir lieu le renouvellement triennal des conseils de fabrique, et que le remplacement, en cas de vacance partielle, devait être fait à la première séance qui suit la vacance. C'est aussi à la même époque que sont également élus le président et le secrétaire du conseil, nommés pour un an, et toujours rééligibles.

Sur la demande de l'évêque, et après l'avis conforme du préfet, le ministre des cultes peut révoquer un conseil de fabrique pour défaut de présentation de budget ou de reddition de comptes, lorsque le conseil, requis de remplir ce devoir, a négligé de le faire, ou pour toute autre cause grave.

Dans l'usage, la révocation frappe un ou plusieurs membres de la fabrique, comme le conseil tout entier. Cependant cette question est fort controversée.

Les membres de la fabrique se divisent en conseil et en bureau. Tous les membres font partie du conseil, tandis que le bureau ne se compose que de quatre membres.

Le conseil de fabrique a un président et un secrétaire élus par tous les membres, obligatoirement au scrutin, à la majorité absolue des suffrages. Lorsque l'élection n'a pas eu lieu au dimanche de Quasimodo, ou dans le mois qui suit, l'évêque attend un nouveau délai d'un mois et pourvoit à la nomination.

Les fabriciens peuvent seuls être élus présidents et secrétaires du conseil de fabrique. Une circulaire du ministre des cultes, datée du 17 août 1811, a décidé que le maire et le curé ne pouvaient être nommés à la présidence ; mais ils peuvent être secrétaires, puisqu'aucune disposition réglementaire ne s'est prononcée sur ce point. (Voir le *Répertoire alphabétique.*)

La convocation du conseil est faite, aux époques fixées par la loi, par le président ou par le curé, et, dans tous les cas, la séance doit être annoncée au prône de la grand'messe, le dimanche précédent. En outre, le président ou le curé peut, s'il le juge utile, envoyer, au domicile des fabriciens, des lettres de convocation ; cette précaution est facultative pour les séances ordinaires prévues et fixées par la loi, mais elle est nécessaire pour les convocations aux séances extraordinaires, et le délai entre la convocation et la séance doit être suffisant pour permettre à tous les fabriciens de se rendre exactement à la séance.

Le décret du 30 décembre 1809 a déterminé les époques fixes de réunion des conseils de fabrique. Lorsque l'urgence des affaires ou de quelques dépenses imprévues l'exige, le préfet ou l'évêque peut autoriser des séances extraordinaires dont il fixe le jour, et mention de l'autorisation est inscrite au registre des délibérations.

Les séances ordinaires se tiennent quatre fois par an, aux premiers dimanches de juillet, d'octobre et de janvier, et au dimanche de Quasimodo. Un décret de l'Empereur prononcerait la nullité des délibérations du conseil de fabrique prises dans une séance autre que celles autorisées d'avance par la loi, ou dans celles spécialement autorisées par l'évêque ou le préfet, qui, dans ce cas, se préviennent réciproquement des autorisations qu'ils accordent.

L'heure des réunions est également déterminée par le décret constitutif; elles ont lieu à l'issue de la grand'messe ou des vêpres. La séance doit être tenue à l'église, ou dans un lieu attenant à l'église, ou au presbytère. Mais, dans la pratique, les réunions ont cessé d'avoir lieu dans l'église; elles se tiennent généralement dans la sacristie, dans le presbytère ou dans le logement occupé par le curé; c'est le président qui, d'accord avec le curé, choisit la localité la plus convenable.

Nous avons dit précédemment, qu'aux termes de la circulaire du ministre des cultes, du 22 juin 1837, la présidence du conseil de fabrique ne pouvait appartenir ni au curé, ni au maire. Le maire ne peut également être élu marguillier. Pour les autres fonctions de président, secrétaire et trésorier, il est convenable que le même fabricien ne les exerce pas à la fois.

Le maire, membre de droit du conseil de fabrique, se place, pendant les séances, à la gauche du président; s'il n'appartient pas au culte catholique, il doit

3*

être remplacé par un adjoint catholique. Ce remplacement a également lieu lorsqu'il s'absente. Le curé se place à la droite du président.

Dans les villes qui possèdent plusieurs paroisses, le maire est membre de droit de chacune des fabriques, et il peut s'y faire remplacer par un adjoint catholique. Dans toutes les paroisses, le maire catholique a droit à une place au banc d'œuvre dans l'église. Il en est de même des autorités civiles et religieuses qui résident sur la paroisse.

A côté du conseil de fabrique, chaque paroisse possède une réunion de fabriciens chargés de tous les détails de l'administration de la fabrique. Cette réunion, qu'on appelle le bureau des marguilliers, se compose, aux termes du décret organique : 1° du curé ou desservant de la paroisse, qui en est membre de droit, et qui peut se faire remplacer par un de ses vicaires; 2° de trois membres du conseil de fabrique, nommés par le conseil, au scrutin, et choisis parmi les fabriciens; la nomination est faite par l'évêque, lorsque le conseil a négligé de faire l'élection au temps fixé par la loi, le dimanche de Quasimodo.

Le bureau des marguilliers se renouvelle tous les ans et par tiers; un des membres sort à son tour, ou sur la désignation du sort, lorsqu'ils ont tous été élus en même temps; mais il peut être réélu indéfiniment. Les fabriciens qui sont parents ou alliés, jusques et y compris le degré d'oncle et de neveu, ne peuvent être, en même temps, membres du bureau des marguilliers. Le père et le fils, l'oncle et le neveu, les frères, le beau-père et le gendre, le beau-père et le beau-fils, le frère et le beau-frère, l'oncle et le neveu par alliance, ne doivent pas être élus pour faire partie du même bureau ; l'élection la plus nouvelle, ou celle du plus jeune, si ces élections ont eu lieu le même jour, est légalement frappée de nullité.

La fabrique peut nommer, parmi les principaux fonctionnaires publics domiciliés de la paroisse, deux marguilliers d'honneur qui siégent, comme les autres marguilliers, au banc d'œuvre, dans lequel le curé occupe la première place, mais sans pouvoir, toutefois, prendre part, en aucune façon, à l'administration de la fabrique ou du bureau. La place distinguée dans l'église est le seul privilége de ces marguilliers d'honneur.

L'acceptation des fonctions de fabriciens n'est pas obligatoire ; mais il n'est pas possible aux fabriciens de refuser les fonctions de membres du bureau des marguilliers ; et il est passé dans l'usage que l'autorité supérieure remplace, au conseil de fabrique, ceux des membres qui ne veulent pas accepter la charge de marguillier.

Les marguilliers nomment, entre eux, un président, un secrétaire, un trésorier, et leur bureau se trouve constitué par cette nomination.

Le bureau des marguilliers a des attributions nombreuses et importantes pour l'église ; il prépare les délibérations qui doivent être soumises au vote du conseil de fabrique ; il exécute ensuite les délibérations qui ont été régulièrement votées, et il est chargé de l'administration journalière du temporel de la paroisse.

Le bureau veille encore à ce que toutes les fondations soient fidèlement acquittées et exécutées, sui-

vant l'intention des fondateurs, sans que les sommes
puissent être employées à d'autres dépenses; il fournit
au trésorier la somme nécessaire pour l'huile, le pain,
le vin, l'encens, la cire, et généralement pour tous
les objets de consommation nécessaires à l'exercice
du culte. Il ordonne les réparations et les achats d'ornements, de meubles et d'ustensiles pour l'église
et pour la sacristie; il contracte les marchés pour
tous ces objets; il nomme les prédicateurs, les vicaires et les prêtres habitués, qui lui sont présentés par
le curé, et il détermine les honoraires alloués à ces
ecclésiastiques. Il examine, tous les trois mois, les
bordereaux présentés par le trésorier, qui doivent
énoncer la situation active et passive de la fabrique
pendant le trimestre précédent; ils doivent être signés
par les marguilliers et déposés dans une armoire fermant à clef, pour être présentés au conseil à l'époque
de la reddition du compte annuel. Le bureau détermine la somme nécessaire pour le trimestre suivant.

C'est le bureau des marguilliers qui nomme ou révoque, mais dans les villes seulement, l'organiste, les
sonneurs, les bedeaux, les suisses et les autres serviteurs de l'église, sur la proposition du curé. Dans les
villes, c'est le curé qui choisit les prêtres habitués et
les enfants de chœur; mais, dans les autres paroisses,
c'est au curé seul qu'appartient le choix et la nomination de tous les employés de l'église.

Le bureau des marguilliers certifie la prise de possession de leurs fonctions faite par les curés, les
desservants ou les vicaires qui reçoivent un traitement de l'État; il veille à la conservation des objets
appartenant à la fabrique. Ces objets sont renfermés

dans un coffre ou dans une armoire fermant à trois serrures, dont les clefs sont remises, l'une au curé, la seconde au trésorier, la troisième au président du bureau. Les clefs des troncs et l'argent de la fabrique sont déposés dans cette armoire.

Le bureau fait également, sous sa responsabilité, deux inventaires : l'un contient exactement le détail des ornements, des linges, des vases sacrés, de l'argenterie, des ustensiles et de tout le mobilier de l'église. Un récollement fait chaque année, et dont procès-verbal est annexé à l'inventaire principal, établit les modifications apportées par l'usage ou par des achats, à cette partie de la propriété paroissiale.

Le second inventaire contient la liste des titres et des autres objets qui intéressent la fabrique, tels que : l'état des contrats d'acquisition de rentes, de maisons ou d'autres biens-fonds, les titres de fondations temporaires ou perpétuelles, de concessions, de chapelles et de bancs, des baux à loyer, des arrêtés ou des instructions de l'administration, des règlements et des instructions de l'évêque diocésain.

Le décret organique confie au bureau des marguilliers la garde d'une autre armoire, dans laquelle doivent être renfermés les titres de la fabrique, les comptes et les pièces justificatives à l'appui, les mémoires, les devis, les quittances, les inventaires, les récollements qui sont faits tous les ans, les registres des délibérations du bureau et du conseil de fabrique.

Les seuls registres qui peuvent n'être pas enfermés dans cette armoire sont le livre-courant et celui du trésorier.

Les marguilliers sont autorisés à faire d'eux-mêmes

les achats et les raccommodages des ornements et des autres objets mobiliers de l'église, dont la dépense ne dépasse pas 50 francs, dans les paroisses au-dessous de mille âmes, et 100 francs, dans celles dont le chiffre de population est supérieur.

Le bureau ne peut faire les dépenses plus élevées, sans y avoir été autorisé par le conseil de fabrique et par l'évêque; c'est à lui qu'il appartient encore de veiller au renouvellement des baux pour la location des chaises et des bancs placés dans l'église, ainsi qu'à la location des immeubles appartenant à la fabrique. Il a le pouvoir nécessaire pour réclamer auprès de l'autorité supérieure, à l'effet d'obtenir le dégrèvement des impositions établies sur ces immeubles, lorsque ces impositions lui paraissent trop élevées.

Le bureau fixe le tarif des bancs et des chaises; mais ce tarif n'est valablement exécutoire qu'après avoir reçu l'approbation du conseil de fabrique.

Les marguilliers visitent deux fois par an, au moins, au printemps et à l'automne, en se faisant accompagner de gens de l'art, les édifices religieux confiés à leurs soins. Ils donnent leur avis sur l'acceptation des dons et des legs faits à la fabrique; ils soutiennent et entament, dans l'intérêt de la fabrique, les procès qui ont été autorisés par le conseil de fabrique et le conseil de préfecture.

Enfin le bureau des marguilliers doit faire tous les actes d'administration afférents aux intérêts temporels de la paroisse qui ne sont pas expressément réservés au conseil de fabrique.

Il est important de dire ici que toutes les pièces que nous venons d'indiquer, et dont la garde est confiée au bureau, ne peuvent être extraites de l'armoire, où elles doivent toujours être enfermées, sans que la personne à laquelle, pour des causes utiles, cette remise est faite, donne un récépissé détaillé qui doit contenir : l'indication du titre de la pièce, la délibération du bureau qui en a autorisé la remise, le motif qui l'a fait accorder, le nom et la qualité de celui qui la reçoit; et, si c'est pour un procès, le nom de l'avoué et la désignation du tribunal qui doivent examiner la pièce prêtée.

Pour veiller utilement à toutes les affaires qui lui sont attribuées, et que nous venons d'énumérer, le bureau des marguilliers doit s'assembler tous les mois, à l'issue de la messe paroissiale, à la sacristie ou au presbytère, dans l'endroit ordinaire de ses séances. Mais, outre ces séances ordinaires et obligatoires, le bureau peut encore, d'utilité et d'urgence, être convoqué extraordinairement par le président ou le curé, sans qu'il soit besoin d'une autorisation de l'évêque ou du préfet, comme pour les réunions du conseil de fabrique. Dans toutes ces séances, le bureau ne peut délibérer, s'il ne compte pas trois membres présents au moins; lorsqu'il y a partage, la voix du président est prépondérante.

Le curé prend place à côté du président nommé, et il peut le remplacer en cas d'absence.

Le président du bureau convoque les séances extraordinaires, dirige les discussions, appelle les questions à l'ordre du jour, et conserve l'une des clefs de l'armoire qui contient les fonds de la fabrique.

Le secrétaire rédige les procès-verbaux des séances

du bureau, et tient au courant le registre des délibérations.

Le trésorier rédige le budget de la fabrique, présente les comptes et les fait approuver par le conseil;
il présente tous les trois mois, au bureau, un bordereau de la situation de la fabrique; il fait les
recettes de toute nature; il touche les droits du
casuel, conformément au tarif approuvé par l'évêque;
il encaisse le produit des oblations, des quêtes, des
troncs, de la location des bancs et des chaises, le prix
des locations, des rentes, des revenus des confréries,
du produit des fondations et des revenus spontanés
des cimetières. Il poursuit la rentrée des sommes de
toute nature dues à la fabrique; il fait, en outre,
toutes les dépenses de la fabrique portées au budget
et autorisées; il acquitte les mandats des employés de
l'église et des frais du culte. Enfin il est, à tous égards,
l'agent comptable de la fabrique et responsable, en
conséquence, des pertes que sa négligence ou son
incapacité pourraient occasionner. Il doit donc veiller
avec attention, et exécuter avec soin toutes les prescriptions qui lui sont indiquées, de façon à administrer, d'accord avec le bureau, tous les intérêts paroissiaux, comme un bon père de famille administre
ses affaires particulières.

Ces fonctions de trésorier du bureau des marguilliers sont difficiles; elles exigent un grand fonds d'hon-
nêteté et de droiture; mais il faut encore, pour les
remplir, un homme actif, intelligent et complétement
dévoué.

Nous avons indiqué, dans ce chapitre, l'organisation et les attributions du conseil de fabrique des pa-

roisses et du bureau des marguilliers; on trouvera au *Répertoire*, et pour chacun des mots auxquels les questions de détail se rapportent, des développements plus étendus qui fourniront, à ceux qui composent les conseils ou les bureaux, les moyens de remplir utilement les fonctions qui leur sont confiées.

CHAPITRE IV.

DU PRÊTRE DANS L'ÉGLISE, AU PRESBYTÈRE, AU CIMETIÈRE, A L'ÉCOLE, AU CONSEIL DE FABRIQUE, AU BUREAU DES MARGUILLIERS, DANS LA RUE.

————

Le curé et le desservant succursaliste sont, dans l'église dont la charge leur est confiée, complétement indépendants de l'autorité civile.

Nous avons énuméré, dans le chapitre où nous traitons de la situation du prêtre, au point de vue civil, les délits, les crimes ou les contraventions qui peuvent être commis par l'ecclésiastique dans l'exercice de ses fonctions religieuses, et qui l'exposent aux poursuites de la justice ordinaire ou aux réprimandes du conseil d'État. Ces cas exceptés, l'administration civile n'a pas à s'immiscer dans aucun des détails du service intérieur de l'église. Le curé ne doit compte qu'à l'évêque du diocèse de la manière dont il s'acquitte de la charge et des fonctions de son ministère.

C'est au curé seul qu'appartient la direction et la police de l'église. Il avertit ceux qui troublent l'ordre et les invite au silence. Si les avertissements ne sont pas écoutés, il a le droit exclusif d'ordonner aux bedeaux, suisses, et aux autres gens de service, d'expulser les individus qui causent du désordre. Il peut inviter les assistants à aider les gens de service, si ces derniers ne suffisent pas pour rétablir le calme ; mais il évite le scandale et le bruit autant que possible. Si le désordre continue, le curé peut prononcer la suspension de la cérémonie religieuse et se retirer de l'église ; il fait, dans ce cas, sa plainte à l'autorité civile, qui est chargée de la répression.

La dignité du caractère dont il est revêtu exige de la part du prêtre, dans les circonstances heureusement rares que nous indiquons, une modération extrême.

L'action personnelle du curé s'arrête aux limites de l'église et de ses dépendances. Quand un bruit quelconque, en dehors de l'église, trouble le service divin, il y a lieu de recourir à l'intervention du maire, qui, dans ce cas, doit immédiatement prendre les mesures nécessaires pour faire cesser le trouble ou le bruit.

La loi pénale protége l'ecclésiastique contre les injures et les attaques qui pourraient lui être faites dans l'exercice de ses fonctions.

L'article 263 du Code pénal punit de la dégradation civique quiconque frappe un ministre de la religion pendant qu'il accomplit les fonctions de son ministère.

L'article 262 du même Code punit d'une amende de 16 francs à 500 francs, et d'un emprisonnement de quinze jours à six mois, toute personne qui, par paroles ou gestes, outrage les ministres d'un culte reconnu par l'État.

Protégé par la loi pénale, le curé peut réprimer les désordres susceptibles de troubler, pendant l'office, le recueillement des fidèles. Mais il ne peut, par des mesures préventives, interdire l'entrée de l'église à un individu qu'il suppose être capable de troubler les cérémonies religieuses, et les portes de l'église ne peuvent être fermées à personne pendant les heures consacrées au service.

Dans les villes, la nomination de tous les employés de l'église appartient au bureau des marguilliers, qui nomme sur la proposition du curé. Dans les paroisses des communes rurales, le choix des chantres, des suisses, des bedeaux, des enfants de chœur et des sonneurs appartient au curé seul, qui nomme et révoque, à son gré, tous les employés et auxiliaires de l'église.

Les prêtres habitués autorisés à exercer dans la paroisse, à recevoir la confession et à prêcher, doivent être munis des pouvoirs de l'évêque; mais ils n'entrent en exercice qu'après avoir été agréés par le curé.

Le curé possède encore d'autres droits dans l'église : il occupe la première place au banc d'œuvre, et il détermine l'emplacement des autres bancs destinés aux fidèles; ces derniers ont toutefois, ainsi que les marguilliers, le droit de réclamer auprès de l'évêque contre le placement des bancs réglé par le curé; l'évêque, dans ce cas, décide en dernier ressort.

Deux décisions du ministre des cultes, s'appuyant, l'une sur la responsabilité du curé relativement à tous les objets renfermés dans l'église, l'autre sur son droit à régler la sonnerie des cloches, ont établi que c'était au curé qu'il appartenait d'avoir la clef de l'église et celle du clocher. Mais il est bien entendu qu'en cas d'absence du curé, ces clefs doivent être données en garde à une personne connue de l'autorité municipale, pour que, dans les cas d'accident grave ou de péril commun, qui exigent un prompt secours, comme un incendie ou une attaque à main armée faite contre la commune, le maire puisse, conformément à son droit, appeler, par le son des cloches, les communes voisines au secours de celle qui est en péril.

Nous avons dit, dans un précédent chapitre, que la commune dans laquelle était établie une paroisse desservie par un curé ou un succursaliste, devait à cet ecclésiastique, soit un presbytère, soit, à défaut de presbytère, un logement convenable, soit une indemnité en argent, suffisante pour permettre au prêtre de se loger.

Le curé ou desservant domicilié dans une paroisse, mais qui exerce ordinairement son ministère dans une commune voisine n'ayant pas d'ecclésiastique, a droit, dans cette commune, soit au presbytère, s'il y en a un (mais il ne peut le louer sans l'autorisation de l'évêque), soit à un logement, soit à une indemnité suffisante pour se procurer un pied-à-terre.

Le curé entre en jouissance du presbytère ou du logement que lui doit la commune, le jour même de sa nomination.

Les grosses réparations du presbytère ou du logement loué pour loger le desservant, sont à la charge de la commune, ou du propriétaire, selon les cas; le curé n'est tenu qu'à payer les réparations locatives indiquées par les articles 1754, 1755 et 1756 du Code Napoléon, ou prescrites par les usages locaux restés en vigueur.

Avant de prendre possession régulière de la cure et du presbytère, il importe, pour éviter des discussions futures, que le curé fasse faire, avec le concours de l'autorité municipale et le bureau des marguilliers, un inventaire général de tous les objets appartenant au presbytère et à la fabrique.

Le curé, mis en possession des biens de la cure, en doit jouir en bon père de famille.

Le décret du 30 décembre 1809 lui donne, au sujet de ces biens, les droits et les charges attribués par le Code Napoléon à tous les usufruitiers.

L'usufruit est le droit de jouir des choses dont un autre a la propriété, comme le propriétaire lui-même, mais à la charge d'en conserver la substance.

Comme usufruitier, le curé a donc le droit de jouir de toutes les espèces de fruits, soit naturels, soit industriels, soit civils, que peuvent produire les biens de la cure.

Les fruits naturels sont ceux qui sont le produit spontané de la terre, le produit et le croît des animaux; les fruits industriels d'un fonds sont ceux qu'on obtient par la culture; les fruits civils sont les loyers des maisons, les intérêts des sommes exigibles, les arrérages des rentes, les prix des baux à ferme.

Les fruits naturels et industriels, pendants par branches ou par racines, au moment où l'usufruit est ouvert, appartiennent à l'usufruitier. Ceux qui sont dans le même état, au moment où finit l'usufruit, appartiennent au propriétaire, sans récompense de part ni d'autre des labours et des semences, mais aussi sans préjudice de la portion des fruits qui pourrait être acquise au colon partiaire, s'il en existait un au commencement ou à la cessation de l'usufruit.

Les fruits civils sont réputés s'acquérir jour par jour, et appartiennent à l'usufruitier, à proportion de la durée de son usufruit. Cette règle s'applique aux prix des baux à ferme, comme aux loyers des maisons et aux autres fruits civils.

Si l'usufruit comprend des choses dont on ne peut faire usage sans les consommer, comme l'argent, les grains, les liqueurs, l'usufruitier a le droit de s'en servir, à la charge d'en rendre de pareille qualité, quantité ou valeur, ou leur estimation, à la fin de l'usufruit.

L'usufruit d'une rente viagère donne aussi le droit d'en percevoir les arrérages, sans être tenu à aucune restitution.

Si l'usufruit comprend des choses qui se détériorent peu à peu par l'usage, comme du linge, des meubles meublants, l'usufruitier a le droit de s'en servir pour l'usage auquel elles sont destinées, et il n'est obligé de les rendre, à la fin de l'usufruit, que dans l'état où elles se trouvent, non détériorées par son dol ou par sa faute.

Si l'usufruit comprend des bois taillis, l'usufruitier est tenu d'observer l'ordre et la qualité des coupes, conformément à l'aménagement ou à l'usage constant des propriétaires, sans indemnité, toutefois, en faveur de l'usufruitier ou de ses héritiers, pour les coupes ordinaires, soit de taillis, soit de baliveaux, soit de futaies, qu'il n'aurait pas faites pendant sa jouissance. Les arbres qu'on peut tirer d'une pépinière, sans la dégrader, ne font aussi partie de l'usufruit qu'à la charge, par l'usufruitier, de se conformer aux usages des lieux pour le remplacement.

L'usufruitier profite encore, toujours en se conformant aux époques et à l'usage des anciens propriétaires, des parties de bois de haute futaie qui ont été mises en coupes réglées, soit que ces coupes se fassent périodiquement sur une certaine étendue de terrain, soit qu'elles se fassent d'une certaine quantité d'arbres pris indistinctement sur toute la surface du domaine. Dans tous les autres cas, l'usufruitier ne peut toucher aux arbres de haute futaie : il peut seulement employer, pour faire les réparations dont il est tenu, les arbres arrachés ou brisés par accident; il peut même, pour cet objet, en faire abattre s'il est nécessaire, mais à la charge d'en faire constater la nécessité par le propriétaire. Il peut prendre, dans les bois, des échalas pour les vignes; il peut aussi prendre, sur les arbres, des produits annuels ou périodiques; le tout suivant l'usage du pays ou la coutume des propriétaires.

Les arbres fruitiers qui meurent, ceux même qui sont arrachés ou brisés par accident, appartiennent à l'usufruitier, à la charge de les remplacer par d'autres.

L'usufruitier peut jouir par lui-même, donner à ferme à un autre, ou même vendre ou céder son droit à titre gratuit. Il jouit de l'augmentation survenue par alluvion à l'objet dont il a l'usufruit. Il jouit des droits de servitude, de passage, et généralement de tous les droits dont le propriétaire peut jouir, et il en jouit comme le propriétaire lui-même. Il n'a aucun droit au trésor qui peut être découvert pendant la durée de l'usufruit.

Le propriétaire ne peut, par son fait, ni de quelque manière que ce soit, nuire aux droits de l'usufruitier. De son côté, l'usufruitier ne peut, à la cessation de l'usufruit, réclamer aucune indemnité pour les améliorations qu'il prétendrait avoir faites, encore que la valeur de la chose en fût augmentée. Il peut cependant, ou ses héritiers peuvent, après sa mort, enlever les glaces, les tableaux et les autres ornements qu'il a fait placer, mais à la charge de rétablir les lieux dans leur premier état.

L'usufruitier prend les choses dans l'état où elles sont; mais il ne peut entrer en jouissance qu'après avoir fait dresser, en présence du propriétaire, ou lui dûment appelé, un inventaire des meubles et un état des immeubles sujets à l'usufruit. L'usufruitier n'est tenu qu'aux réparations d'entretien. Les grosses réparations demeurent à la charge du propriétaire, à moins qu'elles n'aient été occasionnées par le défaut de réparations d'entretien, depuis l'ouverture de l'usufruit; auquel cas l'usufruitier est également tenu à faire ces réparations.

4

Les grosses réparations sont celles des gros murs et des voûtes, le rétablissement des ponts et des grosses couvertures; celui des digues et des murs de soutènement et de clôture aussi en entier.

Toutes les autres réparations sont d'entretien.

Ni le propriétaire, ni l'usufruitier, ne sont tenus de rebâtir ce qui est tombé de vétusté, ou ce qui a été détruit par cas fortuit. L'usufruitier est tenu, pendant la jouissance, de toutes les charges annuelles de l'héritage, telles que les contributions et autres, qui, dans l'usage, sont censées charges de fruits.

A l'égard des charges qui peuvent être imposées sur la propriété pendant la durée de l'usufruit, le propriétaire est obligé de les payer, et l'usufruitier doit lui tenir compte des intérêts.

L'usufruitier n'est tenu qu'aux frais des procès qui concernent la jouissance et des autres condamnations auxquelles ces procès pourraient donner lieu. Si, pendant la durée de l'usufruit, un tiers commet quelque usurpation sur le fonds, ou attente autrement aux droits du propriétaire, l'usufruitier est tenu de le dénoncer à celui-ci, sous peine d'être responsable de tout le dommage qui peut en résulter pour le propriétaire.

L'usufruit peut cesser par l'abus que l'usufruitier fait de sa jouissance, soit s'il commet des dégradations sur le fonds, soit en le laissant dépérir, faute d'entretien.

Lorsque l'usufruit n'est établi que sur un bâtiment, et que ce bâtiment est détruit par un incendie, par tout autre accident, ou qu'il s'écroule de vétusté, l'usufruitier n'aura le droit de jouir ni du sol, ni des matériaux; mais lorsque l'usufruit est établi sur un domaine dont le bâtiment écroulé faisait partie, l'usufruitier peut jouir du sol et des matériaux.

Telles sont les principales charges et obligations auxquelles le curé est soumis comme usufruitier des biens de l'église, qui appartiennent, soit à la fabrique ou à la commune, mais qui, par donation spéciale ou par acquisition, sont réservés à la cure.

Certaines restrictions ont été apportées à l'exercice du droit d'usufruit du curé, pour ces mêmes biens. Les capitaux remboursés, et faisant partie de la dotation de la cure, ne peuvent être réemployés qu'avec l'autorisation du chef de l'État. Les bois des cures ne peuvent être exploités que conformément aux prescriptions qui régissent les biens des communes et des fabriques. Le curé ne peut faire d'aliénation, d'échanges, de concessions de servitudes, grever les immeubles d'hypothèques, sans avoir observé les formalités imposées, en pareil cas, aux fabriques, et obtenu l'autorisation de l'Empereur. Il ne peut faire de baux au-dessus de dix-huit ans, à moins que l'utilité de ces baux n'ait été constatée par deux experts nommés par le sous-préfet. Il ne peut, dans aucun traité, stipuler ou recevoir, à peine de restitution, un pot de vin. Il ne peut, lorsqu'il est infirme ou interdit, conserver plus longtemps l'administration des biens de la cure, dont il doit laisser le soin au trésorier du bureau.

Le curé ne peut entamer un procès, le défendre en justice, ou renoncer à une action judiciaire, en cas de contestations relatives aux biens de la cure, sans avoir obtenu l'avis favorable du conseil de fabrique et l'autorisation du conseil de préfecture.

La cure peut faire des acquisitions d'immeubles, en se soumettant, sur ce point, aux formalités imposées aux fabriques; elle peut également recevoir des dons et des legs, mais c'est le curé seul, et non le conseil de fabrique, qui les accepte dans la forme suivie par les fabriques, mais sans être, pour ces dons, exempt du paiement des droits d'enregistrement. Le curé, pour tous les biens affectés par des testateurs ou donateurs à l'entretien des curés ou des desservants, remplit, sans surveillance de la part des conseils de la commune, toutes les attributions que le conseil de fabrique et le bureau des marguilliers remplissent pour les biens appartenant à la paroisse.

Quand un curé meurt dans une paroisse, et qu'il n'a pas fait au presbytère les réparations locatives auxquelles il était tenu, ses héritiers sont soumis à l'obligation de les faire ou d'en payer les frais.

Les cimetières appartiennent aux communes, puisqu'ils doivent servir à tous les habitants, sans distinction de culte, et la police en appartient à l'autorité municipale, qui détermine l'emplacement et la profondeur des fosses; qui vend, au profit du budget communal, les terrains destinés à la sépulture.

Dans les communes où l'on professe différents cultes, chaque culte doit avoir un lieu d'inhumation particulier, et dans le cas où il n'y a qu'un seul cimetière, on le partage par des haies, des murs ou des fossés, en autant de parties qu'il y a de cultes différents, avec une entrée particulière pour chacune.

Les produits spontanés des cimetières, tels que les

herbes, les arbres crûs naturellement, les élagages et les fruits, appartiennent à la fabrique lorsqu'ils sont venus sans culture.

Les produits venus à la suite des travaux des hommes appartiennent à la commune.

. Le décret du 4 thermidor an XIII défend aux curés d'aller lever aucun corps et de l'accompagner hors des églises sans une autorisation de l'officier de l'état civil. L'ecclésiastique qui contrevient à cette prescription, est passible d'une amende de 1 fr à 5 fr., et, en cas de récidive, il s'expose à une condamnation à l'emprisonnement pendant trois jours au plus.

L'autorisation de l'autorité municipale est donnée sur papier libre et sans frais ; elle doit être sollicitée par les parents du défunt, non par le curé.

L'ecclésiastique peut refuser d'assister aux obsèques et au convoi d'un individu décédé, sans être exposé à une pénalité quelconque. Le conseil d'Etat pourrait, toutefois, être saisi en cas de plainte, et déciderait si le refus a été abusif. Les canons de l'Eglise et les règlements diocésains établissent les cas dans lesquels le curé peut ou doit refuser la sépulture ecclésiastique. Il n'est pas permis au maire d'exiger des ministres du culte qu'ils assistent au convoi; il ne lui est pas permis davantage de faire exécuter, à leur place, aucune cérémonie religieuse, ou de faire sonner les cloches. Le corps d'un homme mort ne peut jamais être entré à l'église malgré le curé.

Les refus de sépulture sont des questions de conscience et de devoir dans lesquelles l'autorité municipale n'a pas le droit de s'immiscer.

Le curé qui assiste au convoi d'un indigent dont

4*

l'indigence est constatée par le conseil municipal, ne peut exiger d'honoraires; et lorsque l'église est tendue pour un service payé, si l'on présente le corps d'un indigent, il est défendu de détendre les draperies jusqu'à ce que le service du pauvre soit terminé.

La loi du 15 mars 1850 a donné aux membres du clergé des attributions nouvelles relativement à la surveillance et à la direction de l'enseignement primaire dans les communes. Aux termes de cette loi, les autorités locales préposées à la surveillance et à la direction morale de l'enseignement primaire sont, pour chaque école, le maire, le curé, le pasteur ou le délégué du culte israélite.

Les ministres des différents cultes sont spécialement chargés de surveiller l'enseignement religieux de l'école. L'entrée de l'école leur est toujours ouverte. Dans les communes où il existe des écoles mixtes, un ministre de chaque culte a toujours l'entrée de l'école pour veiller à l'éducation religieuse des enfants de son culte. Lorsqu'il y a pour chaque culte des écoles séparées, les enfants d'un culte ne doivent être admis dans l'école d'un autre culte que sur la volonté formellement exprimée par les parents.

Le maire dresse chaque année, de concert avec les ministres des différents cultes, la liste des enfants qui doivent être admis gratuitement dans les écoles publiques.

La loi donne au curé un droit de surveillance et la direction morale de l'école, concurremment avec l'autorité municipale; mais elle ne lui donne pas le droit de changer ou de modifier l'enseignement de l'instituteur, qui est réglé par le recteur et surveillé par les inspecteurs de l'enseignement primaire.

Le curé, pour l'enseignement du catéchisme et les autres exercices religieux, agira utilement et sagement en fixant le temps de ces préparations ou de ces exercices hors des heures consacrées par les règlements à l'enseignement de l'instituteur.

Dans les paroisses où l'instituteur remplit à la fois les fonctions de chantre et de sacristain, le curé pourra également, avec utilité, disposer les services religieux de manière à éviter autant que possible que l'instituteur laisse l'école en souffrance.

Nous avons vu, dans le chapitre précédent, que le curé était membre de droit du conseil de fabrique et du bureau des marguilliers, et qu'il conservait ces fonctions pendant tout le temps qu'il exerçait, dans la paroisse, sa charge ecclésiastique.

Le curé chargé de desservir plusieurs paroisses est membre de droit de chacune des fabriques de ces paroisses.

Dans les cas de première fondation d'un conseil de fabrique, c'est le curé qui présente au choix de l'évêque les candidats aux fonctions de fabriciens. Lorsque les conseils s'abstiennent ou refusent d'accomplir les obligations que leur impose le devoir de leur charge, le curé en informe sans délai l'évêque du diocèse.

Le curé, comme le maire, ne peut être élu président du conseil de fabrique; cette exclusion résulte d'une circulaire du ministre des cultes, datée du 22 juin 1837; mais le curé peut être nommé secrétaire, puisqu'aucune disposition ne l'a dépouillé de ce droit.

Le curé doit, au prône du dimanche qui précède

les réunions du conseil fixées par la loi, avertir ses paroissiens de la tenue de la séance.

La première place, dans les séances, celle à la droite du président, appartient au curé. Le décret organique lui attribue les propositions concernant les menues dépenses de l'église.

La convocation du conseil, pour les séances ordinaires, peut être faite indifféremment, soit par le président, soit par le curé; pour les séances extraordinaires autorisées, il convient que la convocation soit faite par le président.

Le curé fait partie de droit du bureau des marguilliers; il n'en est pas le président ordinaire, mais il peut, toutefois, en l'absence du président, être chargé de la présidence. Le bureau n'a besoin d'aucune autorisation pour se réunir toutes les fois qu'il le juge convenable, et le curé peut, concurremment avec le président, provoquer des séances lorsqu'il lui semble utile de le faire.

C'est au curé seul qu'appartient, dans les paroisses rurales, le droit de nommer et de révoquer tous les serviteurs de l'église; mais c'est le bureau qui fixe le chiffre de leur traitement. Dans les villes, la nomination appartient au bureau des marguilliers, et le curé n'a que le droit de présentation. C'est également le curé qui présente les prédicateurs au bureau des marguilliers, qui les choisit, et à l'évêque, qui donne son approbation, lorsque ces prédicateurs doivent être payés par la fabrique. Dans tout autre cas, le bureau n'a pas à intervenir.

Au banc d'œuvre réservé au bureau des marguilliers, la première place appartient au curé; il siége même avant le président.

Le curé conserve une des clefs de l'armoire qui renferme les deniers de la fabrique et les clefs des troncs. On lui donne un double de l'inventaire du mobilier de l'église.

Aucune loi n'interdit au curé d'accepter la charge de trésorier de la fabrique; mais, dans l'intérêt de la dignité de l'église, l'usage s'est établi de laisser ces fonctions à l'un des membres laïques du conseil.

Le décret organique donne au curé absent le droit de se faire remplacer, au conseil ou au bureau, par son vicaire ou l'un de ses vicaires.

Il nous reste, pour terminer ce chapitre, à dire quels sont les droits du prêtre dans la rue, sur la voie publique.

L'article 45 de la loi du 18 germinal an X a décidé qu'aucune cérémonie religieuse ne pouvait avoir lieu hors des édifices consacrés au culte catholique, dans les villes où il y a des temples destinés aux différents cultes.

Le ministre de l'intérieur, par une décision du 20 prairial an XI, a établi que la loi qui interdit les cérémonies du culte catholique hors des églises n'était applicable qu'aux seules communes dans lesquelles était établie une église consistoriale autorisée par le ministre des cultes.

Dans les communes où il n'existe pas d'église consistoriale, l'autorité civile ne doit donc pas s'opposer à la sortie d'une procession sur la voie publique; mais dans les communes où est établie une église consistoriale, l'arrêté de prohibition pris par le maire serait légal, et il pourrait être étendu même à l'accompagnement solennel des convois mortuaires, si on craignait qu'un scandale dût en résulter; toutefois et dans la pratique, même dans les villes où plusieurs cultes différents sont établis, l'usage a prévalu d'accompagner les morts, et les ministres des cultes dissidents profitent de cet usage comme les curés et les desservants du culte catholique.

Le curé a la police de toutes les cérémonies du culte; mais, pour les processions, son droit de surveillance ne s'étend qu'à ceux qui en font partie et qui pourraient en compromettre le bon ordre.

Le curé peut s'adresser à l'autorité municipale et demander le concours de la garde nationale pour maintenir l'ordre dans les processions. La Cour de cassation a décidé, par un arrêt du 3 février 1844, que la garde nationale pouvait être appelée par le maire à maintenir le bon ordre dans les processions, et que les gardes nationaux ne pouvaient pas plus se soustraire à ce service qu'à tout autre auquel ils étaient convoqués.

Ils ne sont pas requis d'avoir à se conformer à un culte, à prendre part à ses cérémonies; mais, convoqués pour suivre la procession, ils ne peuvent refuser, sans s'exposer à des peines disciplinaires, d'obéir aux réquisitions de leurs supérieurs.

Le passage dans les rues de l'ecclésiastique chargé de l'administration du viatique au domicile des malades, est également permis dans toutes les villes où il n'y a pas d'église consistoriale protestante; et même, dans presque toutes les villes de cette dernière catégorie, l'usage a prévalu de continuer à porter publiquement le viatique au domicile des moribonds.

Le décret du 24 messidor an XII a réglé les honneurs que les troupes doivent rendre au Saint-Sacrement; ce décret est entièrement reproduit dans la partie de cet ouvrage réservée aux textes des lois et des décrets.

La loi pénale protège efficacement l'ecclésiastique contre les injures et les attaques dont il pourrait être la victime.

L'article 263 du Code pénal punit de la dégradation civique quiconque frappe un ministre de la religion dans l'exercice de ses fonctions. Le coupable est passible, en outre, de peines plus graves portées par d'autres articles du même Code, s'il y a des circonstances aggravantes.

Le procureur impérial poursuivrait les délits d'injure ou d'offense qui pourraient être commis par un individu contre un ecclésiastique dans l'exercice de ses fonctions, et la circonstance que l'injure ou l'insulte aurait eu lieu dans la rue, et non dans l'église, ne serait pas, pour le coupable, une circonstance atténuante.

CHAPITRE V.

RAPPORTS DU CURÉ OU DESSERVANT AVEC L'AUTORITÉ MUNICIPALE; PRÉSÉANCE, OBLIGATIONS RÉCIPRO-QUES, ETC.

Nous avons vu, précédemment, que le curé était indépendant, dans l'exercice de ses fonctions, de l'autorité civile, et qu'il n'avait de compte à rendre sur ce point qu'à l'évêque, chef du diocèse.

Mais, pour l'administration temporelle des biens de l'église, le curé a des rapports fréquents avec le maire de la commune, avec le conseil de fabrique, le conseil municipal, le bureau des marguilliers, et il doit apporter dans ces diverses relations l'esprit le plus complet de réserve et de prudence.

La place du curé, au conseil de fabrique, est à la droite du président, tandis que le maire se tient à la gauche; la place du curé, au bureau des marguilliers,

dont le maire ne peut pas faire partie, est également
à la droite du président.

Le maire a droit, dans l'église, à une place gratuite
au banc d'œuvre; mais l'adjoint ne jouit pas du
même privilége; cependant, dans une commune où
le maire protestant serait remplacé au conseil de fabrique par un adjoint catholique, il est vraisemblable
que cet adjoint aurait le droit d'occuper, au banc
d'œuvre, la place qu'occuperait le maire, s'il était catholique. Les marguilliers et les marguilliers d'honneur peuvent également s'asseoir au banc d'œuvre.

Les autres autorités civiles et militaires n'ont pas
droit à une place réservée et gratuite à l'église, excepté aux seuls jours de fêtes à la fois civiles et religieuses auxquelles elles assistent en corps, en costume,
et après invitation officielle. Dans ces circonstances
exceptionnelles, le général, le préfet, le sous-préfet,
le commandant de place, le maire et les corps judiciaires, dans les chefs-lieux; dans les communes rurales, les conseillers municipaux, reçoivent, dans
l'église, une place distinguée et gratuite dans le
chœur ou dans la nef, mais non dans le sanctuaire,
qui doit être toujours exclusivement réservé au
clergé.

Les fonctionnaires se placent dans l'ordre de préséance fixé par le décret du 24 messidor an XII.

Aucun membre de l'autorité civile ou militaire,
assistant en particulier aux cérémonies religieuses,
n'a droit, pour lui ou sa famille, à aucune place spéciale ou gratuite dans l'église.

Le curé a de nombreux rapports avec le maire.
L'autorité municipale n'a aucun droit de direction ou

5

de surveillance dans l'église ; elle peut seulement, en
cas de réquisition du prêtre, rétablir l'ordre troublé
pendant les cérémonies religieuses. Mais l'église est
une propriété communale dont le bon entretien est
confié à la surveillance du maire, avec lequel le curé
doit toujours s'entendre pour les réparations qu'il
serait utile de faire. Le curé est dépositaire des clefs
de l'église, sans que le maire puisse en conserver une
en double ; mais on comprend que cette clef doive
lui être confiée toutes les fois qu'il peut avoir à visiter
l'église dans l'intérêt de sa conservation. La clef du
clocher reste également entre les mains du desservant, mais elle doit être remise à l'autorité municipale,
représentée par le maire ou l'adjoint, en leur absence par un conseiller municipal, lorsqu'il y a lieu
de faire sonner les cloches pour appeler les populations voisines, dans les cas extraordinaires, comme,
par exemple, ceux d'incendie, d'inondation ou d'attaque de la commune à main armée.

Le prêtre qui reçoit un traitement de l'Etat ou de
la commune, en venant prendre possession du ministère qu'il tient de la confiance de l'évêque, est
obligé de se présenter devant le bureau des marguilliers de la paroisse, et de retirer d'eux le certificat
de prise de possession qui lui est indispensable pour
être admis à recevoir le traitement de l'Etat ou de la
commune.

Bien qu'aucune disposition législative ne l'y oblige,
l'ecclésiastique qui vient prendre possession fera bien
de se présenter chez le maire de la commune et de
lui faire visite pour l'informer de son arrivée. Cette
visite toute de bienséance, ne présente aucun incon-

vénient, et elle a pour résultat d'engager avec le maire de bonnes relations qui peuvent être, dans l'avenir, avantageuses à la bonne administration des choses temporelles de la paroisse, et au curé lui-même.

CHAPITRE VI.

RÉPERTOIRE ALPHABÉTIQUE DES QUESTIONS DU TEMPOREL.

ACTES DE L'ÉTAT CIVIL.

Les actes de l'état civil ont pour objet de constater les principales époques de la vie des individus, c'est-à-dire leur naissance, leur mariage et leur décès. Ils sont consignés sur des registres spéciaux; les autorités compétentes en délivrent des extraits et des expéditions aux ayant-droit.

Les articles 50 et 51 de l'ordonnance de *Villers-Cotterets*, du mois d'août 1539, prescrivaient aux chapitres, colléges, monastères et cures, de tenir des registres de *sépulture*, de *baptême* et de *nativité*.

Plus tard, en 1559, les registres tenus par les curés firent foi en justice et remplacèrent la preuve par témoins, à l'égard des naissances, mariages, morts et enterrements. (Article 181 de l'ordonnance de Blois.)

La loi du 20 septembre 1792 changea la législation

et attribua la garde des actes constituant l'état civil des citoyens aux municipalités, et la *réception* de ces actes à des officiers publics nommés par les conseils généraux des communes.

On éprouva d'abord quelques difficultés à rompre une habitude de plus de trois siècles. Alors intervint la loi du 7 vendémiaire an IV, qui défendit à tous juges, administrateurs et fonctionnaires publics, d'avoir aucun égard aux attestations que les ministres des cultes pourraient donner sur l'état civil des citoyens; elle prononça une peine de 100 à 500 livres d'amende et d'un emprisonnement d'un mois à deux ans contre les parties qui les produiraient devant les tribunaux ou les administrations; contre les fonctionnaires publics qui y auraient égard; contre tous officiers de l'état civil qui feraient mention, dans les actes, des cérémonies religieuses, ou qui exigeraient la preuve qu'elles auraient été observées. (Articles 20 et 21.)

Toute opposition cessa devant la sévérité de la loi. Néanmoins, la question était encore assez controversée pour qu'on s'en occupât lors du Concordat de l'an X.

Aux termes de l'article 55 de la loi organique, les registres tenus par les ministres du culte, n'étant et ne pouvant être relatifs qu'à l'administration des sacrements, ne peuvent, dans aucun cas, suppléer les registres ordonnés par la loi, pour constater l'état civil des Français.

Enfin, le titre 2 du Code Napoléon a réglé d'une manière complète le droit relatif aux actes de l'état civil et à la tenue des registres. La rédaction de ces actes et la tenue de ces registres appartiennent aux officiers de l'état civil.

Les actes rédigés et les registres tenus par les curés restent dans les conditions de l'article 55 de la loi organique.

Les articles 20 à 21 de la loi du 7 vendémiaire an IV, qui prononcent les peines de l'amende et de l'emprisonnement contre ceux qui produisent des *attestations* des ministres des cultes sur l'état civil des citoyens, c'est-à-dire des extraits ou des expéditions des registres tenus par eux, et contre ceux qui y ont égard, sont-ils abrogés sur ce point? Implicitement, oui. Ces prohibitions ne sont plus de notre époque; elles ne sont même plus conformes à notre droit public. Il est bien évident que l'*attestation* du ministre du culte, dont parle la loi de l'an IV, ne suppléera pas l'acte de l'état civil, là où il est *exigé*, ou là où il ne peut être remplacé que par un acte *nommé;* mais cette *attestation* peut être produite par la partie et examinée par le juge, dans tous les cas où il s'agit d'apprécier les faits, de défendre des droits et d'éclairer la conscience du magistrat. Cette pièce, ce titre, a sa valeur et son droit de paraître et de valoir, comme tous autres pièces et titres.

ADOPTION.

L'adoption est un contrat solennel qui établit entre deux personnes, l'adoptant et l'adopté, des rapports de paternité et de filiation purement civils. (Duranton, *Cours de droit français.)*

Un prêtre catholique peut-il adopter?

Voici comment Duranton (tome III, n° 286), répond à cette question : « Un prêtre catholique ne pourrait « non plus adopter. Sous plusieurs rapports, l'adop- « tion est une image de la paternité résultant du « mariage; elle attribue à l'adopté les droits d'enfant « légitime, et on ne peut supposer la capacité de les « conférer à celui qui ne peut se marier sans blesser « l'esprit des institutions civiles, sans violer la loi re- « ligieuse et sans trahir ses serments. » Delvincourt, « Odilon Barrot et Marcadé professent la même opi- nion.

La jurisprudence s'est prononcée récemment dans le sens contraire.

Le Tribunal de la Seine a décidé, qu'en l'absence de disposition formelle, on ne pouvait, en se fondant sur des analogies plus ou moins puissantes entre le mariage et l'adoption, créer une incapacité; il a donc validé une adoption faite par un prêtre ca- tholique.

La Cour royale de Paris a confirmé ce jugement. (Arrêt du 19 février 1842.)

La Cour de cassation, en rejetant le pourvoi con- tre cet arrêt, a posé, en principe, qu'il n'existe dans la législation civile, ni dans les canons reçus en France et ayant force de loi, aucun texte qui prohibe l'adop- tion par un prêtre catholique. (Cassation, 26 novem- bre 1844.)

Un prêtre catholique peut donc, légalement, adop- ter une personne, en se conformant d'ailleurs à toutes les prescriptions du Code civil relatives à l'adop- tion.

AGE.

Nul ne peut être ordonné, s'il n'a atteint l'âge de vingt-deux ans accomplis. (Décret du 2 février 1810, art. 4.)

Nul ne peut être admis dans les ordres sacrés, s'il a moins de vingt-cinq ans, sans le consentement de ses parents, ainsi que cela est prescrit pour le mariage des fils âgés de moins de vingt-cinq ans, conformément aux articles 148, 149 et 150 du Code Napoléon, ainsi conçus :

« 148. Le fils qui n'a pas atteint l'âge de vingt-cinq ans accomplis, la fille qui n'a pas atteint l'âge de vingt-un ans accomplis, ne peuvent contracter mariage sans le consentement de leurs père et mère : en cas de dissentiment, le consentement du père suffit. — C. 169. s. 1095. — P. 193.

« 149. Si l'un des deux est mort, ou s'il est dans l'impossibilité de manifester sa volonté, le consentement de l'autre suffit. — C. 141. 155. 158. s. 170. 182. 183. 511.

« 150. Si le père et la mère sont morts, ou s'ils sont dans l'impossibilité de manifester leur volonté, les aïeuls et aïeules les remplacent : s'il y a dissentiment entre l'aïeul et l'aïeule de la même ligne, il suffit du consentement de l'aïeul. — S'il y a dissentiment entre les deux lignes, ce partage emportera consentemement. — C. 73. 142. 143. 158. s. 170. 182. 183. 278. »

Les parents donnent leur consentement par acte sous seings privés, légalisé et enregistré, ou par acte devant notaire.

ANNEXE.

Dans les cures ou succursales trop étendues, et lorsque la difficulté des communications l'exige, il peut être établi des annexes ou chapelles. L'établissement en doit être provoqué par une délibération du conseil municipal, qui contient l'engagement de subvenir à toutes les dépenses que nécessitera cet établissement. L'annexe peut être érigée sur la demande des principaux contribuables d'une commune, qui prennent l'engagement personnel de payer le vicaire pendant *trois ans* au moins. (Décret du 30 septembre 1807, circulaire ministérielle des 11 octobre 1811 et 21 août 1813.)

Voici la manière de procéder lorsqu'on veut arriver à obtenir la création d'une annexe :

Il faut d'abord composer le dossier de l'affaire qui doit contenir les pièces suivantes : 1° expédition de la délibération du conseil municipal, ou de la demande des contribuables, avec les motifs déterminants de l'érection de l'annexe ; 2° le rôle des souscriptions volontaires, en triple expédition, indiquant la durée de la souscription ; 3° l'état des cotes des contributions des souscripteurs ; 4° l'état des meubles et ornements de l'église ; 5° l'expédition du procès-verbal d'enquête de *commodo et incommodo;* 6° le certificat de la population de la cure ou succursale ; 7° l'indication de l'étendue de la cure ou succursale et l'étendue du territoire qu'embrassera l'annexe.

Le dossier est transmis à l'évêque et au préfet, qui, après s'être concertés, l'adressent, avec leur avis, au ministre des cultes, aujourd'hui le ministre de l'instruction publique.

Il est statué sur la demande, par décret de l'Empereur, sur le rapport du ministre des cultes.

Le rôle de la contribution votée par le conseil municipal est rendu exécutoire en la forme ordinaire. Le rôle de la contribution volontaire, consentie par les principaux contribuables, est rendu exécutoire par l'homologation et à la diligence du préfet du département, après l'érection de l'annexe, et recouvré par le receveur municipal de la commune.

L'annexe dépend de la cure ou de la succursale dans l'arrondissement de laquelle elle est placée; elle est sous la surveillance du curé ou du desservant; le prêtre qui y est attaché n'exerce qu'en qualité de vicaire ou de chapelain; elle peut recevoir des dons et legs dont elle a la jouissance exclusive; c'est la fabrique paroissiale qui administre ses revenus.

On a demandé si les habitants de l'annexe sont assujettis aux frais du culte de l'église paroissiale. Un avis du conseil d'État, du 7 décembre 1810, s'est prononcé pour la négative. M. Vuillefroy soutient cependant l'affirmative.

APPEL COMME D'ABUS.

Les actes et entreprises d'un ministre des cultes contre le pouvoir établi, contre les droits civils et religieux des citoyens, et contre les inférieurs ecclésiastiques, pour les choses temporelles, peuvent être attaqués devant le conseil d'État, par les parties intéressées. Cette voie de recours prend le nom d'*ap-*

pel comme d'abus. Elle appartient également aux ministres des cultes, contre l'administration, pour les actes, les entreprises et les procédés qui portent atteinte aux droits et prérogatives d'un culte reconnu.

Sous l'ancienne monarchie, il était d'usage de porter devant le roi, en son parlement, les plaintes formées contre les personnes et les autorités ecclésiastiques. Ce recours avait lieu par voie de plainte ou de supplique, ou par appel régulier. Ce mode de procéder reposait sur ces deux principes du droit public de cette époque : *que le roi est exécuteur et protecteur des saints canons; qu'il a puissance de faire les lois et ordonnances concernant la police extérieure de l'église.*

Le droit nouveau a substitué au recours au roi, en son parlement, l'appel comme d'abus devant le conseil d'État. (Articles organiques, 6, 7.)

Nous examinerons successivement : 1º dans quel cas il y a lieu à appel comme d'abus; 2º quelle est la procédure à suivre en cette matière; 3º quels sont ses effets.

SECTION PREMIÈRE. — *Dans quels cas il y a lieu à appel comme d'abus.* — Le législateur ancien et le législateur moderne ont senti l'impossibilité de donner une nomenclature complète des cas d'abus; l'un et l'autre se sont bornés à des classifications générales, qui embrassent un cercle assez vaste dans les actes de la vie civile, pour répondre aux justes exigences de la situation qu'il a voulu créer. L'article 6 de la loi organique, qui seul doit fixer notre attention, divise en cinq catégories les cas d'appel comme d'a-

bus. Nous en ferons l'objet de cinq paragraphes dis-
tincts.

§ 1er. *Usurpation ou excès de pouvoir.*

Le ministre du culte qui s'en rend coupable
peut être poursuivi par la voie de l'appel comme d'a-
bus.

Il ne peut y avoir usurpation ou excès de pouvoir
de la part du ministre du culte, qu'autant qu'il fran-
chit les limites de son domaine spirituel, pour faire
un acte temporel, qui appartient à l'autorité civile. On
comprend que nos lois sont maintenant trop claires,
la séparation des pouvoirs trop bien établie, pour
que les abus de cette catégorie se produisent fré-
quemment.

On reconnaît qu'il y a abus, pour excès de pouvoir,
de la part d'un évêque qui censure dans un mandement
la conduite du gouvernement; qui proteste par une
déclaration, sous forme de lettre pastorale, contre un
projet de loi officiellement présenté aux chambres
législatives. (Conseil d'État, 10 janvier 1824 et 24 mars
1837.)

Il y aurait également usurpation et excès de pouvoir, de la part du ministre du culte qui s'emparerait
d'une partie quelconque de l'autorité publique, dont
il n'est ni dépositaire ni agent.

Ces exemples suffisent pour faire apprécier le caractère de cet abus, qu'il ne faut pas confondre avec
l'abus résultant de contravention aux lois et règlements de l'État. Toutefois, cette distinction ne peut
avoir qu'une valeur théorique et doctrinale.

§ 2. *Contravention aux lois et règlements de l'État.*

Le ministre du culte est, comme tous les citoyens, soumis aux lois de l'Empire; plus que tous autres, il doit l'exemple de l'obéissance à ces mêmes lois; dans l'exercice de ses fonctions, il appartient tout entier au caractère sacré dont il est revêtu; d'où il suit qu'à ce moment toute attaque ou contravention de sa part aux lois et règlements de l'État doit être considérée comme un *abus*, sans préjudice de la qualification légale du fait et de ses suites judiciaires; en dehors de ses fonctions, il appartient à la vie politique et civile comme les autres citoyens, et ses actes tombent sous l'application du droit commun.

La ligne de démarcation étant nettement tracée, il paraît difficile de voir naître l'abus.

On considère comme abus par contravention aux lois et règlements de l'État :

La publication d'une bulle du pape par un évêque, sans l'autorisation préalable du gouvernement; — l'exécution d'un rescrit du pape, qui n'a été ni vu, ni vérifié devant le conseil d'État; — la publication au prône d'un objet étranger à l'exercice du culte; — la célébration du mariage religieux avant qu'il ait été préalablement justifié du mariage civil; — l'inhumation avant l'autorisation préalable de l'officier de l'état civil; — et en général tout acte prohibé par le Concordat du 18 germinal an X, la loi organique et les autres lois de l'Empire.

§ 3. *Infractions aux règles consacrées par les canons reçus en France.*

Pour ces cas d'abus, il paraît difficile, au premier abord, de bien distinguer le pouvoir temporel du pouvoir spirituel, de les séparer sans froissement, et d'indiquer les difficultés qui sont du ressort du conseil d'État et celles qui devront être soumises exclusivement à l'autorité ecclésiastique. Cette difficulté n'est qu'apparente. En effet, l'exécution des canons de discipline intérieure, de for intérieur, de dogme, et tous autres qui émanent de l'autorité religieuse *seule*, qui forment, en quelque sorte, le code spirituel de l'Église, n'est point confiée *au roi*, comme sous l'empire de l'ancien droit, d'où il faut conclure que les infractions aux règles consacrées par ces canons ne peuvent être déférées à la juridiction laïque, et que le conseil d'État est incompétent pour en connaître. Elles rentrent dans la juridiction disciplinaire ecclésiastique.

Au contraire, s'il s'agit d'un canon dont les prescriptions sont incorporées en tout ou en partie dans une loi de l'Empire, l'infraction commise constitue un abus qui est de la compétence du conseil d'État, car le gouvernement est *seul* chargé de l'exécution des lois.

A notre avis, ce troisième cas d'abus doit se confondre avec le second ; car il s'agit, en définitive, d'une infraction à une loi de l'État.

Ainsi, toutes les fois que l'infraction à un canon sera en même temps une infraction à la loi civile, notamment au Concordat et aux articles organiques, il y aura lieu à appel comme d'abus; si cette condition manque, la partie intéressée introduira son recours devant les supérieurs ecclésiastiques.

Les auteurs qui ont traité cette question se sont demandé si le curé-doyen, *révoqué* par son évêque, pouvait se pourvoir par appel comme d'abus. On répond oui; car le Concordat et les articles organiques refusent implicitement ce droit à l'évêque.

Ils se sont demandé s'il en serait de même du curé *interdit* par son évêque. On répond non; car l'interdiction est un acte de discipline intérieure qui participe uniquement du pouvoir des ministres du culte, et qui est demeuré étranger au gouvernement.

§ 4. *Attentat aux libertés, franchises et coutumes de l'Église gallicane.*

Selon Foucart, (t. I, page 431), on comprend, sous ces différents noms, les règles qui ont pour but de protéger la souveraineté nationale de France, contre les entreprises de la cour de Rome, et de simples règles de discipline spéciales à l'Église de France.

Selon Dupin (*Manuel du droit ecclésiastique*, 1845, introduction, p. vIII), leur caractère (des libertés, franchises et coutumes de l'Église gallicane) est de tenir tout à la fois : 1º aux relations extérieures de l'État avec le Saint-Siége, considéré comme souverain étranger; 2º à notre droit public intérieur, en ce qui touche la discipline ecclésiastique et la police des cultes; 3º un droit privé pour toutes les questions et les conflits qui peuvent intéresser les particuliers.

On le voit, il importe de distinguer, lorsqu'il s'agit

d'attentat aux libertés gallicanes, les faits qui touchent
à la puissance temporelle, aux droits de l'État, à l'intérêt temporel des particuliers, de ceux qui restent dans le domaine de la discipline ecclésiastique.
Les premiers peuvent donner lieu à l'appel comme
d'abus, mais les seconds restent dans le domaine de
la juridiction ecclésiastique.

Des controverses ardentes se sont élevées sur cette
grave matière des libertés gallicanes. Elles durent
encore. Nous n'avons pas la prétention de prendre
rang parmi les auteurs des innombrables in-folios
écrits sur la question; nous nous bornerons donc à
donner le texte de la Déclaration du clergé de France,
du 19 mars 1682, que l'on considère comme le résumé
des libertés de l'Église gallicane. (*Voir à la fin du
volume.*)

§ 5. — *Toute entreprise ou tout procédé qui, dans
l'exercice du culte, peut compromettre l'honneur
des citoyens, troubler arbitrairement leur conscience,
dégénérer contre eux en oppression, en injure ou en
scandale public.*

Les quatre premiers cas d'abus comprennent les
actes contraires à l'ordre public, qu'il convient de
réprimer. Le cinquième cas comprend tout ce qui
peut nuire à l'intérêt des particuliers, et qu'il convient d'empêcher et de réprimer.

Ici encore, il faut distinguer avec le plus grand
soin ce qui est du domaine spirituel du ministre du
culte, et ce qui constitue un abus, un empiétement
sur le domaine temporel, préjudiciable aux particu-

tiers. Ainsi, on comprend parfaitement l'acte du ministre du culte qui peut compromettre l'honneur des citoyens, ou dégénérer en injure ou en scandale public contre eux; mais il faut être réservé pour décider qu'il y a eu trouble arbitraire de la conscience.

Citons quelques décisions du conseil d'État :

Il y a abus de la part d'un évêque qui publie, *en cette qualité*, dans un journal, des allégations injurieuses contre l'Université de France, ou qui menace de *refus éventuel de sacrement* les enfants élevés dans ces établissements : c'est l'injure et le trouble arbitraire à la conscience.

Il y a abus de la part de l'ecclésiastique qui profite de l'administration des sacrements à un malade, pour s'emparer de titres et créances, sous prétexte de restitution à des tiers; ou de livres, sous prétexte qu'ils sont mauvais : c'est l'oppression.

La diffamation commise en chaire constitue l'abus: c'est compromettre l'honneur des citoyens.

Il en serait de même de l'outrage contre un fonctionnaire public assistant, dans l'exercice de ses fonctions, à un acte du culte; de l'injure simple et de l'injure grave aux paroissiens.

(Conseil d'État, 20 août 1829, 25 novembre 1829, 8 novembre 1843. Cour de cassation, 26 juillet 1838, 7 mars 1840.)

Le refus des sacrements peut-il être considéré comme un abus de la part de l'ecclésiastique? Nous examinerons ultérieurement cette question *in extenso*.

Disons, quant à présent, qu'il est généralement admis que le prêtre a le droit absolu de refuser les prières et la sépulture ecclésiastique; qu'à cet égard, il relève de sa conscience et de ses supérieurs ecclésiastiques seulement. Si le refus a dégénéré en injure ou scandale public, ou en oppression, la question de principe reste la même, mais la solution du procès résulte des faits qui produisent l'*abus accessoire*, si nous pouvons nous exprimer ainsi, ou qui le repoussent.

Cependant, le conseil d'État, en consacrant cette doctrine pour le refus de communion et de confession, sans injure ni autres actes aggravants, s'est montré plus sévère pour refus de baptême, de confession *in extremis* et de mariage. Mais, nous le répétons, ces décisions, qui semblent contradictoires, ne détruisent point le principe de liberté que le ministre du culte peut revendiquer; elles sont basées sur des faits spéciaux qui tiennent réellement au domaine temporel, et non à la conscience.

Par droit de réciprocité, les ministres du culte peuvent se pourvoir, par voie d'appel comme d'abus, contre les actes de l'administration qui portent atteinte à leur liberté et à leur indépendance, dans le domaine purement religieux. (Art. 7 de la loi du 18 germinal an X.)

M. Portalis, premier président de la Cour de cassation, dit, dans une note citée par M. Dufour, qu'il y a lieu à appel comme d'abus, si « un officier civil « abuse de son autorité pour vexer les ministres du « culte dans l'exercice de leurs fonctions, ou pour « s'arroger des droits qu'il n'a pas sur les matières « spirituelles. Quant aux indécences dans les tem- « ples, aux coups, aux menaces et autres voies de

« fait, que les particuliers peuvent se permettre con-
« tre les ministres ou contre les objets du culte, ce
« sont des délits qui doivent être punis conformé-
« ment aux dispositions des lois pénales correction-
« nelles et criminelles. »

Le droit de réciprocité, un instant contesté, est aujourd'hui parfaitement reconnu.

Ainsi, un arrêté du préfet de la Loire, rendu en
1803, qui défendait à plusieurs ecclésiastiques l'exercice de la prédication, fut annulé pour excès de pouvoir. C'est à peu près le seul exemple qu'on puisse ci-
ter d'un appel comme d'abus formé par l'autorité religieuse contre l'administration civile.

SECTION DEUXIÈME. — *Forme et procédure du recours comme d'abus.*

Le droit de se pourvoir, par voie d'appel comme
d'abus, appartient à toute personne intéressée, c'est-
à-dire à toute personne atteinte, blessée, froissée, op-
primée par l'acte faisant grief, et qui rentre dans l'une
des cinq catégories d'abus.

Si la personne intéressée n'agit pas, ou refuse d'a-
gir, le préfet du département peut se pourvoir d'*office*. Cette faculté d'initiative laissée à l'autorité ne
s'exerce qu'autant que le silence des particuliers
couvre des actes abusifs, contraires à l'ordre public.
Il nous parait difficile d'admettre que le préfet soit
appelé à agir d'office dans l'intérêt purement privé.
Hâtons-nous d'ajouter que la loi de l'an X ne fait aucune distinction à cet égard.

La personne qui veut exercer son recours adresse

un mémoire détaillé et signé au conseiller d'État chargé de toutes les affaires concernant les cultes, aujourd'hui *au ministre de l'instruction publique*. Le préfet agit de la même manière et en suivant la même forme de procéder,

C'est l'unique formalité à accomplir. Il va de soi que toutes les pièces justificatives doivent être annexées au mémoire.

Le ministre de l'instruction publique prend tous les renseignements convenables et concilie l'affaire, s'il est possible. Dans le cas contraire, il saisit le conseil d'État, qui décide.

Rien de plus simple et de moins dispendieux que cette procédure. Il ne faudrait pas conclure de là que les parties intéressées peuvent impunément rester inactives pendant la durée de l'instance; en faisant ainsi, elles compromettraient gravement leurs intérêts; elles doivent aider, par tous les moyens, à l'enquête administrative qui prépare la décision du conseil d'État. Le ministre du culte, soit qu'il se défende, soit qu'il attaque, fort de sa conscience et de son droit, trouvera son plus ferme appui auprès de ses supérieurs ecclésiastiques; c'est par leur intermédiaire qu'il fera arriver à l'autorité, plus nets et plus fermes, les moyens qu'il invoquera pour soutenir son mémoire. Nous ne posons pas là un point de discipline ecclésiastique intérieure, mais nous donnons un simple conseil.

On doit remarquer que le conseil d'État, compétent pour connaître des appels comme d'abus, n'est jamais saisi *directement*. Le mode de procédure que nous venons d'indiquer est le seul valable; toute au-

tre marche n'aboutirait qu'à une fin de non-rece-
voir.

Un décret du 25 mars 1813, art. 5, avait attribué
aux cours impériales la connaissance des appels
comme d'abus. Aux termes de l'article 6, une loi, *qui
n'a point été proposée*, devait fixer les peines et la procédure applicables à ces matières; d'où il suit que le
décret lui-même, contre lequel d'ailleurs le pape
Pie VII avait énergiquement protesté, n'a jamais été
appliqué et n'a *aucune existence légale*. C'est une
question qui n'est plus controversée.

On a demandé si les étrangers et les citoyens catholiques appartenant au culte étaient recevables à
se pourvoir comme d'abus. On répond affirmativement,
car la loi ne fait aucune distinction; rien de plus général, en effet, que ces mots : *toute personne intéressée...* Sous l'ancienne juridiction, la question faisait
doute.

SECTION TROISIÈME. — *Effets du recours comme d'abus.*

Selon la gravité de l'acte abusif, le conseil d'État
se montre plus ou moins sévère. En parcourant les
diverses hypothèses qui peuvent se présenter, on re-
connaîtra immédiatement l'*effet* de la décision.

Si le conseil d'État déclare l'abus simple, il en résulte un *blâme.*

S'il déclare l'abus en ordonnant la suppression de
l'écrit, il y a *blâme* et *peine.*

S'il déclare l'abus, en autorisant la poursuite au civil ou au criminel, il en résulte un *blâme plus sévère*

et une déclaration implicite qu'il y a *plus qu'un abus.*

Si le recours est mal fondé, le conseil d'État déclare purement et simplement qu'il n'y a pas abus; ou bien, qu'il n'y a lieu ni à prononcer l'abus, ni à renvoyer devant les tribunaux; ou bien, qu'il n'y a lieu à recours, sauf aux parties à se pourvoir devant l'autorité ecclésiastique; ou bien, que l'appel n'est pas recevable, pour incompétence ou défaut de forme.

Nous pensons que celui qui succombe dans son appel comme d'abus est passible de dommages-intérêts envers la partie injustement poursuivie : c'est l'application du principe général de l'article 1382 du Code Napoléon, ainsi conçu :

« 1382. Tout fait quelconque de l'homme qui cause à autrui un dommage, oblige celui par la faute duquel il est arrivé à le réparer. — C. 1146. 1310. — P. 479. n. 1. s. »

ARCHEVÊQUE.

L'archevêque est le prélat métropolitain qui a plusieurs évêques pour suffragants. L'archevêque remplit les fonctions d'évêque dans le diocèse où il a sa résidence.

L'Empereur confère le titre d'archevêque, sauf l'institution canonique que doit donner ultérieurement le Saint-Père.

Pour être promu à l'épiscopat, il faut être d'origine française.

Les archevêques sont inamovibles. Avant d'entrer en·fonctions, ils prêtent directement, entre les mains de l'Empereur, le serment de fidélité dont la teneur suit :

« Je jure et promets à Dieu, sur les saints Évangi-
« les, de garder obéissance et fidélité au gouverne-
« ment établi par la constitution de l'Empire. Je
« promets aussi de n'avoir aucune intelligence, de
« n'assister à aucun conseil, de n'entretenir aucune
« *ligue*, soit au dedans, soit au dehors, qui soit con-
« traire à la tranquillité publique; et si, dans mon
« diocèse ou ailleurs, j'apprends qu'il se trame quel-
« que chose au préjudice de l'État, je le ferai savoir
« au gouvernement. » (Concordat, article 6.)

Les archevêques peuvent être assistés par des vicaires généraux appartenant au diocèse.

Ils ont droit aux honneurs civils et militaires déterminés par les articles 1, 2, 3, 4, 5, 6, 7, 8, 9 et 10, titre XIX du décret du 24 messidor an XII. (Voir le
mot *Évêque*.)

ASILE.

Au moyen âge, les églises étaient *lieux d'asile* pour
les criminels et pour les débiteurs insolvables. En
779, Charlemagne atteignit gravement ce privilége
en faisant défense de porter à manger aux criminels
réfugiés dans les églises. Louis XII et François Ier le
diminuèrent successivement en l'abolissant pour certains lieux. Enfin, l'article 37 du décret du 20 prairial an XIII le détruisit; il porte :

« Tout droit de refuge ou asile, soit dans l'intérieur
« des églises, soit dans leur enceinte extérieure, soit
« dans tout autre lieu privilégié, à quelque titre, ou

« sous quelque dénomination que ce soit, est
« aboli. »

Cependant il existe, en matière d'emprisonnement
pour dettes, une exception de haute convenance que
nous ne saurions trop approuver : l'article 781 du
Code de procédure civile est ainsi conçu :

« Le débiteur ne pourra être arrêté : 1°...... 2°......
3° dans les édifices consacrés au culte et pendant les
exercices religieux seulement... »

La règle d'asile procurait au malfaiteur une faveur
imméritée; l'exception répond au respect qui est dû
aux lieux saints et au culte.

L'article 781 du Code de procédure civile s'appli-
que-t-il aux matières criminelles? En droit, non; les
termes de l'article 98 du Code d'instruction criminelle
sont généraux : « Les mandats d'amener, de compa-
rution, de dépôt et d'arrêt sont exécutoires dans toute
l'étendue de l'Empire... »

Nous pensons néanmoins que les agents de la force
publique doivent, autant que possible, s'abstenir d'arrêter un inculpé, un prévenu ou un condamné, dans
les églises, pendant les exercices religieux, et se borner à faire cerner l'édifice et à faire garder les
issues.

Du reste, il suffit d'avoir indiqué le *droit* et la *faculté,* en matière d'arrestation dans les églises, pour
prévenir les conflits et le scandale.

BANCS DANS LES ÉGLISES.

Le prix de location des bancs et des chaises dans
les églises est un revenu pour les fabriques : la per-

ception en est autorisée par le décret du 30 décembre 1809, articles 64, 69, 70 et 71.

Il faut distinguer entre les règles qui s'appliquent aux bancs et chaises mobiles, [et celles propres aux bancs et chaises qui donnent droit à une place marquée dans l'église.

§ 1er. *Bancs et chaises mobiles.*

Le conseil des marguilliers peut être 'autorisé, soit à régir la location des bancs et chaises, soit à la mettre en location. Le prix en est réglé, pour les différents offices, par délibération du bureau, approuvée par le conseil de fabrique. Cette délibération doit être affichée dans l'église.

Si la location des bancs et chaises est en régie, il n'y a pas lieu à difficultés; le bureau des marguilliers fait percevoir par ses agents les prix fixés par les tarifs.

Si la location est mise en ferme, l'adjudication doit être précédée de trois affiches, de huitaine en huitaine. Les adjudicataires se présentent au bureau de la fabrique au jour indiqué, et font leurs offres par soumissions cachetées ; ils ne concourrent point par voie d'enchères à l'extinction des bougies. L'adjudication est donnée au plus offrant. Le procès-verbal de l'adjudication est dressé par le conseil de fabrique, avec ou sans l'assistance d'un notaire; la délibération qui a fixé le prix des chaises est annexée au procès-verbal.

Avant l'adjudication, le conseil de fabrique établit un cahier des charges; il contient les prix de location, le nombre des chaises à fournir par l'adjudicataire, l'espace qu'elles doivent occuper, et les autres

6

conditions spéciales qui seront insérées dans le bail.

Aucun membre de la fabrique ne peut se porter adjudicataire de la location des chaises et des bancs.
(Décret du 30 décembre 1809, article 61.)

§ 2. *Bancs et chaises marqués.*

Aucune concession de bancs ou de places dans l'é-
glise ne peut être faite pour un temps plus long que
la vie de ceux qui l'auront obtenue. Il y a exception
pour celui qui a entièrement bâti une église, ou qui
en est le donateur ou le bienfaiteur.

Autrefois, le droit de fonder un banc réservé, constituait pour les seigneurs, un privilége personnel et
transmissible à leurs héritiers. Ce privilége a été
aboli par les lois des 12 juillet 1790, et 13 et 20 avril
1791. Par arrêt du 18 juillet 1838, la Cour de cassation
a confirmé cette doctrine. Il n'y a donc lieu que de
s'occuper des concessions viagères.

La demande de concession est présentée au bureau
des marguilliers, qui la fait publier pendant trois dimanches consécutifs et afficher à la porte de l'église,
pendant un mois, afin que chacun puisse obtenir la
préférence en faisant une offre plus avantageuse;
cette demande doit énoncer le prix de concession qui
est proposé par le premier demandeur; et si ce prix
consiste en un immeuble, il est évalué en capital et en
revenu.

A l'expiration des délais indiqués, si aucun parois-
sien n'a proposé un prix de location supérieur, la concession est accordée par le conseil de fabrique, sur le
rapport du bureau des marguilliers. Toutefois, si le
prix de la concession consiste en un immeuble ou en

une valeur mobilière excédant 300 francs, elle doit être autorisée par décret de l'Empereur ; s'il consiste en une valeur mobilière de 300 francs ou au-dessous, l'autorisation du préfet du département suffit ; s'il s'agit d'une concession par bail pour une prestation annuelle, la délibération du conseil de fabrique est un titre suffisant. (Décret du 30 décembre 1809, art. 71.)

§ 3. *Concessions exceptionnelles de places dans les églises.*

Celui qui a entièrement bâti une église peut retenir la propriété d'un banc ou d'une chapelle pour lui et sa famille, tant qu'elle existera.

Celui qui est considéré comme donateur ou bienfaiteur d'une église peut obtenir la concession d'un banc ou d'une chapelle, pour lui et sa famille, tant qu'elle existera ; la concession, dans ce cas, est faite sans formalités d'affiches et d'adjudication, sur l'avis du conseil de fabrique, approuvé par l'évêque et par le ministre des cultes. On la nomme concession *perpétuelle*, quoiqu'en réalité elle soit *temporaire*.

§ 4. *Règles communes aux sections qui précèdent.*

Le placement des bancs ou chaises dans l'église ne peut être fait que du consentement du curé ou desservant, sauf le recours de l'évêque de la part de celui qui élève grief contre la décision du curé ou desservant. (Art. 30 du décret du 30 décembre 1809.)

Les bancs et les chaises concédés ne doivent préjudicier en rien aux fidèles qui n'en louent pas, et auxquels il doit être réservé une place suffisante et commode pour assister au service divin et pour entendre les instructions. (Art. 65 du décret.)

Les mesures relatives aux modifications à apporter aux bancs concédés, ne doivent être ordonnées que s'il y a *empêchement au service divin*, et non sous prétexte qu'ils sont mal placés pour le *coup d'œil*. (Monseigneur Affre, *De l'administration des Paroisses*.)

Le déplacement ou l'enlèvement des bancs, *sans motifs*, peut donner lieu contre le curé ou le desservant à appel comme d'abus.

Dans tous les cas, la suppression ou le dérangement d'un banc, concédé régulièrement, emporte de plein droit restitution du prix de concession, et, dans certains cas, dommages-intérêts à payer par le conseil de fabrique au concessionnaire.

Tout ce qui rentre dans la police intérieure de l'église pour les bancs et les chaises concédés appartient librement au curé ou desservant.

La réparation des bancs est, *en général*, à la charge du concessionnaire.

Le renouvellement des bancs est à la charge de l'adjudicataire.

Tout ce qui touche au premier établissement du banc, aux réparations, au renouvellement, à l'enlèvement après cessation de bail, n'a rien *d'absolu;* la loi est *muette* sur ces points, et tout dépend des conventions faites avec la fabrique et de l'usage des lieux.

§ 5. *Questions.*

Un membre de la fabrique peut-il se rendre adjudicataire d'un banc dans l'église? Oui. L'article 61 du décret de 1809 ne s'applique point à ce cas.

Les personnes *non catholiques* peuvent-elles se rendre adjudicataires d'un banc ou d'une chaise dans l'église? Non. Argument de l'article 47 de la loi organique et de l'article 21 du décret de 1809, qui ne reconnaît le droit à un banc qu'aux autorités civiles et militaires et aux marguilliers d'honneur, qui sont *catholiques*.

Si *plusieurs* paroissiens bâtissent une église, ont-ils le droit de retenir un banc? Oui. La lettre de la loi paraît contraire à cette solution, que nous considérons comme conforme à son esprit; du reste, c'est un privilége qu'on ne refusera jamais à ceux qui voudront consacrer une partie de leur fortune à l'érection d'une église.

Le concessionnaire d'un banc peut-il le sous-louer? Non. Le conseil de fabrique accorde à telle personne ce qu'il refuserait peut-être à telle autre, d'où il suit que la concession d'un banc ou d'une chaise est toute personnelle.

Un particulier peut-il louer plusieurs bancs et chaises? Oui, en principe, car rien ne paraît le lui interdire. Cependant, le curé et le conseil de fabrique doivent veiller à ce que des locations de cette nature ne nuisent point aux intérêts pécuniaires de l'administration et à la dignité du culte, en introduisant dans l'église un spéculateur sur les bancs et les chaises, qui ne serait pas aussi étroitement lié qu'un adjudicataire. Nous pensons qu'on ne doit point tolérer ce semblant de monopole, et qu'il convient d'aborder

6.

nettement la voie de régie, ou celle de bail, pour la location des bancs et chaises.

Les bancs possédés avant la révolution, à titre de concession, peuvent-ils être réclamés par les héritiers des anciens propriétaires? Oui. C'est un principe de droit, que la restitution des biens ecclésiastiques aux fabriques, a été faite avec leurs *anciennes* charges, mais *quittes des nouvelles* charges qui auraient été créées après la confiscation. En décidant autrement, on ferait profiter les fabriques et les églises *d'une partie de cette confiscation*, ce qui est inadmissible. Monseigneur Affre soutient cependant l'opinion contraire.

Quel doit être le sort des concessions perpétuelles concédées avant la révolution? Elles ne subsistent plus dans leur intégrité. Les concessionnaires doivent se conformer au décret de 1809.

S'ils sont fondateurs, donateurs ou bienfaiteurs d'une église, ils doivent accomplir les formalités voulues, et leur concession sera réduite aux proportions établies par l'article 72 du décret; elle deviendra *viagère* pour la famille; s'ils ne sont ni fondateurs, ni donateurs, ni bienfaiteurs, ils restent dans les termes du droit commun, et leur concession devient annuelle ou viagère, s'ils se conforment aux dispositions du décret.

Le changement de paroisse ou de domicile entraîne-t-il la perte au banc, dans l'église? La question est controversée. Monseigneur Affre soutient l'affirmative; les auteurs de l'*Encyclopédie du droit* tiennent pour la négative. A notre avis, la question est plutôt de fait que de droit. Si la concession ne porte aucun préjudice aux fidèles de la commune ou de la paroisse, pourquoi priver la fabrique d'un revenu utile? Dans le cas contraire, les anciens principes des ordonnances de 1737 et de 1763 peuvent être invoqués; l'intérêt d'un seul fidèle, devenu étranger à la paroisse, ne doit pas prévaloir sur les intérêts de tous les autres. La concession cessera d'avoir effet. Du reste, il est hors de doute que si la concession est faite au fondateur, elle ne se perd point par son changement de domicile. (Cassation, 1er février 1825.)

Le changement de religion du concessionnaire emporte-t-il la perte de sa concession du banc? Sans aucun doute, et l'opinion contraire n'est pas soutenable.

Les fabriques peuvent-elles demander la résiliation du bail des chaises pour lésion? Oui. Les fabriques sont assimilées aux mineurs et jouissent de priviléges semblables. Toutefois, cette décision tient à l'ancien droit plutôt qu'au droit nouveau. A notre avis, il est difficile d'admettre la résiliation, si toutes les formalités du décret ont été observées; l'accomplissement est une garantie pour le tiers ayant traité avec la fabrique, que son contrat est valable, comme l'accomplissement des prescriptions de la loi est une garantie pour le tiers qui a traité avec un mineur.

§ 6. *Places distinguées.*

Il y aura, dans les cathédrales et paroisses, une place distinguée pour les individus *catholiques* qui remplissent des fonctions civiles et militaires. (Loi organique, article 47.)

Les marguilliers d'honneur et tous les membres du conseil de fabrique ont une place distinguée dans l'église, au *banc de l'œuvre;* il est placé devant la chaire, autant que faire se peut. Le curé ou desservant a, dans ce banc, la première place, toutes les fois qu'il s'y trouvera pendant la prédication. (Décret du 30 décembre 1809, article 21.)

Le maire a droit à une place gratuite au banc d'œuvre, et il n'est pas douteux que dans les paroisses dont le maire, protestant ou israélite, est représenté au conseil de fabrique par un de ses adjoints catholique, cet adjoint n'ait au banc d'œuvre droit à la place qu'occuperait le maire lui-même s'il appartenait au culte.

Une décision ministérielle du 23 novembre 1837 a modifié l'article 47 de la loi organique; elle ne donne dans l'église, de places gratuites et distingnées, aux autorités militaires, administratives et judiciaires, qu'autant qu'elles assistent en corps et en costume à une cérémonie à laquelle elles ont été invitées.

Les fonctionnaires, en dehors de ces cérémonies et comme simples fidèles, n'ont aucun droit à une place spéciale.

BÉNÉDICTION NUPTIALE.

La bénédiction nuptiale est la consécration du mariage avec les cérémonies religieuses; elle n'est donnée par le ministre du culte qu'à ceux qui justifient, en bonne et due forme, avoir contracté mariage devant l'officier civil. (Article 54 de la loi organique.)

La sanction de cette prescription se trouve dans les articles 199 et 200 du Code pénal, ainsi conçus :

« Art. 199. Tout ministre *d'un* culte, qui procédera
« aux cérémonies religieuses d'un mariage, sans qu'il
« lui ait été justifié d'un acte de mariage préalable-
« ment reçu par les officiers de l'état civil, sera, pour
« la première fois, puni d'une amende de 16 francs à
« 100 francs.

« Art. 200. En cas de nouvelles contraventions de
« l'espèce exprimée en l'article précédent, le ministre
« du culte qui les aura commises sera puni, savoir :
« pour la première récidive, d'un emprisonnement de
« deux à cinq ans, et pour la seconde de la détention.

« Art. 20. Quiconque aura été condamné *à la dé-*
« *tention,* sera renfermé dans l'une des forteresses
« situées sur le territoire continental du royaume,
« qui auront été déterminées par une ordonnance du
« roi, rendue dans les formes des règlements d'admi-
« nistration publique.

« Il communiquera avec les personnes placées dans
« l'intérieur du lieu de la détention, ou avec celles du
« dehors, conformément aux règlements de police
« établis par une ordonnance du roi.

« La détention ne peut être prononcée pour moins
« de *cinq* ans, ni pour plus de *vingt* ans, sauf le cas
« prévu par l'article 33.

« Art. 33. Si le banni, avant l'expiration de sa peine,
« rentre sur le territoire du royaume, il sera, sur la
« seule preuve de son identité, condamné à la déten-
« tion, pour un temps au moins égal à celui qui res-
« tait à courir jusqu'a l'expiration du bannissement
« et qui ne pourra excéder le double de ce temps. »

La contravention prévue et punie par l'article 199
du Code pénal, résulte-t-elle de la seule omission d'a-

voir exigé la justification du mariage civil, sans se
préoccuper de la question de savoir si le mariage
existe réellement : en d'autres termes, le ministre du
culte est-il coupable quand les époux auxquels il a
donné la bénédiction nuptiale, sans exiger la preuve
du mariage civil, l'ont, en effet, contracté antérieurement?

La question doit être résolue négativement. Les
paroles prononcées par M. Berlier, lors de la discussion du code Napoléon, confirment cette interprétation, que nous n'hésitons pas à donner à l'article 199,
nonobstant l'absolu de son texte. M. Berlier s'exprimait
ainsi : « Si le mariage a été reçu, préalablement, par
« l'officier de l'état civil, il n'y aura ni parties lésées,
« ni lieu de rechercher le ministre du culte, qui, en
« tous cas, dirait, ou qu'on lui a représenté l'acte, ou
« qu'il le connaissait pour y avoir assisté lui-même.
« L'article ne reçoit donc réellement son application,
« qu'à la bénédiction nuptiale conférée à des per-
« sonnes non préalablement liées par le contrat civil
« et que la cérémonie religieuse aurait induites en
« erreur sur leur état, si elles eussent regardé le mi-
« nistre du culte comme capable de le leur conférer. »

L'article 200 élève la peine pour les *nouvelles* contraventions de la nature de celle prévue par l'article
199, et il distingue la première et la seconde *récidive*.
— Comment doit-on entendre ces dispositions? L'ag-
gravation de peine est-elle encourue à la suite de
contraventions *successives*, sans *condamnation*? Doit-
on appliquer les règles générales de la récidive conformément aux articles 56, 57 et 58 du Code pénal?
Non.

L'article 200 est une exception aux principes généraux sur la récidive, mais il ne s'écarte point de la règle de justice et d'équité qui domine toute question de droit pénal. Ainsi, la première récidive ne sera encourue qu'à raison d'une contravention commise *après condamnation*, pour contravention antérieure de même nature. La seconde récidive ne sera encourue qu'après condamnation sur la première récidive.

BAPTÊME.

Le baptême est le sacrement qui confère la qualité de chrétien. Autrefois, l'acte de baptême dressé par le ministre du culte, à la suite de la cérémonie religieuse, faisait preuve de l'état civil de la personne baptisée : il n'en est plus de même aujourd'hui. (Loi organique, art. 35.)

Le ministre du culte peut procéder aux cérémonies religieuses relatives aux naissances, c'est-à-dire au baptême, avant que l'autorité civile en ait dressé acte, par conséquent sans demander la preuve de l'accomplissement de cette formalité, car il y a des baptêmes urgents, qui pressent plus que l'inscription civile, pour laquelle la loi donne trois jours. D'après Chauveau et Hélie, c'est ce motif qui a fait repousser la proposition contraire, lors de la discussion des articles 199 et 200 du Code pénal.

BIENS ECCLÉSIASTIQUES.

Avant la révolution, le clergé catholique possédait

des biens considérables, qui furent confisqués en 1789.

Le pape Pie VI ne cessa de protester contre cette mesure de l'Assemblée nationale.

Lors du Corcondat, Pie VII crut devoir abandonner les prétentions de son prédécesseur; le but et l'intention du Saint-Père sont exprimés avec une noble simplicité dans l'article 13, ainsi conçu : «Sa Sainteté, « *pour le bien de la paix et l'heureux rétablissement de* « *la religion catholique,* déclare que ni elle, ni ses « successeurs, ne troubleront en aucune manière les « acquéreurs des biens ecclésiastiques aliénés; et « qu'en conséquence, la propriété de ces mêmes biens, « les droits et revenus y attachés, demeureront incom- « mutablement entre leurs mains ou celles de leurs « ayant-cause. »

Les articles 71, 72, 73 et 74 de la loi organique déterminent quels sont les biens que l'on doit considérer aujourd'hui comme biens ecclésiastiques, formant la dotation du culte. D'après M. Vuillefroy (*Administration du culte catholique*), elle se divise en deux catégories : 1º en dotation immobilière ; 2º en dotation mobilière et subventions. La dotation immobilière se compose des édifices servant au culte et aux établissements religieux, tels que les églises, les évêchés, les presbytères, les séminaires et tous les biens immeubles productifs ou non de revenus, affectés au culte par le Gouvernement, ou provenant soit des fondations ou donations faites par les particuliers, soit des acquisitions faites directement par les établissements publics.

La dotation mobilière comprend les revenus provenant de la location des bancs et chaises, des quêtes, des troncs, droits et oblations attribués aux fabriques, le casuel des ecclésiastiques, et les biens meubles affectés au culte et possédés par les établissements religieux. En outre, des subventions sont annuellement données au culte par l'État, par les départements et par les communes.

Cette opinion est conforme aux dispositions combinées de la loi organique et de celle du 2 janvier 1817 et des règles du droit commun.

Les biens ecclésiastiques, restitués ou nouvellement acquis, ne jouissent d'aucun privilége; mais ceux qui doivent être considérés comme établissemente d'utilité publique sont exempts d'impôts.

Pour compléter ce qu'il reste à dire sur cette matière, nous croyons devoir reproduire la loi des 2-6 janvier 1817 et l'ordonnance du 14 avril de la même année.

La loi du 2 janvier 1817 est ainsi conçue :

« Article 1er. Tout établissement ecclésiastique reconnu par la loi ne pourra accepter, avec l'autorisation du roi, tous 'es biens meubles, immeubles ou rentes, qui lui seront donnés par acte entre vifs ou par actes de dernière volonté.

« Art. 2. Tout établissement ecclésiastique reconnu par la loi, pourra également, avec l'autorisation du roi, acquérir des biens immeubles ou des rentes.

« Art. 3. Les immeubles ou rentes appartenant à un établissement ecclésiastique seront possédés à perpétuité par ledit établissement, et seront inaliénables, à moins que l'aliénation n'en soit autorisée par le roi. »

7

L'ordonnance du 14 avril est conçu dans les termes suivants :

« Article 1er. Conformément à l'article 1410 du Code civil et à la loi du 2 janvier 1817, les dispositions entre vifs et par testament des biens meubles et immeubles au profit des églises, des archevêchés et évêchés, des chapitres, des grands et petits séminaires, des cures et des succursales, des fabriques, des pauvres, des hospices, des colléges, des communes, et en général de tout établissement d'utilité publique et de toute association religieuse reconnus par la loi, *ne pourront être acceptées* qu'après avoir été autorisées par nous, le conseil d'État entendu, et *sur l'avis préalable* de nos préfets et de nos évêques, suivant les divers cas.

« L'acceptation des dons ou legs en argent ou objets mobiliers n'excédant pas 300 francs sera autorisée par les préfets.

« Art. 2. L'autorisation ne sera accordée qu'après l'approbation provisoire de l'évêque diocésain, *s'il y a charge de service religieux.*

Art. 3. L'acceptation desdits legs ou dons, ainsi autorisée, sera faite, savoir :

« Par les évêques, lorsque les dons ou legs auront pour objet leur évêché, leur cathédrale ou leurs séminaires ;

« Par *les doyens des chapitres*, si les dispositions sont faites au profit des chapitres.

« Par le curé ou desservant, lorsqu'il s'agira des legs ou dons faits à la cure ou succursale, pour la subsistance des ecclésiastiques employés à la desservir ;

« Par les trésoriers des fabriques, lorsque les donateurs ou testateurs auront disposé en faveur des fabriques, ou pour l'entretien des églises et le service divin;

« Par le supérieur des associations religieuses, lorsqu'il s'agira de libéralités faites au profit de ces associations;

« Par les consistoires, lorsqu'il s'agira de legs faits pour la dotation des pasteurs ou pour l'entretien des temples;

« Par les administrateurs des hospices, bureaux de charité et de bienfaisance, lorsqu'il s'agira de libéralités en faveur des hôpitaux et autres établissements de bienfaisance;

« Par les administrateurs des colléges, quand les dons ou legs auront pour objet les colléges, ou des fondations de bourses pour les étudiants, ou des chaires nouvelles;

« Par les maires des communes, lorsque les dons ou legs seront faits au profit de la généralité des habitants, ou pour le soulagement et l'instruction des pauvres de la commune;

« Et enfin par les administrateurs de tous les autres établissements d'utilité publique légalement constitués, pour tout ce qui sera donné ou légué à ces établissements.

« Art. 4. Les ordonnances et arrêtés d'autorisation détermineront, pour le plus grand bien des établissements, l'emploi des sommes données, et prescriront la conservation ou la vente des effets mobiliers, lorsque le testateur ou le donateur auront omis d'y pourvoir.

« Art. 5. Tout notaire dépositaire d'un testament contenant un legs au profit de l'un des établissements ou titulaires mentionnés ci-dessus, *sera tenu de lui en donner avis lors* de l'ouverture ou publication du testament.

« En attendant l'acceptation, *le chef de l'établissement, ou le titulaire*, fera tous les actes conservatoires qui seront jugés nécessaires.

« Art. 6. Ne sont point assujettis à la nécessité de l'autorisation les acquisitions et emplois en rentes constituées sur l'État ou les villes, que les établissements ci-dessus désignés pourront acquérir dans les formes de leurs actes ordinaires d'administration.

« Les rentes ainsi acquises seront immobilisées, et ne pourront être aliénées sans autorisation.

« Art. 7. L'autorisation pour l'acceptation ne fera aucun obstacle à ce que les tiers intéressés se pourvoient, par les voies de droit, contre les dispositions dont l'acceptation aura été autorisée. »

BINAGE.

On entend, par binage, le *double service* qu'un prêtre est autorisé à faire dans deux paroisses différentes ou dans la même paroisse; en général, le double service se borne à deux messes par chaque jour de dimanche et fêtes et à l'administration des sacrements dans les deux paroisses; l'autorisation de l'évêque donne au binage plus ou moins d'étendue. Le binage ne peut être autorisé qu'en faveur d'une *succursale* légalement établie, qui demeure vacante, soit provisoirement, jusqu'à la nomination d'un titulaire, soit indéfiniment, parce que la commune ne peut subvenir aux frais du culte pour elle seule, soit par tout autre motif. Le binage ne peut être autorisé pour une cure dans laquelle le vicaire doit pourvoir aux nécessités du culte.

Le curé, desservant ou vicaire, autorisé à biner dans une paroisse vacante, a droit à l'usufruit et à la jouissance du presbytère et de ses dépendances, dont il peut louer tout en partie avec l'autorisation de l'évêque ; de plus, il reçoit sur les fonds de l'État une indemnité de 200 francs. (Ordonnance du 3 mars 1825 ; ordonnance du 6 novembre 1814. — Lois des finances.)

Pour obtenir le paiement de cette indemnité, le prêtre justifie, tous les six mois, de l'autorisation de biner qui a été accordée par l'évêque, et de l'accomplissement de son double service, constaté par attestation du curé du canton, chargé de ce soin par l'évêque. Ces pièces sont adressées au préfet et annexées aux mandats de paiement comme pièces justificatives.

Aux termes d'une circulaire du mois de juin 1814, le binage peut être autorisé exceptionnellement, *dans la même paroisse*, lorsque le desservant, âgé ou infirme, a fait la demande d'un vicaire, conformément aux décrets des 17 novembre 1811 et 30 décembre 1809, et que l'affaire n'est point encore instruite et vidée définitivement, ou que l'évêque n'a pas de prêtre disponible pour remplir le vicariat. Dans ce cas, le desservant dit deux messes les dimanches et fêtes.

BLASPHÈME.

On entend par blasphème les imprécations, les jure-ments avec colère et mépris parce qu'il y a de plus saint et de plus sacré, et généralement tout ce qui est écrit ou dit contre le respect dû à la Divinité et à la religion.

Dans l'ancien droit, le blasphème était puni des peines les plus sévères. Suivant la loi juive, les blas-phémateurs étaient *lapidés*. (Lévitique, chap. 24, ver-set 16.) Les ordonnances royales prononçaient contre eux, et selon les cas, l'exposition au pilori, la section des lèvres, du menton ou de la langue avec un fer chaud, la peine arbitraire et même la mort.

Aujourd'hui, le blasphème proprement dit, n'est puni par aucune loi.

L'article 1er de la loi du 25 mars 1822 est le seul qui soit applicable aux faits qui tendent à outrager ou à tourner en dérision les cultes légalement recon-nus, les ministres et la morale publique et religieuse. Il est ainsi conçu :

« Quiconque, par l'un des moyens énoncés en l'ar-
« ticle 1er de la loi du 17 mai 1819, aura outragé ou
« tourné en dérision la religion de l'État, sera puni
« d'un emprisonnement de trois mois à cinq ans, et
« d'une amende de 300 francs à 6,000 francs. — Les
« mêmes peines seront prononcées contre quiconque
« aurait outragé ou tourné en dérision toute autre
« religion dont l'établissement est légalement re-
« connu en France. »

Les moyens énoncés par l'article 1er de la loi du 17 mai 1819 sont : les discours, — cris, — menaces, proférés dans des lieux ou réunions publics, — les écrits, — imprimés, — dessins, — gravures, — peintures, — emblèmes, vendus ou distribués, mis en vente ou exposés dans des lieux ou réunions publics, — les placards ou affiches exposés aux regards du public.

Les articles 260, 261, 262, 263 et 264 du Code pénal prévoient un autre ordre de faits qu'ils punissent, et forment, avec la loi de 1822, l'ensemble du système de protection que le législateur a voulu apporter au culte et aux ministres du culte.

BREFS.

Le bref est la lettre écrite par le Saint-Père à un souverain ou à des particuliers ; il ne contient ni préface ni préambule. Comme la bulle, il ne peut être reçu, imprimé, publié ni exécuté, sans l'autorisation du Gouvernement. (Article 1er de la loi organique.)

Toutefois, il y a exception pour les *brefs de pénitencerie*, pour le for intérieur seulement; ils peuvent être exécutés sans autorisation. (Décret du 28 février 1810, art. 1er.) Les *brefs de pénitencerie* sont relatifs aux fautes cachées, aux cas d'absolution réservés au pape, aux mariages, etc., etc. (Merlin, v° *Bref.*)

Monseigneur Affre, dans son *Traité de l'administration des paroisses*, dit que l'usage a donné plus de latitude aux évêques, qui peuvent recevoir et exécuter, sans autorisation, des induts renfermant des pouvoirs spirituels, des brefs de la daterie, etc., etc.

BULLE.

La bulle est une des formes particulières des expéditions de la cour de Rome. Elle s'expédie sur parchemin, avec un sceau de plomb portant l'empreinte des images de saint Pierre et de saint Paul.

La publication d'une bulle s'appelle *fulmination*. Les bulles qui règlent des points généraux de dogme, de doctrine, de discipline, ou qui contiennent des prescriptions obligatoires pour tous les ministres du culte placés sous l'autorité du Saint-Père, prennent le nom de *constitutions*.

Aucune bulle, même ne concernant que des particuliers, ne peut être reçue, publiée, imprimée, ni autrement mise à exécution, sans l'autorisation du gouvernement. (Loi organique, article 1er.)

Quelle est la sanction de cet article ? ou, en d'autres termes, quelle peine encourrait le ministre du culte qui recevrait, publierait, imprimerait ou exécuterait une bulle du pape sans autorisation ?

Doit-on appliquer l'article 2 du décret des 9-17 juin 1791, qui prononce la peine de la dégradation civique contre les contrevenants ecclésiastiques et laïques, à une prescription absolument identifique à celle de l'article 1er de la loi organique, dont nous nous occupons ?

Doit-on appliquer l'article 207 du Code pénal, qui prononce la peine de 100 francs à 500 francs d'amende, et d'un emprisonnement d'un mois à deux ans, contre le ministre d'un culte qui, sur des questions ou des matières religieuses, a entretenu une correspondance avec une cour ou puissance étrangère, sans autorisation du Gouvernement ?

.. Doit-on simplement appliquer au ministre du culte

contrevenant l'article 6 de la loi organique, et se pourvoir par la voie d'appel comme d'abus?

Après quelques hésitations de doctrine, cette dernière solution a été adoptée.

Il est évident que si la publication de la bulle constituait un fait *délictueux* autre que la contravention à l'article 1er de la loi organique, il serait poursuivi conformément à la loi spéciale qui l'aurait prévu.

BUREAUX DE BIENFAISANCE.

Les bureaux de bienfaisance ont pour mission de donner des soins aux *nécessiteux*, aux indigents valides et aux familles pauvres de la commune. Ils sont composés de cinq membres dont les fonctions sont gratuites; ils sont nommés par le ministre de l'intérieur dans les villes dont les maires sont nommés par l'Empereur; dans les autres villes, ils sont choisis par le préfet du département. Le préfet peut les suspendre ou proposer leur révocation, mais non la prononcer lui-même. (Ordonnance du 6 juin 1830, article 3.) Ils prêtent serment entre les mains du maire avant leur entrée en fonctions.

Le renouvellement du bureau se fait, chaque année, par cinquième, sur une liste de cinq candidats, présentée par le bureau lui-même. Le membre sortant peut être réélu.

Le maire est président-né, du bureau de bienfaisance; en cas d'absence, il est remplacé par l'adjoint. (Ordonnance du 2 juin 1831; circulaire du ministre de l'intérieur du 13 février 1828.)

7.

Le bureau peut s'adjoindre des dames de charité, des religieuses et des auxiliaires ecclésiastiques et laïques, Ses membres sont considérés comme fonctionnaires publics et ne peuvent être poursuivis sans l'autorisation du conseil d'État, pour des faits relatifs à leurs fonctions. (Décret du 24 juillet 1812.)

Les bureaux sont établis par commune et section de commune, mais non par canton ; ils constituent des *personnes morales* qui peuvent, comme les hospices, posséder des biens, acquérir, aliéner, plaider, transiger, etc., etc., en se conformant aux mêmes règles

§ 1er. *Mission des bureaux de bienfaisance.*

Ils ont pour mission de recevoir les dons faits en faveur des pauvres, de répartir les secours entre les nécessiteux, soit à domicile, soit dans un lieu convenu. Les secours sont, autant que possible, donnés en nature, surtout en pain, soupes, vêtements, combustibles, remèdes, etc. (Loi du 7 frimaire an V, article 10.)

Pour connaître les *nécessiteux,* selon la loi, il faut se rendre compte de ce que le législateur considère comme personne ayant *domicile de secours* (loi du 24 vendémiaire an XI) ; il ne s'agira plus que de rechercher si cette personne est *nécessiteuse.*

Le domicile de secours est au lieu de naissance jusqu'à l'âge de vingt et un ans.

Celui qui le perd à sa majorité peut le recouvrer par un séjour de six mois.

Hors du lieu de naissance, il s'acquiert par une résidence d'une année, dans la commune, après inscription à la mairie, en produisant un passeport et un certificat.

Si l'individu contracte mariage dans la commune, il obtient le domicile de secours par six mois de résidence.

Il est acquis partout, sans aucun délai, au soldat qui justifie de services honorables.

On ne peut avoir deux domiciles de secours.

Abordant un autre ordre d'idées, le bureau de bienfaisance doit secours, dans la mesure de ses forces :

A tout vieillard de soixante-dix ans, infirme et nécessiteux ;

A tout malade sans ressources, domicilié ou non domicilié dans la commune ;

Aux individus qui deviennent infirmes avant d'avoir acquis le domicile de secours, par le temps de résidence.

Les vagabonds, les mendiants d'habitude, valides, et tous les autres bohémiens de la charité publique, n'acquièrent jamais domicile de secours.

§ 2. *Ressources du bureau de bienfaisance.*

Elles comprennent : 1° les biens restitués après la confiscation révolutionnaire; 2° ceux acquis; 3° ceux donnés et régulièrement acceptés; 4° la perception sur les amusements publics, qui se compose du dixième du prix des billets d'entrée dans les spectacles ; d'un quart de la recette brute dans les lieux de réunion ou de fête, où l'on est admis en payant, ce qui ne comprend pas les réunions de société. (Loi du 7 fructidor an VIII, et lois des finances rendues successivement.) — S'il y a hospice et bureau de charité dans la même commune, la répartition de ce produit est faite par le préfet ; — 5° le montant des allocations municipales ; 6° le produit des souscriptions, des troncs, quêtes et collectes.

§ 3. *Questions.*

Une quête au profit des pauvres doit être faite dans les églises toutes les fois que le bureau de bienfaisance le juge convenable. (Article 75 du décret du 30 décembre 1809.)

Les administrateurs du bureau peuvent faire placer un tronc dans l'église pour recevoir l'offrande des fidèles aux pauvres. (Arrêté ministériel du 5 prairial an XI ; avis du comité de l'intérieur et des cultes du 6 juillet 1831.)

Ne doivent pas être mis à la disposition du bureau de bienfaisance les legs affectés aux pauvres, lorsque le testateur a fait choix du curé ou de son légataire universel, ou de tout autre fonctionnaire ecclésiastique pour opérer la distribution. (Avis du conseil d'État du 9 frimaire an XII, et 15 janvier 1837.)

La demande en autorisation d'accepter un legs et une délivrance de ce legs, doit être faite par le bureau de bienfaisance, *personne morale*, et non par l'autorité municipale. (Cour d'Angers, 3 janvier 1844.)

Les secours donnés par les bureaux de bienfaisance peuvent être appliqués aux écoles de charité et au placement en nourrice des enfants des familles dépourvues de toutes ressources. (Instruction ministérielle du 8 février 1823.)

Les indigents inscrits au bureau de bienfaisance

peuvent, avec le certificat constatant l'inscription, obtenir un passeport gratuit, avec secours de route à 15 centimes par lieue, des remises ou modifications d'impôt ou de patente, la délivrance gratuite d'actes de l'état civil et l'inhumation gratuite pour eux et leurs enfants. (Ordonnance du 2 juillet 1818, art. 78.)

§ 4. *Comptabilité.*

Les revenus des bureaux de bienfaisance sont ordinairement perçus par le receveur de l'hospice ou par le receveur municipal.

Le préfet règle leurs budgets, quels que soient leurs revenus.

CANONS D'ÉGLISE.

On donne le nom de canons d'église aux constitutions des conciles généraux et particuliers en matière de foi ou de règle de discipline ecclésiastique.

Ce sont les canons proprement dits.

On distingue encore les canons *pénitentiaires*, émanés des conciles ou des évêques, établissant les peines satisfactoires qui doivent être imposées aux pénitents.

Les premiers ne peuvent être publiés en France, ni exécutés, sans l'autorisation du Gouvernement. (Loi organique, article 1er.)

Les seconds sont publiés et exécutés sans autorisation préalable. (Décret du 28 février 1810, art. 1er.)

CARDINAUX.

Les cardinaux sont les princes ecclésiastiques qui

font partie du Saint-Collége et concourrent, dans le conclave, à l'élection des papes.

La France a droit à cinq places dans le Sacré-Collége; souvent ce nombre a été dépassé.

Les cardinaux français sont nommés par le pape, sur la présentation de l'Empereur.

Ils prêtent le serment prescrit par l'article 6 du Concordat entre les mains de l'Empereur, qui leur donne la *barette*, insigne envoyé par le pape après leur nomination.

Ils sont tenus d'aller recevoir le *chapeau* des mains du Saint-Père, qui seul peut les en revêtir.

Les cardinaux français sont membres de droit du Sénat. (Constitution du 22 janvier 1852.)

COSTUME.

Les ecclésiastiques portent, dans les cérémonies religieuses, les habits et les ornements convenables à leurs titres; ils ne peuvent, dans aucun cas, prendre la couleur et les marques distinctives réservées aux évêques. (Article 42 de la loi organique.)

A l'extérieur, le costume ecclésiastique, dit la loi organique, art. 43, sera l'habit à la française et en noir.

Les évêques pourront joindre à ce costume la croix pastorale et les bas violets. Toutefois, l'arrêté des consuls, du 17 nivôse an XII, porte : « Les évêques dans « leur diocèse, les vicaires généraux et chanoines « dans la ville épiscopale et dans les différents lieux « où ils pourront être en cours de visites; les curés, « desservants et autres ecclésiastiques, dans les ter-« ritoires assignés à l'exercice de leurs fonctions, con-

« tinueront de porter les habits convenables à leur
« état, suivant les canons-règlements et usages de
« l'Église. »

De là, il résulte explicitement ou implicitement, que
les titulaires ecclésiastiques peuvent toujours porter
la soutane, qu'ils soient ou non dans leur circonscription; qu'en d'autres termes, il n'a rien été changé par
la loi organique, aux canons-règlements et usages de
l'Église.

L'article 259 du Code pénal, qui punit d'un emprisonnement de deux mois à un an, toute personne
ayant porté publiquement un costume qui ne lui appartient pas, est applicable à toute personne qui revêt
le costume réservé aux ministres des cultes reconnus.
(Arrêt de la Cour impériale de Paris, du 3 décembre
1836.)

CATHÉDRALES.

La cathédrale est l'église principale d'un diocèse;
de même qu'il n'y a qu'un seul évêque par diocèse,
de même il ne peut y avoir qu'une seule cathédrale.
Cependant, dans l'usage, on donne ce nom à la principale église du chef-lieu du département qui a été
le siége d'un évêché, depuis supprimé. Le mot vient
de *cathedra*, qui signifie *chaire*.

CÉRÉMONIES RELIGIEUSES.

On distingue les cérémonies *intérieures* et les cérémonies *extérieures* de l'église.

Les premières ne peuvent avoir lieu que dans les
édifices consacrés au culte, à titre public ou privé,

par l'autorité ecclésiastique, avec la permission expresse du Gouvernement. (Argument des articles 44 et 45 de la loi organique.)

Le même temple ne peut être consacré qu'à un même culte. (Art. 46 de la loi organique.)

Les secondes ne peuvent avoir lieu hors des édifices consacrés au culte catholique, dans les villes où il y a des temples destinés à différents cultes. (Art. 45 de la loi organique.)

Cette restriction exceptionnelle au libre exercice du culte catholique, ne reçoit d'exécution qu'autant qu'il existe, dans la ville, une église consistoriale *autorisée;* or, cette autorisation n'est accordée qu'à une réunion, dans ladite ville, de 6,000 protestants au moins.

Dans l'usage, il n'est fait application de l'article 45 de la loi organique, qu'autant qu'il y a nécessité *absolue* et *justifiée;* en général, les préfets prennent sous leur responsabilité d'autoriser les cérémonies extérieures du culte catholique, lorsqu'il y a présomption sérieuse que la tranquillité publique n'en sera pas troublée. Si la présomption contraire domine, alors même qu'il n'y a pas d'église consistoriale autorisée, ils peuvent les interdire provisoirement, en vertu du droit de haute surveillance administrative et de police, dont ils sont investis. (Argument de l'article 18 du Concordat.)

Les honneurs publics dus au transport du viatique et aux processions du Saint-Sacrement, dans les villes où les cérémonies religieuses n'ont pas été interdites, sont réglés par les articles 1, 2, 3, 4 et 5 du décret du 24 messidor an XII, 2e partie, titre II, qui sont ainsi conçus:

TITRE II.

« Article 1er. Dans les villes où, en exécution de l'ar-
« ticle 45 de la loi du 18 germinal an X, les cérémonies
« religieuses pourront avoir lieu hors des édifices
« consacrés au culte catholique, lorsque le Saint-Sa-
« crement passera à la vue d'une garde ou d'un poste,
« les sous-officiers et soldats prendront les armes, les
« présenteront, mettront le genou droit en terre, in-
« clineront la tête, porteront la main droite au cha-
« peau, mais resteront couverts; les tambours bat-
« tront aux champs ; les officiers se mettront à la tête
« de leurs troupes, salueront de l'épée, porteront la
« main gauche au chapeau, mais resteront couverts;
« le drapeau saluera. — Il sera fourni, du premier
« poste devant lequel passera le Saint-Sacrement, au
« moins deux fusilliers pour une escorte. Ces fusilliers
« seront relevés de poste en poste, marcheront cou-
« verts près du Saint-Sacrement, l'arme sur le bras
« droit. — Les gardes de cavalerie monteront à che-
« val, mettront le sabre à la main ; les trompettes
« sonneront la marche; les officiers, les étendards
« et guident salueront.

« Art. 2. Si le Saint-Sacrement passe devant une
« troupe sous les armes, elle agira ainsi qu'il vient
« d'être ordonné aux gardes ou postes.

« Art. 3. Une troupe en marche fera halte, se for-
« mera en bataille, et rendra les honneurs prescrits
« ci-dessus.

« Art. 4. Aux processions du Saint-Sacrement, les
« troupes seront mises en bataille sur les places où la
« procession devra passer. Le poste d'honneur sera à

« la droite de la porte de l'église par laquelle la pro-
« cession sortira. Le régiment d'infanterie qui portera
« le premier numéro, prendra la droite; celui qui por-
« tera le second, la gauche; les autres régiments se
« formeront ensuite alternativement à droite et à gau-
« che; les régiments d'artillerie à pied occuperont le
« centre de l'infanterie. — Les troupes à cheval vien-
« dront après l'infanterie; les carabiniers prendront la
« droite, puis les cuirassiers, ensuite les dragons,
« chasseurs et hussards. Les régiments d'artillerie à
« cheval occuperont le centre des troupes à cheval.—
« La gendarmerie marchera à pied entre les fonc-
« tionnaires publics et les assistants. — Deux compa-
« gnies de grenadiers escorteront le Saint-Sacre-
« ment : elles marcheront en file, à droite et à gauche
« du dais. A défaut de grenadiers, une escorte sera
« fournie par l'artillerie ou par les fusilliers, et, à dé-
« faut de ceux-ci, par des compagnies d'élite de trou-
« pes à cheval, qui feront le service à pied, — La com-
« pagnie du régiment portant le premier numéro
« occupera la droite du dais; celle du second, la
« gauche. — Les officiers resteront à la tête des files.
« Les sous-officiers et soldats porteront le fusil sur le
« bras droit.

« Art. 5. L'artillerie fera trois salves pendant le temps
« que durera la procession, et se mettra en bataille
« sur les places, ce qui ne sera pas nécessaire pour la
« manœuvre du canon. »

CÉRÉMONIES PUBLIQUES.

Les cérémonies publiques sont celles qui ont lieu

par l'ordre du Gouvernement, à l'occasion d'un événement particulier, ou pour la commémoration d'événements mémorables.

Les cérémonies publiques sont religieuses, civiles et militaires.

Quand la cérémonie est religieuse, les ordres du Gouvernement, pour sa célébration, sont adressés aux archevêques et évêques.

L'évêque se rend chez le préfet du département, le premier président de la Cour impériale et le lieutenant général commandant la division, pour convenir du jour et de l'heure de la cérémonie; l'archevêque se rend chez le premier président et le lieutenant général seulement, pour le même objet. (Décret du 24 messidor an XII, art. 6.)

Les archevêques et évêques transmettent leurs ordres aux curés et desservants de leur diocèse.

Les curés et desservants sont dans l'usage, conformément à une circulaire ministérielle, de se concerter avec les principales autorités du lieu de leur résidence; ils ont la direction absolue de la cérémonie; elle ne doit commencer que lorsque l'autorité, qui occupe la première place, a pris séance; cette autorité se retire la première. (Décret du 23 messidor an XII.)

CIMETIÈRE.

Le cimetière est le lieu affecté à la sépulture des morts.

En principe, aucune inhumation ne peut avoir lieu dans les églises, et généralement dans aucun des édifices clos et fermés où se réunissent les citoyens pour la célébration de leur culte, ni dans l'enceinte des villes et bourgs. (Décret du 23 prairial an XII, article 1er.) Cependant il est consacré par l'usage que, sur la proposition de l'évêque diocésain et avec l'autorisation du Gouvernement, donnée par un décret impérial, les évêques et les archevêques peuvent être inhumés dans leur cathédrale. Un semblable privilége pourrait être concédé, dans les mêmes formes, aux curés et aux simples particuliers, fondateurs ou bienfaiteurs des églises.

Les cénotaphes, inscriptions et autres monuments funèbres, peuvent être élevés dans les églises, hospices, communautés religieuses, etc., etc., en l'honneur des ministres du culte et des bienfaiteurs ou fondateurs de l'église ou de l'établissement, sur la demande de l'évêque et avec la permission du ministre des cultes. Il ne faut pas confondre cette faculté avec l'inhumation elle-même.

Les cimetières doivent être placés en dehors des villes et bourgs, à une distance de trente-cinq à quarante mètres au moins, sur un terrain élevé et situé au nord ; ils doivent être clos de murs de deux mètres au moins d'élévation, ou d'une haie vive, forte et vigoureuse ; on y fait des plantations en prenant les précautions convenables pour ne pas gêner la circulation de l'air. La réouverture des fosses ne peut avoir lieu avant cinq ans, à partir de l'époque où le corps a été inhumé, de sorte que le cimetière doit être cinq fois plus étendu que l'espace nécessaire pour y déposer le nombre présumé des morts de chaque année.

Ces dispositions sont applicables à toutes les communes de France.

La distance se compte à partir des dernières maisons de la ville ou du bourg, et non à partir des maisons isolées. La translation du cimetière, lorsqu'elle est devenue nécessaire, est ordonnée par un arrêté du préfet, le conseil municipal de la commune entendu. Le préfet détermine le nouvel emplacement du cimetière, également sur l'avis du conseil municipal, et après enquête *de commodo et incommodo;* on traite à l'amiable avec les particuliers, sinon on a recours à la voie d'expropriation pour cause d'utilité publique, dans les formes ordinaires de la loi. (Ordonnance du 16 décembre 1843.) Pour l'élargissement d'un ancien cimetière qui se trouve placé à la distance légale, on procède de la même manière. Après quelques hésitations, la jurisprudence du conseil d'État s'est fixée dans ce sens, de sorte que la question n'est plus douteuse.

Si le conseil municipal se prononce contre la mesure de création d'un nouveau cimetière, en remplacement de l'ancien, qui serait placé dans l'enceinte de la ville ou du bourg, ou à une distance moindre de trente-cinq mètres hors de l'enceinte, le préfet porte d'office la dépense au budget de la commune, et il en assure le recouvrement sur les dépenses ordinaires, ou au moyen d'un impôt extraordinaire. En effet, aux termes de l'article 30 de la loi du 18 juillet 1837, ces sortes de dépenses sont obligatoires pour les communes. On agirait de même s'il s'agissait de l'agrandissement *nécessaire* du cimetière.

§ 1er. *Propriété des cimetières et entretien des clôtures.*

Le lieu d'inhumation est essentiellement une propriété publique. (Avis du conseil d'État, du 15 mars 1833.) Le principe est absolu; cependant, il fléchit quelquefois sous la force du fait. Ainsi, un établissement public peut être autorisé à avoir un cimetière particulier et à le rendre public, mais sans pouvoir le soustraire aux lois et aux règlements de police établis sur la matière, et au droit d'expropriation que peut exercer la commune.

Le principe ainsi posé, comment doit-on entendre l'article 36 du décret du 30 décembre 1809, qui donne aux fabriques la jouissance du *produit spontané du cimetière?* Le conseil d'État, consulté, a été d'avis que la fabrique avait droit aux herbes et aux arbres qui avaient crû spontanément dans le cimetière; que la commune avait droit à tous les autres arbres.

A qui incombe la charge d'entretenir le cimetière et sa clôture? Est-ce à la fabrique? est-ce à la commune? La question est vivement controversée. On invoque contre la fabrique l'article 23 du décret du 23 prairial an XII, et l'article 37 du décret du 30 mars 1809, qui mettent *formellement* l'entretien du cimetière à sa charge.

On invoque contre la commune l'article 30, paragraphe 17 de la loi du 18 juillet 1837, duquel il résulte que cette dépense est obligatoire pour elle, dans les cas déterminés par les lois et règlements d'administration publique.

Nous pensons que la dépense doit être supportée

par la fabrique, comme compensation de son droit à la jouissance des *produits spontanés;* que les décrets de prairial an XII et de décembre 1809 n'ont point été abrogés par la loi de 1837; que la commune n'est point obligée d'une manière *absolue* à l'entretien du cimetière, mais qu'elle peut être *forcée*, dans certains cas, de venir en aide à la fabrique.

§ 2. *Police des cimetières.*

Les lieux de sépulture, soit qu'ils appartiennent aux communes, soit qu'ils appartiennent aux particuliers, sont soumis à la police et à la surveillance de l'autorité municipale. Elle est chargée spécialement de maintenir l'exécution des lois et des règlements sur les inhumations, et d'empêcher qu'il se commette, dans les lieux de sépulture, aucun désordre, ou qu'on s'y permette aucun acte contraire au respect dû à la mémoire des morts. (Décret du 23 prairial an XII, articles 16 et 17.)

Ainsi, l'autorité municipale doit veiller à ce que toute personne décédée sur le territoire de la commune soit enterrée dans le cimetière public, et à ce que les fosses ne soient pas rouvertes avant l'expiration des cinq années prescrites; à ce qu'elles soient séparées et creusées à la profondeur voulue, etc.; en un mot, à l'observation de tout ce qui est ordonné dans l'intérêt de l'ordre et de la santé publique.

Dans les communes où l'on professe plusieurs cultes, chaque culte doit avoir un lieu d'inhumation particulier; et, dans le cas où il n'y aurait qu'un seul cimetière, on le partage par des murs, haies ou fossés, en autant de parties qu'il y a de cultes différents, avec une entrée particulière pour chacune, et en proportionnant ces espaces au nombre des habitants de chaque culte. (Décret du 23 prairial an XII, art. 15.) Les cultes reconnus ont seuls droit à une subdivision. L'autorité municipale doit veiller avec le plus grand soin à l'exécution de ces mesures de prudence et de haute convenance. En cas de négligence, elle engagerait gravement sa responsabilité. Les difficultés en matière de police d'inhumation sont soumises au ministre de l'intérieur et au ministre des cultes. C'est au ministre de l'intérieur qu'il appartient d'ordonner l'exhumation, s'il y a lieu, d'un individu dont la tombe a été ouverte dans une partie du cimetière où son culte ne lui donnait point place.

Le maire peut prendre des arrêtés relatifs à la police du cimetière. Aucune inscription ne peut être placée sur les pierres tumulaires et les monuments funéraires, sans avoir été *préalablement soumise* à son approbation. (Ordonnance du 16 décembre 1843, art. 6.)

§ 3. Concessions. — Servitudes. — Anciens cimetières

Lorsque l'étendue des cimetières le permet, il peut y être fait des concessions de terrain pour les sépultures particulières ou de famille et pour construire des caveaux, monuments et tombeaux. (Décret du 23 prairial an XII, art. 10.)

Sous l'empire de ce décret, le mode de procéder, pour arriver à une concession, présentait des difficultés et des lenteurs; elles ont disparu depuis l'ordonnance du 16 décembre 1843, qui forme le droit actuel.

Les concessions sont divisées en trois classes : 1º concessions perpétuelles; 2º concessions trentenaires; 3º concessions temporaires.

Aucune concession ne peut avoir lieu qu'au moyen du versement d'un capital, dont deux tiers au profit de la commune et un tiers au profit des pauvres ou des établissements de bienfaisance.

Les concessions trentenaires sont renouvelables, moyennant un prix qui ne peut être supérieur à celui payé la première fois.

Les concessions temporaires sont faites pour quinze ans au plus; elles ne sont pas renouvelables.

Le terrain nécessaire aux séparations des fosses et au passage est fourni par la commune.

En cas de translation d'un cimetière, les concessionnaires ont le droit d'obtenir, dans le nouveau cimetière, un emplacement égal, en superficie, au terrain qui leur avait été concédé; les restes qui y avaient été inhumés y sont transportés aux frais de la commune. Ceci s'applique aux concessions antérieures à l'ordonnance.

Les tarifs des prix gradués, pour les trois classes de concession, sont proposés par les conseils municipaux des communes, et approuvés par arrêtés du préfet du département; si les revenus de la commune dépassent 100,000 francs, ils doivent être approuvés par décret de l'Empereur.

Les prix varient, selon les localités, de 25 à 50 francs le mètre carré, pour les concessions perpétuelles;

de 10 à 25 francs le mètre carré pour les concessions temporaires.

La concession ne peut être moindre de deux mètres carrés, c'est-à-dire de deux mètres de long, sur un mètre de large.

Le concessionnaire perpétuel est-il propriétaire du terrain de manière à pouvoir en trafiquer? Non. L'exercice de son droit, tout spécial, doit rester compatible avec le respect dû aux morts.

Le conseil municipal peut-il refuser une concession à un habitant de la commune? Oui. Le projet de l'ordonnance de 1843 lui interdisait cette faculté; la phrase n'a point été reproduite dans l'ordonnance promulguée, ce qui implique le droit de refuser.

Cette ordonnance est-elle applicable aux cimetières de Paris? Non.

Nul ne peut, sans autorisation, élever aucune habitation, ou creuser aucun puits, à moins de 100 mètres des nouveaux cimetières *transférés hors des communes* en vertu des lois et règlements. (Décret du 7 mars 1808, art. 1er.)

Les bâtiments existants, dans ce rayon, ne peuvent être restaurés, ni augmentés, sans autorisation.

Les puits peuvent, après visite contradictoire d'experts, être comblés en vertu d'ordonnances du préfet du département, sur la demande de la police locale.

Ces servitudes sont établies sur les propriétés voisines des cimetières, dans l'intérêt de la santé publique.

Il se présente une question qui a été beaucoup discutée et qui n'est point encore résolue.

Le décret de prairial an XII autorise l'établissement

des cimetières à 35 mètres au moins de l'enceinte du bourg; mais le décret de 1808 établit des servitudes gênantes, dans un rayon de 100 mètres, c'est-à-dire jusqu'à 75 mètres dans l'intérieur du bourg; il en résulte une contradiction qu'on ne peut atténuer ni faire disparaître. Les arguments sont inutiles. L'application successive des deux décrets serait une injustice et une absurdité; il faut donc renoncer à les concilier.

C'est à l'administration à prendre les faits en considération, pour chacun des cas qui se présentent, et à décider, par ses instructions, dans quelle limite les décrets seront exécutés.

Dans tous les cas, il est hors de doute que le décret de 1808 ne s'applique point aux anciens cimetières, et que les propriétés qui les avoisinent sont libres de toutes servitudes.

Tout cimetière supprimé doit, pendant cinq années, rester fermé et dans l'état où il se trouve, sans qu'on puisse en faire usage.

A partir de cette époque, il peut être affermé par les communes, à la condition qu'il ne sera qu'ensemencé ou planté, et sans qu'il y puisse être fait aucune fouille ou fondation pour des constructions ou bâtiments.

Cette prohibition subsiste tant qu'elle n'a pas été levée par l'administration.

La construction faite au mépris de cette prescription doit être démolie.

Les pierres sépulcrales et autres emblèmes funéraires placés dans l'ancien cimetière, et appartenant aux familles, leur sont remis, si elles les réclament; en cas de non-réclamation, ils sont attribués aux communes pour l'entretien du cimetière, avec les autres objets qui peuvent appartenir à la commune elle-même.

Disposition générale.

Toute personne peut être inhumée sur une propriété particulière placée hors de l'enceinte des villes et bourgs, à la distance fixée par le décret de prairial an XII.

Si le terrain est situé sur la commune où est mort le défunt, l'autorisation du maire suffit; s'il doit être transporté hors de la commune, le maire du lieu du décès dresse un procès-verbal de l'état du corps, et l'envoie, avec copie de l'acte de décès, au maire de la commune où doit avoir lieu l'inhumation. La famille paie les frais, et se pourvoit devant l'autorité religieuse, afin d'avoir les autorisations nécessaires. (Ordonnance ministérielle, 26 thermidor an XII.)

CHANOINE.

Le chanoine est un ecclésiastique pourvu d'un titre appelé *canonicat*, qui lui donne place au chœur, et voix au chapitre diocésain ou métropolitain.

L'institution des chanoines, suprimée en 1790, a été rétablie par l'article 11 du Concordat.

On distingue : 1° les chanoines *titulaires*, qui exercent réellement les fonctions propres au titre; 2° les chanoines *honoraires*, qui ne sont investis d'aucun des droits spéciaux propres aux chanoines titulaires; ce titre, purement honorifique, est conféré par l'évêque seul, aux ecclésiastiques de son diocèse qu'il distingue; 3° les chanoines d'*honneur*. Cette qualification est réservée aux hauts dignitaires ecclésiastiques; elle est attribuée ordinairement à l'évêque qui, avant sa promotion à l'épiscopat, faisait partie du chapitre du diocèse.

L'évêque nomme les chanoines de son chapitre, sauf l'autorisation du Gouvernement; on procède comme pour la nomination des curés. *Voir* ce mot. (Loi organique, art. 35.)

On peut indiquer deux exceptions au droit qu'a l'évêque de nommer directement les chanoines de son chapitre : 1° l'exercice du droit de collation d'un canonicat *proprio motu*, qui appartient à la couronne, suivant les statuts 66 à 68 des libertés de l'Eglise gallicane, une décision ministérielle du 20 mars 1827, et une instruction générale du 1er avril 1823. Depuis 1830, les Gouvernements se sont abstenus d'user de ce droit, plus ou moins bien reconnu.

1° Le droit au premier canonicat vacant, qui appartient à tout ecclésiastique qui, ayant exercé pendant trois ans consécutifs les fonctions de vicaire général, vient, par changement d'évêque, âge ou infirmités, à cesser ses fonctions.

Nul ne peut être investi des fonctions de chanoine, s'il n'est prêtre et s'il ne remplit les conditions de l'article 2 de l'ordonnance du 25 décembre 1830, ainsi conçu : « A dater du 1er décembre 1835, nul ne pourra « être nommé membre d'un chapitre, s'il n'a obtenu « le grade de licencié en théologie, ou s'il n'a rempli « pendant quinze ans les fonctions de curé ou de « desservant. » Le chanoine, nommé et approuvé,

8*

prête le serment de l'article 6 du Concordat, entre les
mains du préfet; il est inamovible et ne peut être déposé que dans les formes canoniques, avec l'approbation de l'Empereur.

Le chanoine assiste aux offices canonicaux. (Décision
ministérielle du 11 septembre 1810.) Il est soumis,
pour ce qui regarde les congés ou absences, aux mêmes obligations que les curés. (*Voir* ce mot.) Il peut,
dans certains cas d'absence non autorisée, être privé
de traitement.

Le traitement des chanoines est fixé à 1,500 fr., par
l'ordonnance du 20 mars 1813; celui des chanoines de
la métropole de Paris s'élève à 2,400 fr. Les chanoines de premier ordre du chapitre impérial de Saint-
Denis reçoivent un traitement de 8,000 fr. Les chanoines du second ordre reçoivent 2,400 fr.

Sous l'ancienne monarchie, on distinguait les chanoines *réguliers*, *séculiers*, *à prébendes*, *ad effectum*,
jubilés, *honoraires*, *d'honneur*, etc., etc. Ces divisions
n'ont aujourd'hui qu'un intérêt historique.

CHAPELAIN.

On donne le titre de chapelain ou d'aumônier au
prêtre chargé de desservir une chapelle privée, ou
qui appartient à une communauté religieuse ou à
un établissement public, comme un lycée, un hospice, etc.

CHAPELLE.

On distingue: 1° les chapelles qui forment une petite église séparée de toute autre église; 2° celles qui font partie d'une grande église.

§ 1er. *Chapelles séparées.*

Les chapelles séparées sont publiques ou privées.

Les chapelles publiques sont ordinairement établies dans des paroisses trop étendues pour une seule église. Elles prennent le nom d'*annexes* (*voir* ce mot), ou d'*oratoires*, ou *chapelles de secours;* celles-ci sont établies dans une fraction de la commune où se trouve l'église paroissiale. Leur création est soumise à l'autorisation du Gouvernement. Le décret qui l'accorde doit être présenté à l'évêque avant la consécration.

L'oratoire de secours n'a pas d'existence propre; il est administré, quant à ses biens, charges et dépenses, par le conseil de fabrique de la commune.

L'autorisation d'élever une chapelle privée est accordée ordinairement aux personnes qui ne peuvent aller à la paroisse pour y recevoir les sacrements et pratiquer leurs exercices religieux.

Les chapelles des établissements publics prennent le nom d'*oratoires particuliers;* elles peuvent être concédées aux hospices, aux prisons, maisons de détention et de travail, congrégations religieuses, lycées collèges, pensions nombreuses, fabriques, manufactures, etc.

Les chapelles des établissements publics sont desservies par un aumônier ou chapelain; celles des particuliers sont desservies par un prêtre agréé par l'évêque et muni de pouvoirs particuliers; les unes et les autres sont soumises, quant au spirituel, à la *juridiction ordinaire*, c'est-à-dire à l'évêque du diocèse où elles sont situées; l'évêque a toujours le droit d'y entrer. L'article 10 de la loi organique dispose en effet : « Tout privilége portant *exemption*, ou attribu- « tion de *juridiction épiscopale*, est aboli. » Elles sont « autorisées par le Gouvernement, sur la demande de l'évêque, à l'appui de celle formée par les établissements publics et les particuliers.

§ 2. *Chapelles unies à l'église.*

La concession du droit de chapelle dans l'église, est faite dans les mêmes formes que celle des bancs et chaises; elle est soumise aux mêmes conditions. (Nous renvoyons à ce qui est dit sous ces mots.)

S'il s'agissait d'une chapelle *attenante* à l'église, y communiquant, mais distincte de l'édifice, l'autorisation du Gouvernement deviendrait nécessaire pour l'érection; ce ne serait plus alors une concession dans l'église, mais bien une création de chapelle privée ou publique.

Quant au droit plus ou moins absolu du possesseur, il est déterminé par les usages et par le titre même de concession, au besoin même, par l'ensemble des énonciations portées aux diverses pièces jointes à la demande.

Les chapelles impériales sont soumises à des règlements particuliers.

CHAPITRE.

On désigne sous le nom de *chapitre*, le corps d'ecclésiastiques, appelés chanoines, qui sont attachés à une église cathédrale, et qui forment le conseil de l'évêque. Les chapitres sont institués par les articles 11 du Concordat et 35 de la loi organique. Leur établissement doit être autorisé par le Gouvernement; le décret impérial qui accorde l'autorisation fixe en même temps le nombre des chanoines. On procède comme pour la nomination des curés. (*Voir* ce mot.)

La constitution ou les statuts de chaque chapitre ont été l'objet d'ordonnances spéciales.

Le chapitre étant considéré comme une corporation, peut être supprimé par décret impérial, c'est-à-dire de la même manière qu'il a été établi. C'est un droit qui appartient au souverain sur toute corporation organisé dans l'État, et dont il a usé, dit Vuillefroy, en 1811, à l'égard des chapitres du département de la Lippe.

L'existence des chapitres, comme établissements religieux, est reconnue par la loi; ils constituent des *personnes morales*, qui peuvent recevoir, aliéner, hypothéquer, etc., etc., et qui administrent leurs biens.

Le chapitre administre ses biens comme le titulaire d'une cure administre les biens curiaux (*voir* le mot cure); il délibère sur cet objet, au nombre des quatre cinquièmes de ses membres. — La délibération est soumise à l'approbation de l'évêque; en cas de refus, d'approbation, le chapitre peut en référer au ministre des cultes. — Le trésorier représente le chapitre pour les actes d'administration des biens; il est nommé par l'évêque, pour cinq ans, sur une liste de trois candidats présentés par le chapitre et désignés au scrutin; il ne peut plaider sans l'autorisation du chapitre, approuvée en conseil de préfecture. Le décret du 6 novembre 1813 trace les règles générales d'administration des divers biens appartenant aux chapitres. Nous les reproduisons à la fin du *Manuel*.

Les chapitres ont été investis, par l'article 6 du décret du 28 février 1810, du droit d'administrer le diocèse pendant la vacance du siége épiscopal; à cet effet, ils présentent au ministre des cultes le vicaire général qu'ils ont élu, pour remplir les fonctions d'administrateur du diocèse pendant la vacance; cette nomination est soumise à l'approbation du Gouvernement.

En général, les statuts des chapitres contiennent les dispositions suivantes : L'évêque est le chef du chapitre; il le préside; il ne peut s'assembler qu'avec son autorisation; il détermine les matières qui seront mises en délibération. Les chanoines prennent rang suivant l'ordre de leur ordination, et dans la suite suivant l'ordre de leur entrée au chapitre, etc.

Le chapitre forme le conseil de l'évêque; il le consulte, mais il n'est, en aucune manière, tenu de se conformer à l'avis qu'il donne.

CLERGÉ.

On désigne sous le nom de *clergé*, l'ensemble des personnes attachées à une religion en qualité de ministres du culte; ainsi on dit : Le clergé catholique, le clergé protestant, le clergé anglican, etc., etc. Le mot s'emploie encore pour désigner le corps des ministres d'un même culte exerçant leurs fonctions dans un même État, mais dans des circonscriptions différentes ou dans un État étranger; ainsi on dit : Le clergé de Paris, le clergé de Moulins, de Lyon, etc., etc., etc.; le clergé français, le clergé espagnol, etc, etc.

Avant 1789, alors que subsistaient les trois ordres, le clergé catholique tenait le premier rang; après lui, venait la noblesse, puis le tiers-état. (Edit. de 1695, art. 45.)

« En ce royaume très-chrétien, disait Loyseau, nous « avons conservé aux ministres de Dieu le premier « rang d'honneur...... en quoi nous avons suivi au- « cunement les anciens Gaulois, nos prédécesseurs, les- « quels donnaient le premier ordre aux druides, qui « étaient leurs prêtres..... »

Aujourd'hui, les ministres du culte exerçant les fonctions spirituelles ont rang au-dessus de tous les laïques. Dans l'ordre civil, dans le domaine purement temporel, leur rang de préséance est déterminé par le décret du 24 messidor an XII.

CLOCHES.

La cloche de l'église a un double usage : Elle appelle les fidèles au service divin et aux divers exer- cices religieux; elle peut, en outre, servir à annoncer aux habitants un événement qui répand l'affliction ou la joie. Il suit de là, que l'usage de la cloche est, géné- ralement, réglé de concert entre l'autorité civile et l'autorité ecclésiastique.

L'usage des cloches dans les églises devint général vers la fin du dixième siècle. Selon Denisart, l'article 3 de l'ordonnance de Melun défendait de les employer pour tout objet profane; les seigneurs eux-mêmes ne pouvaient contraindre les curés à les sonner à d'autres heures que celles fixées par l'usage, ou les faire sonner à leur convenance.

Dès cette époque, on se préoccupa de l'abus qu'on pouvait faire des cloches dans les temps de troubles civils et pendant les orages ; ainsi, il y avait peine de mort contre ceux qui sonnaient le tocsin pour appeler les habitants de la paroisse à la rébellion ou à tout autre méfait. Selon Denisart, un particulier de Bordeaux fut condamné pour ce fait, en l'an 1552, à être pendu au battant de la cloche qu'il avait sonnée. Cet arrêt fut exécuté, et la ville fut privée de ses cloches pendant un certain temps.

Le règlement du 29 juillet 1784 porte : « Défense « aux marguilliers et bedeaux des paroisses, et à tous « autres, de faire sonner les cloches en temps d'orage, « à peine de 10 livres d'amende contre chacun des « contrevenants, et de 50 livres en cas de récidive, « même de plus grande peine s'il y échet. » On peut soutenir que ce règlement n'a point été abrogé, et qu'il peut être appliqué aujourd'hui, conformément aux dispositions de l'article 484 du Code pénal. Quoi qu'il en soit, il est incontestable que l'autorité municipale a le droit de prendre des arrêtés pour empêcher de sonner les cloches pendant l'orage. Du reste, les populations des campagnes commencent à comprendre qu'à ce moment le son des cloches appelle le danger au lieu de l'éloigner, et il suffira de quelques efforts de la part du curé et du maire, pour faire disparaître complétement cette pernicieuse habitude, de courir aux cloches au premier coup de tonnerre.

Pendant la période révolutionnaire, on supprima

les cloches des églises, pour en faire des gros sous et des canons; on punit de la prison et de la déportation les ministres du culte et les simples particuliers qui s'en serviraient, pour appeler les fidèles au service divin.

Arrivons à la législation actuelle :

Aux termes de l'article 48 de la loi organique, l'évêque se concerte avec le préfet du département pour régler la manière d'appeler les fidèles au service divin par le son des cloches; on ne peut les sonner pour toute autre cause, sans la permission de la police locale. Monseigneur Affre fait observer, avec raison, que la rédaction de l'article 48 est incomplète, en ce qu'elle ne comprend pas les cérémonies du culte autres que le service divin; il doit donc être entendu dans ce sens.

« Cet article, disait M. Portalis dans son rapport,
« fait avec raison régler par l'évêque et la police locale
« l'usage des cloches, qui doit être sagement rendu
« utile au service de l'église, sans devenir incommode
« au repos des citoyens. »

L'autorité locale peut faire sonner les cloches; c'est un droit tout à fait incontestable qui lui appartient dans l'intérêt général, en cas d'incendie, d'inondation, pour convoquer les habitants dans une occasion de péril commun, pour annoncer l'ouverture, la suspension ou la cessation des travaux des champs, etc., etc.; mais, dans les circonstances *ordinaires*, le maire doit se concerter avec le curé, avant de donner des ordres; dans les circonstances *extraordinaires*, il doit, autant que possible, l'avertir ou le faire avertir de l'ordre donné.

9

Dès l'instant que nous écrivons le mot *concert* comme caractéristique des rapports entre le curé et le maire, pour l'usage des cloches, nous croyons inutile de faire mention des minces difficultés que cette question a soulevées ; elles ne se reproduisent plus.

Dans les villes, la nomination et la révocation du sonneur ont lieu par le bureau des marguilliers, sur la proposition du curé ou desservant. (Décret du 30 décembre 1809, art. 33.) Dans les campagnes, le curé ou desservant nomme ou révoque directement le sonneur. (Ordonnance du 12 janvier 1852, article 7.) Dans l'un et l'autre cas, la fabrique règle son traitement.

L'usage des cloches, pour les mariages, baptêmes, enterrements, etc., etc., etc., est soumis au tarif régulièrement approuvé.

CODE PÉNAL DES CULTES.

SECTION PREMIÈRE. — *Crimes, délits et contraventions commis par les ministres du culte.*

§ 1er. *Contraventions tendant à compromettre l'état civil des personnes.*

« Art. 199. Tout ministre d'un culte qui procédera « aux cérémonies d'un mariage, sans qu'il lui ait été « justifié d'un acte de mariage préalablement reçu par

« les officiers de l'état civil, sera, pour la première fois,
« puni d'une amende de 16 francs à 100 francs.

« Art. 200. En cas de nouvelles contraventions de
« l'espèce exprimée en l'article précédent, le ministre
« du culte qui les aura commises sera puni, savoir :

« Pour la première récidive, d'un emprisonnement
« de deux à cinq ans.

« Et pour la seconde, de la détention. »

(*Voir*, pour les observations relatives à ces deux articles, le mot : Bénédiction nuptiale.

§ 2. *Critiques, censures et provocations contre l'autorité publique, dans un discours pastoral prononcé
publiquement.*

« Art. 201. Les ministres des cultes qui prononceront,
« dans l'exercice de leur ministère et en assemblée pu-
« blique, un discours contenant la critique ou censure
« du Gouvernement, d'une loi, d'une ordonnance
« royale (d'un décret impérial), ou de tout autre acte de
« l'autorité publique, seront punis d'un emprisonne-
« ment de trois mois à deux ans. »

Trois conditions essentielles sont constitutives du
délit : 1º La critique ou la censure, c'est-à-dire le
blâme plus ou moins violent d'un acte de l'autorité
publique ; 2º que cette critique ou censure soit faite
par le ministre du culte dans l'exercice de ses fonctions ; 3º qu'elle soit faite en assemblée publique.

La critique, ou censure *indirecte*, peut devenir punissable. Le délit peut être commis ailleurs qu'au
prône et à l'église ; par exemple, à un enterrement,
à une procession, et dans toutes les circonstances où

l'accomplissement de la cérémonie du culte a occasionné la réunion, *libre et publique*, d'un certain nombre de fidèles.

« Art. 202. Si le discours contient une provocation
« directe à la désobéissance aux lois ou autres actes de
« l'autorité publique, ou s'il tend à soulever ou armer
« une partie des citoyens les uns contre les autres, le
« ministre du culte qui l'aura prononcé sera puni d'un
« emprisonnement de deux à cinq ans, si la provoca-
« tion n'a été suivie d'aucun effet, et du bannissement,
« si elle a donné lieu à la désobéissance, autre, tou-
« tefois, que celle qui aurait dégénéré en sédition ou
« révolte. »

Cet article prévoit un crime et un délit, selon que la provocation a été ou non suivie d'effet. Pour être incriminé, le discours doit contenir une provocation *directe* à la désobéissance aux lois, ou une provocation *indirecte*, c'est-à-dire *tendre*, selon l'expression de la loi, à soulever les citoyens les uns contre les autres. Cette distinction est importante.

La peine du bannissement est infamante, et emporte avec elle la dégradation civique, comme peine accessoire.

Les articles 32 et 34 du Code pénal définissent ces deux peines; ils sont ainsi conçus :

« Art. 32. Quiconque aura été condamné au bannis-
« sement sera transporté, par ordre du Gouvernement,
« hors du territoire du royaume (de l'empire).

« La durée du bannissement sera au moins de cinq
« ans et de dix ans au plus.

« Art. 34 La dégradation civique consiste : 1° dans
« la destitution et l'exclusion des condamnés de toutes

« fonctions, emplois ou offices publics; 2° dans la pri-
« vation du droit de vote, d'élection, d'éligibilité, et,
« en général, de tous les droits civiques et politiques
« et du droit de porter aucune décoration; 3° dans l'in-
« capacité d'être juré-expert, d'être employé comme
« témoin dans les actes et de déposer en justice au-
« trement que pour y donner de simples renseigne-
« ments; 4° dans l'incapacité de faire partie d'aucun
« conseil de famille et d'être tuteur, curateur, su-
« brogé-tuteur ou conseil judiciaire, si ce n'est de ses
« propres enfants, et sur l'avis conforme de la famille;
« 5° dans la privation du droit de port d'armes, du
« droit de faire partie de la garde nationale, de servir
« dans les armées françaises, de tenir école ou d'en-
« seigner et d'être employé dans aucun établissement
« d'instruction, à titre de professeur, maître ou sur-
veillant.

   « Art. 203. Lorsque la provocation aura été sui-
« vie d'une sédition ou révolte, dont la nature don-
« nera lieu, contre l'un ou plusieurs des coupables, à
« une peine plus forte que celle du bannissement, cette
« peine, quelle qu'elle soit, sera appliquée au minis-
« tre coupable de provocation. »

   Lorsque le discours provocateur est suivi d'une
simple désobéissance, il y a délit; lorsqu'il est suivi
d'une révolte ou sédition, le ministre du culte est considéré comme complice des rebelles et puni comme
eux. Toutefois, il ne doit pas être poursuivi comme
complice des crimes particuliers qui se sont commis
pendant l'émeute, parce qu'il n'a pu les prévoir ni les
provoquer; il en serait autrement, s'il y avait poussé
directement ou indirectement dans son discours.

§ 3. Critique, censure et provocation contre l'autorité publique dans un écrit pastoral.

« Art. 204. Tout écrit contenant des instructions
« pastorales, en quelque forme que ce soit, et dans
« lequel un ministre du culte se sera ingéré de cri-
« tiquer ou censurer, soit le Gouvernement, soit tout
« acte de l'autorité publique, emportera la peine du
« bannissement contre le ministre qui l'aura publié. »

Dans ce paragraphe, il ne s'agit plus de discours et
de paroles quelquefois irréfléchies, mais bien d'é-
crits composés à tête reposée et livrés à la publicité;
aussi, les peines sont-elles plus sévères, parce que
l'agression est devenue plus coupable et plus dangereuse.

Pour que le crime soit punissable, il faut donc :
1º que la censure soit écrite; 2º qu'elle soit écrite
dans une instruction pastorale, sous forme, par
exemple, de mandement ou de circulaire émané du
chef aux inférieurs; 3º qu'elle ait été *publiée*. La loi
ne le dit pas, mais l'ensemble de la législation sur la
matière l'exige.

« Art. 205. Si l'écrit mentionné en l'article précé-
« dent contient une provocation directe à la déso-
« béissance aux lois, ou aux autres actes de l'autorité
« publique, ou s'il tend à soulever ou à armer une
« partie des citoyens les uns contre les autres, le mi-
« nistre qui l'aura publié sera puni de la détention. »

La loi punit la provocation *directe* à la désobéissance, et la provocation *indirecte*, ou tendance à la
guerre civile.

La détention est une peine afflictive et infamante;

le condamné est renfermé dans l'une des forteresses situées sur le territoire de l'Empire, désignée à cet effet par ordonnance ou décret. La durée de la peine est de cinq ans au moins et de vingt ans au plus; elle entraine, comme peine accessoire, la dégradation civique. (Code pénal, article 7, § 5, 20 et 28.)

« Art. 206. Lorsque la provocation contenue dans « l'écrit pastoral aura été suivie d'une sédition ou ré- « volte dont la nature donnera lieu, contre l'un ou « plusieurs des coupables à une peine plus forte que « celle de la déportation, cette peine, quelle qu'elle « soit, sera appliquée au ministre coupable de la pro- « vocation. »

On a omis, dans cet article, de substituer à la peine de la déportation celle de la détention, afin de le mettre en concordance avec l'article précédent; il s'ensuit que, dans plusieurs cas, la provocation suivie de rébellion est punie de la même peine que la provocation non suivie d'effet. Quoi qu'il en soit, exécution est due à la lettre de la loi, lorsqu'elle spécifie une peine.

La déportation est une peine afflictive et infamante; elle consiste à être transporté et à demeurer à perpétuité dans un lieu déterminé par la loi, hors du territoire continental; elle emporte la mort civile; néanmoins, le Gouvernement peut accorder au condamné l'exercice de ses droits civils ou de quelques-uns de ses droits. (Code pénal, art. 7, § 3, 17 et 18.)

§ 4. *Correspondance des ministres du culte avec les cours et puissances étrangères.*

« Art. 207. Tout ministre d'un culte qui aura, sur

« des questions ou matières religieuses, entretenu
« une correspondance avec une cour ou puissance
« étrangère, sans en avoir préalablement informé le
« ministre chargé de la surveillance des cultes, et sans
« avoir obtenu son autorisation, sera, pour ce seul
« fait, puni d'une amende de 100 francs à 500 francs,
« et d'un emprisonnement d'un mois à deux ans. »

La loi n'incrimine pas ce que contient la correspondance du ministre du culte, ni l'intention qui le
dirige, puisqu'elle ne lui impose, en aucune manière,
l'obligation de la communiquer au ministre des cultes, ou d'obtenir de lui un *visa* quelconque. Il s'agit
donc d'un simple droit de surveillance qu'il appartient au Gouvernement d'exercer sur les cultes, comme
sur tout ce qui peut intéresser la tranquillité et la
sûreté de l'État.

Entendu en ce sens, l'article 207 ne présente rien
de contraire à la liberté des cultes, alors surtout qu'il
n'est qu'appliqué avec une sage réserve.

« Art. 208. Si la correspondance mentionnée en
« l'article précédent a été accompagnée ou suivie
« d'autres faits contraires aux dispositions formelles
« de la loi, ou d'une ordonnance, ou d'un décret, le
« coupable sera puni du bannissement, à moins que
« la peine résultant de la nature de ces faits ne soit
« plus forte, auquel cas cette peine plus forte sera
« seule appliquée. »

§ 5. *Autorisation de poursuivre les ministres du culte.*

Les ministres du culte peuvent-ils être poursuivis

directement devant les tribunaux, ou les poursuites ne peuvent-elles être intentées qu'après l'autorisation préalable du Gouvernement, donnée en conseil d'État?

Trois opinions se sont formées sur cette importante question.

On est d'accord sur ce point, que l'article 75 de la constitution de l'an VIII, qui exige l'autorisation préalable à la poursuite dirigée contre les fonctionnaires publics, n'est point applicable aux ministres du culte.

Dans la première opinion, présentée par Mangin, Dufour, de Grattier, Favard et Foucart, on soutient que l'autorisation préalable à la poursuite dirigée contre les ministres du culte est toujours nécessaire. On dit : Les articles 6 et 8 de la loi organique créent une juridiction exceptionnelle pour les cas d'abus : c'est le conseil d'État qui prononce ou renvoie l'affaire devant les tribunaux compétents. Or, tous les délits commis par un ministre dans l'exercice de ses fonctions, constituent nécessairement un *abus*, ou se confondent avec l'*abus* lui-même; donc, au conseil d'État seul appartient le droit d'examiner, *le premier*, le fait qui lui est dénoncé, et de statuer sur la plainte, par voie directe, administrativement, ou par renvoi devant les tribunaux.

Dans la seconde opinion, présentée par Chauveau et Hélie, par Sérigny, Vuillefroy et Solon, on soutient la thèse diamétralement contraire; on dit : Le ministre du culte est soumis aux mêmes lois et aux mêmes peines que les autres citoyens. La loi ne lui a point conféré de privilége; il suffit que le cas d'abus ait été

9*

qualifié délit, pour que son premier caractère soit
absorbé par cette qualification. Mais si l'acte compris
parmi les cas d'abus ne constitue ni délit ni contravention, les règles de la discipline ecclésiastique continuent leur cours, et les formes prescrites pour l'action des parties lésées sont maintenues. Cette distinction suffit pour séparer les abus des délits, et pour
empêcher qu'aucune entrave n'arrête l'application
des lois pénales.

Dans la troisième opinion, qui est consacrée par
plusieurs arrêts de la Cour de cassation, on dit : Si
les poursuites sont intentées ou provoquées par les
parties lésées pour des faits qualifiés abus, l'autorisation préalable du conseil d'État, qui est chargé par la
loi de terminer l'affaire administrativement, ou de la
renvoyer devant l'autorité compétente, est indispensable. Mais les faits dont le ministère public a le droit
et le devoir de poursuivre la répression, sans y avoir
été provoqué par une plainte, peuvent être déférés
aux tribunaux, sans autorisation préalable du conseil d'État.

Cette distinction entre l'action privée et l'action
publique n'est indiquée par aucune loi ; on peut même
ajouter qu'elle n'est pas toujours consacrée d'une
manière bien nette par la Cour de cassation, dans les
divers arrêts qui se sont succédé depuis la loi de
l'an X ; elle nous paraît cependant préférable aux
deux premières opinions adoptées par les auteurs. En
effet, si elle soumet les ministres du culte à l'action
publique, dont l'exercice est confié à des magistrats
intègres, impartiaux, éclairés et responsables, elle les
garantit des imprudences et des malveillances de

l'action privée, qui peut être mise en jeu par des individus dont l'honorabilité et le caractère ne risquent plus rien, et dont la responsabilité est purement nominale.

§ 6. *Circonstances atténuantes.*

En général, le Code pénal détermine le *minimum* et le *maximum* des peines applicables à chaque fait qu'il prévoit et punit. Cette échelle, toute rationnelle, ne pouvait suffire au magistrat pour bien proportionner la répression à la gravité de la faute, et pour tenir compte de toutes les circonstances de l'affaire ; telle est la raison d'être de l'article 463 du Code pénal. il est ainsi conçu :

« Art. 463. Les peines prononcées par la loi contre « celui ou ceux des accusés reconnus coupables, en « faveur de qui le jury aura déclaré les circonstances « atténuantes, seront modifiées ainsi qu'il suit : — Si « la peine prononcée par la loi est la mort, la cour « appliquera la peine des travaux forcés à perpé- « tuité ou celle des travaux forcés à temps. Néanmoins, « s'il s'agit de crimes contre la sûreté extérieure ou « intérieure de l'État, la Cour appliquera la peine de la « déportation ou celle de la détention ; mais dans les « cas prévus par les articles 80, 96 et 97, elle appli- « quera la peine des travaux forcés à perpétuité ou « celle des travaux forcés à temps. — Si la peine est « celle des travaux forcés à perpétuité, la cour ap- « pliquera la peine des travaux forcés à temps ou « celle de la réclusion. — Si la peine est celle de la « déportation, la cour appliquera la peine de la déten-

« tion ou celle du bannissement. — Si la peine est
« celle des travaux forcés à temps, la cour appliquera
« la peine de la réclusion ou les dispositions de l'ar-
« ticle 401, sans toutefois pouvoir réduire la durée
« de l'emprisonnement au-dessous de deux ans. — Si
« la peine est celle de la réclusion, de la détention, du
« bannissement ou de la dégradation civique, la Cour
« appliquera les dispositions de l'article 401, sans
« toutefois pouvoir réduire la durée de l'emprison-
« nement au-dessous d'un an. — Dans les cas où le
« Code prononce le *maximum* d'une peine afflictive,
« s'il existe des circonstances atténuantes, la Cour
« appliquera le *minimum* de la peine, ou même la
« peine inférieure. — Dans tous les cas où la peine de
« l'emprisonnement et celle de l'amende sont pro-
« noncées par le Code pénal, si les circonstances pa-
« raissent atténuantes, les tribunaux correctionnels
« sont autorisés, même en cas de récidive, à ré-
« duire l'emprisonnement même au-dessous de six
« jours, et l'amende même au-dessous de seize francs ;
« ils pourront aussi prononcer séparément l'une et
« l'autre de ces peines, et même substituer l'amende
« à l'emprisonnement, sans que, en aucun cas, elle
« puisse être au-dessous des peines de simple police.»

§ 7. *Disposition générale.*

Les ministres du culte sont soumis aux dispositions
du droit commun, pour tous les actes auxquels ils se
livrent en dehors de leurs fonctions, et hors de leur
circonscription.

SECTION DEUXIÈME. — *Crimes, délits et contraventions contre les cultes.*

Nous diviserons cette matière en quatre paragraphes, sous chacun desquels nous grouperons les dispositions du Code pénal et ses lois spéciales, avec leur commentaire.

§ 1er. *Outrages à la morale religieuse et aux dogmes et rites religieux.*

Loi du 17 mai 1819, art. 8 : « Tout outrage à la mo- « rale publique *et religieuse*, ou aux bonnes mœurs, « par l'un des moyens énoncés en l'article 1er, sera « puni d'un emprisonnement d'un mois à un an et « d'une amende de 16 à 50 fr. »

Loi du 25 mars 1822, article 1er : « Quiconque, par « l'un des moyens énoncés en l'article 1er de la loi du « 17 mai 1819, aura outragé ou tourné en dérision la « religion de l'État, sera puni d'un emprisonnement « de trois mois à cinq ans et d'une amende de 300 fr. « à 6,000 fr. — Les mêmes peines seront prononcées « contre quiconque aura outragé ou tourné en déri- « sion toute autre religion dont l'établissement est « légalement reconnu en France. »

Ces deux articles se combinent, sans se détruire; le premier était trop vague, trop restreint; le second est plus explicite, plus étendu, plus complet; il protège énergiquement les cultes légalement reconnus.

Quels sont les moyens *de délit*, prévus par l'art. 1er de la loi du 17 mars 1819? 1° Les discours, cris et

9*

menaces, proférés dans les lieux ou réunions publiques; 2° les écrits, imprimés, dessins, gravures, peintures, emblèmes, vendus ou distribués, mis en vente ou exposés dans les lieux ou réunions publics; 3° les placards et affiches exposés aux regards du public.

Que doit-on entendre par outrage? Tout ce qui blesse la conscience d'un honnête homme. Une définition plus caractéristique serait incomplète; l'énumération des faits constituant l'outrage est impossible; on *sent* l'outrage, on le dénonce, on le punit, mais on ne le définit pas.

La discussion sérieuse, de bonne foi, d'un dogme, d'un rite de l'un des cultes reconnus, ne doit pas être confondue avec l'outrage puni par les lois que nous citons; il ne faut pas confondre davantage la proposition qui n'est point orthodoxe, avec l'outrage. Lors de la discussion de la loi de 1822, M. de Serres, garde des sceaux, s'exprimait ainsi sur cette question : « Il « est dans le droit de chaque religion existant en « France d'établir des dogmes spéciaux et de com- « battre les dogmes spéciaux des autres religions. La « question est donc de savoir si ce combat est décent, « ou un combat à outrance, dans lequel l'outrage et « la dérision soient tolérés et impunis. C'est cette « dernière condition que le projet de loi exclut. »

§ 2. *Outrages envers les objets du culte.*

L'article 262 du Code pénal porte : « Toute per- « sonne qui aura, par *paroles* ou *gestes*, outragé les « objets d'un culte, dans les lieux *destinés*, ou servant « *actuellement* à son exercice, ou les ministres de ce

« culte dans l'exercice de leurs fonctions, sera punie
« d'une amende de 16 à 500 francs et d'un empri-
« sonnement de quinze jours à six mois. »

La rédaction de cet article n'est pas suffisamment
claire; ainsi, il semblerait que l'outrage n'est punissable qu'autant qu'il a été commis dans le lieu *destiné*
ou servant *actuellement* à l'exercice du culte, et que ce
serait la condition du délit; il ne doit point être entendu ainsi. Le ministre et les objets du culte sont
protégés partout où la cérémonie religieuse est célé-
brée, dans la rue, sur la place publique, au cimetière, etc., etc. Le lieu est alors considéré comme
destiné momentanément à l'exercice du culte. Il n'est
pas nécessaire que l'outrage soit public.

Depuis l'abrogation de la loi du 20 avril 1825, dite
loi du sacrilège, l'article 262 du Code pénal a repris
son empire ; il est seul en vigueur.

§ 3. *Outrages et voies de fait envers les ministres du culte.*

Le ministre du culte doit être entouré d'une protection spéciale, contre les actes dont il peut être
l'objet à raison de sa qualité ou dans l'exercice de
ses fonctions. Tel est le but des articles 262 et 263 du
Code pénal, et de l'article 6 de la loi du 25 mars 1822.

L'article 262 prévoit et punit les outrages par gestes
et paroles.

L'article 263 porte : « Quiconque aura frappé le
« ministre d'un culte dans l'exercice de ses fonctions,
« sera puni de la dégradation civique. »

L'article 6 de la loi du 25 mars est ainsi conçu:

« L'outrage fait *publiquement, d'une manière quelcon-*
« *que,* à raison de *leurs fonctions* ou de *leur qualité.....*
« Soit enfin à un ministre de la religion de l'Etat, ou de
« l'une des religions dont l'établissement est légalement
« reconnu en France, sera puni d'un emprisonnement
« de quinze jours à deux ans et d'une amende de
« 100 fr. à 4,000 fr..... L'outrage fait à un ministre
« de la religion de l'Etat ou de l'une des religions
« légalement reconnues en France, *dans l'exercice*
« *même de ses fonctions,* sera puni des peines portées
« par l'article 10 de la présente loi (emprisonnement
« de trois mois à cinq ans, amende 300 fr. à 6,000 fr.).

« Si l'outrage dans les différents cas prévus par le
« présent article, a été accompagné d'excès ou vio-
« lences prévus par le § 1er de l'article 228 du Code pé-
« nal, il sera puni des peines portées audit paragraphe
« (deux à cinq ans d'emprisonnement), et à l'article 229
« (l'éloignement pendant cinq ans du lieu où le mi-
« nistre du culte exerce ses fonctions). — Si l'outrage
« est accompagné des excès prévus par le § 2 de
« l'article 228 et par les articles 231, 232 et 233,
« le coupable sera puni conformément audit Code. »
Ces articles sont ainsi conçus :

« Art. 228. Tout individu qui, même sans arme, et
« sans qu'il en soit résulté de blessures, aura frappé
« un magistrat dans l'exercice de ses fonctions ou à
« l'occasion de cet exercice, sera puni d'un empri-
« sonnement de deux à cinq ans. P. 40 s. — Si cette
« voie de fait a eu lieu à l'audience d'une cour ou
« d'un tribunal, le coupable sera en outre puni de la
« dégradation civique. » (L. 28 avril 1832.) I. cr. 504.
— P. 82°, 34, 35, 229 s., 233, 263, 273.

« Art. 231. Si les violences exercées contre les
« fonctionnaires et agents désignées aux articles 228
« et 230, ont été la cause d'effusion de sang, blessures
« ou maladie, la peine sera la réclusion; si la mort
« s'en est suivie dans les quarante jours, le coupable
« sera puni des travaux forcés à perpétuité. » (L. 28
avril 1832.) P. 7 2° 6°, 15, 18, 21, 28, 47, 232, 300 s.

« Art. 232. Dans le cas même où ces violences n'au-
« raient pas causé d'effusion de sang, blessures ou
« maladie, les coups seront punis de la réclusion,
« s'ils ont été portés avec préméditation ou de guet-
« apens. » P. 7 6°, 21, 28, 47, 228, 230, 231, 233, 297,
298, 309 s.

« Art. 233. Si les coups ont été portés ou les bles-
« sures faites à un des fonctionnaires ou agents dési-
« gnés aux articles 228 et 230, dans l'exercice ou à
« l'occasion de l'exercice de leurs fonctions, avec in-
« tention de donner la mort, le coupable sera puni de
« mort. »

Il existe de notables différences entre les articles du
Code pénal et la loi de 1822; de leur combinaison, il
paraît résulter, au premier abord, que les mêmes faits
seront punis de peines différentes; il n'en est rien.

Le Code punit des outrages déterminés, *par gestes
et paroles non publics*, commis dans *l'exercice des fonctions* du ministre du culte; il punit des violences *non
publiques* commises dans la même circonstance.

La loi de 1822 punit les outrages *publics*, commis
d'une manière quelconque, contre le ministre du culte,
dans l'exercice de ses fonctions, ou *à raison de ses
fonctions ou de sa qualité;* elle punit les violences
publiques commises dans les mêmes circonstances.

Selon les caractères du fait incriminé, il y a donc lieu d'appliquer les dispositions du Code pénal ou la loi de 1822. Ces questions sont plutôt du domaine du magistrat que du domaine du ministre du culte; aussi, nous ne faisons que les effleurer.

§ 4. *Entraves apportées au libre exercice du culte.*

Les art. 260 et 261 du C. pén. sont ainsi conçus :

« Art. 260. Tout particulier qui, par *des voies de fait*, « ou des *menaces*, aura *contraint* ou *empêché*, une ou « plusieurs personnes, d'exercer l'un des cultes auto- « risés, d'assister à l'exercice de ce culte, de célébrer « certaines fêtes, d'observer certains jours de repos, « et, en conséquence, d'ouvrir et de fermer leurs ate- « liers, boutiques ou magasins, et de faire ou quitter « certains travaux, sera puni, pour ce seul fait, d'une « amende de 16 à 200 fr. et d'un emprisonnement de « six jours à deux mois.

« Art. 261. Ceux qui auront *empêché, retardé* ou « *interrompu* les exercices d'un culte, par des *trou-* « *bles* ou *désordres* causés dans le *temple* ou autre lieu « destiné ou servant *actuellement* à ces exercices, « seront punis d'une amende de 16 à 300 fr. et d'un « emprisonnement de six jours à trois mois. »

L'entrave au libre exercice du culte a lieu, soit à l'égard de l'individu qu'on empêche de satisfaire à ses devoirs, soit à l'égard des fidèles réunis et du culte lui-même, dont on interrompt l'exercice par des trou- bles et désordres.

A l'égard de l'individu, les conditions constitutives du délit sont soulignées dans l'article 260 que nous ci- tons : « Il faut qu'il y ait *contrainte*, par *voie de fait* ou par *menace*, de ne pas faire ce qu'il considère comme son *devoir religieux;* il faut encore que la contrainte ait lieu *dans l'intention* de l'empêcher d'accomplir ce devoir. » Cet article s'applique à *toute personne* qui entraverait ainsi la liberté du culte.

A l'égard du culte, la loi atteint plutôt l'*effet produit* par le trouble ou le désordre, que le trouble ou le désordre lui-même. Ainsi, pour qu'il y ait délit, il faut que l'exercice du culte, la cérémonie religieuse, ait été réellement *empêché*, ou *retardé* ou *interrompu;* il faut aussi que le trouble ait eu lieu *dans le temple* ou *dans le lieu* où se célèbre actuellement le rite religieux. Ce sont les conditions essentielles pour la répression.

Sous l'empire de la loi de 1825, le trouble qui avait lieu *hors du temple*, et qui *interrompait* l'exercice du culte, constituait un délit.

Il a été jugé, que toutes pratiques d'un culte, comme la confession, l'enseignement du catéchisme, l'administration des sacrements, les cérémonies du baptême, du mariage, de l'inhumation, etc., étaient protégées, contre les troubles et désordres, par l'article 261 du Code pénal.

Le législateur, en entourant d'une protection spéciale la morale religieuse, les objets du culte et les ministres eux-mêmes, a prévu les cas où les délits qu'il atteignait affecteraient un caractère particulier de gravité.

L'article 264 du Code pénal est ainsi conçu : « Les « dispositions du présent paragraphe ne s'appliquent « qu'aux trouble, outrages ou voies de fait dont la na-« ture ou les circonstances ne donneront pas lieu à

« de plus fortes peines, d'après les autres dispositions
« du présent Code. »

§ 5. *Dégradation des monuments, statues, etc.*

« Quiconque aura détruit, abattu, mutilé ou dé-
« gradé des monuments, statues et autres objets des-
« tinés à l'utilité ou à la décoration publique, et éle-
« vés par l'autorité publique, ou avec son autorisa-
« tion, sera puni d'un emprisonnement d'un mois à
« deux ans et d'une amende de 100 à 500 fr. (Code
« pénal, article 357). »

Cet article s'applique à toute dégradation des monuments, statues et autres objets destinés à l'exercice
des cultes reconnus.

SECTION TROISIÈME. — *Des associations ou réunions illicites.*

Notre législation sur la matière se compose aujour-
d'hui des articles 291 et suivants du Code pénal et de
la loi du 10 avril 1834. La législation de 1848 est définitivement et complétement abrogée.

« Art. 291. Nulle association de plus de vingt person-
« nes, dont le but sera de se réunir tous les jours, ou à
« certains jours marqués, pour s'occuper d'objet reli-
« gieux, littéraires, politiques ou autres, ne pourra se
« former qu'avec l'agrément du Gouvernement et sous
« les conditions qu'il plaira à l'autorité publique d'im-
« poser à la société. — Dans le nombre de personnes
« indiqué par le précédent article, ne seront pas

« comprises celles domiciliées dans la maison où l'as-
« sociation se réunit (1).

« Art. 292. Toute association de la nature ci-dessus
« exprimée qui sera formée sans autorisation, ou qui,
« après l'avoir obtenue, aura enfreint les conditions
« à elles imposées, sera dissoute. — Les chefs, direc-
« teurs, ou administrateurs de l'association, seront,
« en outre, punis d'une amende de 16 francs à 200
« francs. »

(1) « *Loi du 28 avril 1834, sur les Associations.*

« Art. 1er. Les dispositions de l'article 291 du Code pénal sont applicables aux associations de plus de vingt personnes, alors même que
ces associations seraient partagées en sections d'un nombre moindre, et qu'elles ne se réuniraient pas tous les jours ou à des jours
marqués. — L'autorisation donnée par le Gouvernement est toujours
révocable.

« Art. 2. Quiconque fait partie d'une association non autorisée sera
puni de deux mois à un an d'emprisonnement, et de 50 francs à
1,000 francs d'amende. — En cas de récidive, les peines pourront
être portées au double. — Le condamné pourra, dans ce dernier cas,
être placé sous la surveillance de la haute police pendant un temps
qui n'excédera pas le double du maximum de la peine ; l'article 463
du Code pénal pourra être appliqué dans tous les cas.

« Art. 3. Seront considérés comme complices et punis comme tels,
ceux qui auront prêté ou loué sciemment leur maison ou appartement
pour une ou plusieurs réunions d'une association non autorisée.

« Art. 4. Les attentats contre la sûreté de l'État commis par les associations ci-dessus mentionnées, pourront être déférés à la juridiction de la Chambre des pairs, conformément à l'article 28 de la Charte
constitutionnelle. — Les délits politiques commis par lesdites associations seront déférés au jury, conformément à l'article 69 de la Charte
constitutionnelle. — Les infractions à la présente loi et à l'article 291
du Code pénal seront déférées aux tribunaux correctionnels.

« Art. 5. Les dispositions du Code pénal auxquelles il n'est pas dérogé par la présente loi continueront de recevoir leur exécution. »

« Art. 293. Si, par discours, exhortations, invocations
« ou prières, en quelque langue que ce soit, ou par
« lecture, affiche, publication ou distribution d'écrits
« quelconques, il a été fait, dans ces assemblées, quel-
« que provocation à des crimes ou à des délits, la
« peine sera de 100 francs à 300 francs d'amende
« et de trois mois à deux ans d'emprisonnement,
« contre les chefs, directeurs et administrateurs de
« ces associations, sans préjudice des peines plus
« fortes qui seraient portées par la loi contre les in-
« dividus personnellement coupables de la provoca-
« tion, lesquels, en aucun cas, ne pourront être pu-
« nis d'une peine moindre que celle infligée aux
« chefs, directeurs et administrateurs de l'association.

« Art. 294. Tout individu qui, sans la permission de
« l'autorité municipale, aura accordé ou consenti l'u-
« sage de sa maison ou de son appartement, en tout
« ou en partie, pour la réunion des membres d'une as-
« sociation même autorisée, ou pour l'exercice d'un
« culte, sera puni d'une amende de 16 francs à 100
« francs. »

On a soutenu que ces dispositions législatives n'é-
taient point applicables aux réunions et associations
religieuses, par le motif que la liberté de conscience
et la liberté des cultes étaient de principe en France;
on a même écrit qu'elles n'étaient pas davantage applicables aux cultes non reconnus.

La jurisprudence a consacré la doctrine contraire,
en établissant que la loi ne fait pas d'exception en faveur des associations religieuses.

Du reste, on peut remarquer que la loi parle *d'associations* et non *d'assemblées publiques;* d'où l'on

peut conclure, avec raison, que les fidèles n'ont point besoin de l'autorisation de la police pour se réunir dans leurs temples ; que la fermeture de ces édifices ne pourrait être ordonnée que par des motifs de haute gravité, autres que celui de défaut d'autorisation; qu'en un mot, la liberté du culte et de la conscience est respectée dans ses grandes *franchises publiques*. Il en doit être autrement lorsque, pour un motif quelconque, on se réunit *non publiquement*, on *s'associe*. Il est de toute justice et de toute raison que le Gouvernement soit prévenu et qu'il donne son adhésion : sans cela on verrait une foule de petits États dans l'État ; ce qui serait une menace d'anarchie et de désordre, qui se réaliserait inévitablement.

Disposition générale.

Enfin l'article 463, relatif aux circonstances atténuantes, est applicable aux matières qui font l'objet du *Code pénal des cultes :* les inculpés peuvent en réclamer le bénéfice.

COMMUNAUTÉS RELIGIEUSES.

On entend par communauté religieuse, *congrégation, aggrégation religieuse, confrérie*, etc., toute association d'individus de l'un ou l'autre sexe, s'engageant par des vœux religieux à vivre sous l'empire de certains statuts particuliers.

Dans l'ancien droit, il était de principe constant, que nulle association religieuse ne pouvait exister en France, qu'autant qu'elle avait été formellement

autorisée. (Edit du 21 novembre 1629 ; — déclaration
de Louis XIV, du 27 juin 1659 ; — déclaration de juin
1671 ; — édit du mois d'août 1749.)

Ce principe est la base de la législation actuelle sur
les communautés religieuses.

Dans l'ancien droit, les membres des communautés
étaient admis à se lier par des *vœux solennels et perpétuels,* dont l'effet était de les assimiler, dans le domaine temporel, aux morts civilement, en les privant
de la jouissance et de l'exercice de ce que nous ap-
pelons les droits civiques, civils et de famille.

Aujourd'hui, les vœux solennels et perpétuels sont
abolis ; les vœux simples et temporaires sont seuls autorisés ; ils sont liés dans les formes approuvées par la
loi. (Loi du 19 février 1790, article 1er.)

Examinons maintenant l'état actuel de la législation, en distinguant les communautés religieuses
d'hommes, des communautés religieuses de femmes.

§ 1er. *Communautés religieuses d'hommes.*

Les communautés d'hommes ne peuvent exister
sans l'autorisation du Gouvernement.

Si cette autorisation est donnée *par décret impérial
seulement,* les membres de la communauté ont le droit
de vivre en commun, de se réunir, de discuter, de se
conformer à leurs statuts, mais la communauté ne
constitue pas une *personne civile,* capable de recevoir, d'aliéner, d'hypothéquer et de jouir ; elle ne saurait être assimilée à un établissement d'utilité publique. Si cette autorisation est donné *par une loi,* la
communauté devient alors un véritable établisse-

ment religieux, jouissant des mêmes priviléges que les grands établissements d'utilité publique reconnus.

Cette distinction résulte très - clairement : 1º de l'article 1er de la loi du 2 janvier 1817, modificatif du décret du 3 messidor an XII; cet article s'occupe uniquement des établissements religieux *reconnus par la loi;* tandis que le décret de messidor imposait seulement aux associations d'hommes l'autorisation *par décret impérial*; 2º de la discussion de la loi de 1825, sur les communautés de femmes, dans laquelle la nécessité *d'une loi,* pour l'établissement des associations a été proclamé; 3º de cette loi de 1825, elle-même, qui a été demandée parce qu'elle était *indispensable* pour les communautés de femmes; ce qui laisse penser qu'une *loi semblable* est plus indispensable encore pour les communautés d'hommes.

Le fait est contraire au principe, car il existe aujourd'hui un assez grand nombre de communautés religieuses d'hommes qui ont été autorisées par simple ordonnance royale et par décrets. Elles pourraient être dissoutes par un acte semblable de l'autorité publique; au contraire, celles qui sont reconnues par la loi, ne peuvent être dissoutes que par une loi. A ce point de vue, il nous semble qu'il est de l'intérêt bien entendu des communautés, de régulariser leur situation.

La communauté des frères des écoles chrétiennes, notamment, est dans cette situation. Elle n'a pas une capacité civile *pure*, en droit *strict*; mais, *en fait*, elle est considérée comme si elle l'avait : c'est du moins ce qu'a décidé le conseil d'État, en la qualifiant d'établissement de charité publique et non de communauté religieuse. En doctrine, on peut contester, avec raison, l'exactitude de cette dénomination.

En résumé, les communautés d'hommes ne sont point *prohibées* en France; elles peuvent être autorisées sur des bases plus ou moins larges, plus ou moins solides. Elles doivent produire, dans tous les cas, les pièces constatant leur *possibilité* de vivre et les statuts auxquels elles se soumettent; sans préjudice des autres documents qui sont jugés nécessaires ou utiles. L'administration recueille ensuite tous les renseignements propres à éclairer sa religion sur la question de savoir s'il y a lieu d'accorder ou de refuser l'autorisation demandée, ou de présenter la demande favorablement ou défavorablement à l'examen du Corps législatif.

Toutefois, un grand nombre d'établissements religieux d'hommes, ont été déclarés établissements d'utilité publique, par décrets de l'Empereur, et ils fonctionnent régulièrement.

En cas d'association religieuse sans autorisation, il y aurait lieu d'appliquer les dispositions des articles 291 et suivants du Code pénal, et celles de la loi du 10 avril 1834. (*Voir* au mot CODE PÉNAL DES CULTES.)

§ 2. *Communautés de femmes.*

Les conditions d'autorisation des communautés de femmes sont déterminées par la loi du 24 mai 1825 : en général, l'autorisation est réservée aux communautés hospitalières, enseignantes ou contemplatives, avec destination secondaire charitable ou enseignante.

Toutefois, les conditions de la loi de 1825 ont été modifiées par le décret du 31 janvier-10 février 1851. Nous examinerons donc successivement l'ancienne et la nouvelle législation.

Autorisation. — Formes. (Loi du 24 mai 1825.)

Les congrégations *nouvelles* de femmes sont autorisées par *une loi;* à l'égard de celles qui existaient antérieurement au 1er janvier 1825, l'autorisation est accordée par *décret impérial;* en d'autres termes, il appartient au pouvoir législatif de connaître de l'établissement de la communauté *qui demande à naître,* et au chef de l'État, de connaître de la communauté *déjà née,* qui *demande à s'accroître* par des maisons spéciales.

Comment faire la distiction? Rien de plus simple. La communauté qui dépend de sa supérieure *seule,* qui est *libre* de toute autre supérieure, est *nouvelle* et doit être autorisée par *une loi;* celle qui dépend de sa supérieure, mais qui *relève* de l'autorité d'une autre supérieure, est une *maison spéciale* qui peut être autorisée par *décret impérial.*

Voici quelles sont les pièces à produire pour obtenir l'autorisation de former une communauté nouvelle :

1° Une demande adressée au ministre des cultes; 2° les statuts de la communauté, contenant : tout ce qui touche à l'organisation, à l'administration et au but d'utilité que se propose l'établissement; s'il est enseignant ou hospitalier; la déclaration de soumission à la juridiction de l'ordinaire, c'est-à-dire à l'autorité de l'évêque; tout ce qui a rapport aux vœux et au noviciat; 3° le consentement de l'évêque; 4° l'avis du conseil municipal; 5° la justification que l'établissement possède des ressources financières nécessaires pour se former et exister.

Pour l'établissement d'une maison spéciale se rattachant à une communauté ancienne, on joint à ces pièces :

1° L'état des personnes qui doivent former l'établissement, et leur engagement de se conformer aux règles et statuts approuvés pour la congrégation-mère. Ces statuts ne sont pas présentés de nouveau.

2° L'adhésion de la supérieure générale.

Le dossier, ainsi composé, est envoyé au ministre des cultes, qui fait procéder à une enquête administrative, et qui recueille, par la voie ordinaire, tous les renseignements utiles de nature à lui faire connaître la convenance et les inconvénients de l'établissement, dans la commune où il doit être formé. Le procès-verbal d'enquête et l'avis des chefs de l'administration viennent ainsi, par la voie hiérarchique, se joindre au dossier de l'affaire.

Les pièces sont transmises au conseil d'État ou au Corps législatif, selon les distinctions établies plus haut, et il est statué sur la demande, dans les formes voulues.

On procède d'une manière semblable, lorsqu'il s'agit de modifier des statuts d'une communauté autorisée (avis du conseil d'État, du 14 novembre 1834); ils ne peuvent l'être d'aucune autre manière.

Le *consentement* du conseil municipal est-il *néces-*

saire pour que la communauté soit autorisée? Oui, selon un avis du conseil d'État, du 31 mai 1836.

Non, si on veut se rendre compte de l'article 3 de la loi du 24 mai 1825, et des principes généraux en matière de haute administration. L'article cité exige l'*avis* et non le *consentement* du conseil municipal; il n'est pas admissible qu'une *loi* ou un *décret* soit appelé seulement à *sanctionner* ou à *s'incliner* devant une délibération d'un conseil municipal; sans doute, l'opposition du conseil est prise en très-sérieuse considération, mais son effet ne doit pas être poussé plus loin.

L'autorisation des congrégations religieuses de femmes ne peut être révoquée que par une loi.

L'autorisation des maisons particulières dépendantes de ces congrégations, donnée par décrets et ordonnances, ne peut être révoquée qu'après q'on pris l'avis de l'évêque, et avec les autres formes d'instruction prescrites par l'article 3 de la loi du 24 mai 1825, pour leur établissement.

Ces précautions étaient nécessaires pour donner satisfaction aux intérêts religieux et civils qui ont été mis en action par l'existence de la congrégation, et qui pourraient être froissés par sa suppression.

Communautés de femmes; autorisation.

(Décret du 16 février 1852.)

En ce qui touche la nouvelle législation relative aux communautés de femmes, nous nous bornerons à reproduire à la fin de ce volume le décret du 16 février 1852, avec ses motifs. Son application, combinée avec la loi de 1825, constitue le droit actuel en cette matière.

Régime des communautés.

La direction du régime intérieur appartient à la supérieure; elle applique les règlements de discipline qui sont approuvés par l'évêque; elle se conforme aux statuts approuvés par le Gouvernement.

L'indépendance spirituelle des communautés a disparu; chaque maison est soumise à l'évêque diocésain qui la visite et règle exclusivement toutes les questions religieuses. (Décret du 18 février 1809, art. 17.)

Sous le rapport temporel, elles sont soumises, comme tout établissement public, à la surveillance des maires, des préfets et des officiers de justice (même décret, art. 19); leurs membres sont justiciables des tribunaux ordinaires (Art. 20).

Position civile des religieuses.

Les communautés religieuses peuvent avoir des novices; — elles ne peuvent recevoir les vœux de femmes âgées de moins de seize ans. — Jusqu'à l'âge de vingt et un ans, les congréganistes ne peuvent s'engager pour plus d'un an. — Après cet âge, la durée des vœux ne peut dépasser cinq ans; dans tous les cas, ils sont contractés du consentement des parents, confor-

mément aux dispositions des articles 148, 149, 150,
159 et 160 du Code Napoléon, en présence de l'évêque
ou d'un ecclésiastique délégué par lui et de l'officier
civil, qui en dresse acte; l'un des exemplaires reste
entre les mains de la supérieure, l'autre est déposé à
la municipalité. (Décret du 18 février 1809.)

Les articles du Code ci-dessus visés sont ainsi
conçus :

« Art. 148. Le fils qui n'a pas atteint l'âge de vingt-
« cinq ans accomplis, la fille qui n'a pas atteint l'âge
« de vingt-un ans accomplis, ne peuvent contracter
« mariage sans le consentement de leurs père et mère :
« en cas de dissentiment, le consentement du père
« suffit. » C. 73, 152, 156, 160, 182, 183, 511. —
P. 193, 195.

« Art. 149. Si l'un des deux est mort, ou s'il est
« dans l'impossibilité de manifester sa volonté, le
« consentement de l'autre suffit. » C. 73, 152, 156,
« 182, 185, 511. — P. 193, 195.

« Art. 150. Si le père et la mère sont morts, ou s'ils
« sont dans l'impossibilité de manifester leur volonté,
« les aïeuls et aïeules les remplacent; s'il y a dissen-
« timent entre l'aïeul et l'aïeule de la même ligne, il
« suffit du consentement de l'aïeul. — C. 160.

« S'il y a dissentiment entre les deux lignes, ce
« partage emportera consentement. » C. 73, 152, 156,
182, 183. — P. 193, 195.

« Art. 159. L'enfant naturel qui n'a point été re-
« connu, et celui qui, après l'avoir été, a perdu ses
« père et mère, ou dont les père et mère ne peuvent
« manifester leur volonté, ne pourra, avant l'âge de
« vingt-un ans révolus, se marier qu'après avoir ob-

« tenu le consentement d'un tuteur *ad hoc* qui lui
« sera nommé. » C. 2208.

   « Art. 160. S'il n'y a ni père ni mère, ni aïeuls ni
« aïeules, ou s'ils se trouvent tous dans l'impossibilité
« de manifester leur volonté, les fils ou filles mineurs
« de vingt-un ans ne peuvent contracter mariage
« sans le consentement du conseil de famille. » C. 150,
405 à 415. — P. 883.

   Quel est l'effet des vœux? Sous le rapport spirituel,
la femme qui se consacre à la vie religieuse se soumet
aux règles et satuts de l'ordre qu'elle embrasse : c'est
de sa part une obligation volontaire, qui n'a d'autre
sanction que sa conscience, mais elle ne peut être forcée par la loi civile, à l'exécution des vœux qu'elle a
contractés, ni par conséquent à rester dans une communauté contre sa volonté. « Il est de principe en
« France, écrivait le ministre de la justice au procu-
« reur général de Douai, le 16 mai 1838, que nul ne
« peut aliéner sa liberté, et qu'on ne peut en être
« privé qu'en vertu d'un mandat ou d'un ordre de jus-
« tice; que ce principe est formulé dans l'article 2063
« du Code Napoléon : le Code pénal et le Code d'in-
« struction criminelle le consacrent; il est écrit dans
« toutes nos lois. »

   On lit dans une autre lettre du ministre de la justice
à l'évêque de Cambrai, en date du 14 mars 1838 :
« Le droit de séquestrer et de retenir les membres des
« congrégations contre leur propre volonté et à l'aide
« de moyens coërcitifs, serait tellement en opposi-
« tion avec les principes de notre droit constitu-
« tionnel et civil, qu'une disposition légale *formelle*
« serait indispensable pour le conférer; or, on cher-

« cherait en vain cette disposition dans nos lois ac-
« tuelles.... Même sous l'ancien régime les lois ne
« garantissaient que l'exécution des vœux solennels,
« et non pas des vœux simples, les seuls admis au-
« jourd'hui. »

Libres dans leur personne, les religieuses le sont
également dans leurs biens; elles en conservent la
propriété, les revenus, l'administration, et elles peuvent les aliéner.

Cependant :

Nulle personne faisant partie d'un établissement
autorisé, ne peut disposer par acte entre vifs, ou par
testament, soit en faveur de cet établissement, soit au
profit de l'un de ses membres, au delà du quart de
ses biens, à moins que ce don ou legs n'excède pas
la somme de 10,000 fr. Cette prohibition cesse d'avoir
son effet, relativement au membre de l'établissement,
si la légataire ou donataire est héritière en ligne directe de la testatrice ou donatrice (art. 5 de la loi du
24 mai 1825). Toutefois, l'article n'est exécutoire pour
les communautés déjà autorisées, que six mois après
la promulgation de la loi, et pour celles qui seraient
autorisées à l'avenir, six mois après l'autorisation accordée.

La donation, le legs, qui excéderait cette quotité,
serait réductible, mais ne serait pas nul. Ce serait aller
contre la loi de 1825 que de décider autrement; il
suffit, en effet, de se reporter au dernier paragraphe
de son article 5, dont l'exécution est suspendue pendant six mois, pour se convaincre que le législateur
est plutôt favorable que contraire aux libéralités
faites aux communautés religieuses.

Capacité civile des communautés.

La communauté religieuse, légalement autorisée, est une *personne morale*, qui a la même capacité civile que les établissements d'utilité publique reconnus, et qui peut recevoir, acquérir, aliéner et agir pour ses intérêts temporels, selon les formes déterminées par la loi. Elle est frappée, cependant, de quelques incapacités; ainsi :

L'usufruit qui lui est donné ou légué ne dure que trente ans. (Code Napoléon, art. 619.)

Elle ne peut recevoir aucune donation faite avec réserve d'usufruit en faveur du donateur. (Ordonnance du 4 janvier 1831, art. 4.)

Elle ne peut recevoir de dons ou legs *universels*, ou à *titres universels*, mais seulement des legs *particuliers*. (Loi du 24 mai 1825, art. 4.)

Elle ne peut recevoir au delà du quart des biens de l'un de ses membres, à moins que le don ou legs n'excède pas 10,000 fr. (Art. 5 de la loi de 1825.)

Les donations et legs faits aux communautés sont acceptés par la supérieure de la maison spéciale, ou par la supérieure générale de la congrégation, selon les cas. Cette acceptation n'est valable qu'autant qu'elle a été autorisée par le Gouvernement.

Voici la marche à suivre :

La demande doit être transmise au ministre des cultes, avec l'avis de l'évêque dans le diocèse duquel se trouve l'établissement donataire ou légataire; elle est communiquée préalablement au préfet; on y joint copie du testament ou de la donation et de l'acceptation projetée; un état de la situation financière de la communauté, en meubles, immeubles, rentes ou autres revenus; un acte extra-judiciaire, constatant que les héritiers connus du testateur ont été appelés à consentir au legs; l'acte constatant leur refus ou leur consentement, s'il a été fourni. Le dossier, ainsi composé, est soumis à l'examen de l'autorité administrative.

S'il s'agit d'un don ou legs mobilier, qui n'excède pas 300 fr., l'autorisation d'accepter est donnée par le préfet du département.

S'il s'agit d'un immeuble, l'autorisation ne peut être donnée que par un décret impérial, quelle que soit la valeur de l'immeuble.

S'il n'y a pas de réclamation, et que la valeur du don ou legs ne dépasse pas 50,000 fr., le décret est délibéré dans le comité de législation du conseil d'Etat.

S'il y a contestation, ou s'il dépasse la valeur de 50,000 fr., le décret est rendu au conseil d'Etat. (Loi de 1825, décret de 1809, instruction ministérielle du 17 juillet 1825, ordonnance du 14 janvier 1831, ordonnance du 2 avril 1817.)

En ce qui touche les dons manuels, les communautés sont soumises aux règles du droit commun; elles peuvent les recevoir sans autres formalités, s'ils ont pour objet la dot et le trousseau, qui sont des conditions indispensables de la vie en commun, et s'ils n'excèdent pas de justes proportions, par rapport à la fortune personnelle de la religieuse.

Il est inutile d'ajouter que toutes les conditions requises pour la validité des dons et legs et des conventions en général, sont applicables aux communautés religieuses; de même, toute violation de la loi, à l'aide de personnes interposées, entraînerait la nullité des contrats.

Les établissements dûment autorisés peuvent acquérir, à titre onéreux, des biens immeubles et des rentes, et aliéner ceux dont ils sont propriétaires, avec l'autorisation du Gouvernement. (Loi de 1825, art. 4.)

Cette demande d'autorisation est instruite dans les mêmes formes que s'il s'agissait d'un don ou legs; nous n'avons donc rien à ajouter.

Aucun notaire ne peut passer l'acte, s'il ne lui est justifié du décret d'autorisation. (Ordonnance du 14 janvier 1831, art. 2.)

Extinction de la maison.

En cas d'extinction d'une congrégation ou maison religieuse de femmes, ou de révocation de l'autorisation accordée, les biens acquis par donation entre vifs ou par disposition à cause de mort, font retour aux donateurs ou à leurs parents au degré successible, ainsi qu'à ceux des testateurs au même degré; les biens acquis à titre onéreux sont répartis, moitié aux établissements ecclésiastiques, moitié aux hospices des départements dans lesquels sont les établissements éteints; ils sont transmis avec leurs charges.

Dans le cas de révocation de l'autorisation, les membres de la congrégation ont droit à une pension alimentaire, prélevée sur les biens acquis à titre onéreux et subsidiairement sur ceux acquis à titre gratuit. (Loi du 24 mai 1825, art. 7.)

Cette révocation de biens ne s'applique pas à l'extinction des maisons spéciales, qui relèvent d'une supérieure générale qui dirige la maison-mère.

CONCILES.

On appelle concile, une assemblée de prélats et de docteurs réunis pour prononcer sur les questions du domaine spirituel et du domaine temporel mixte, qui intéressent la foi, les mœurs et la discipline de l'église.

On distingue les conciles généraux ou œcuméniques, auxquels assistent ou sont convoqués tous les prélats de l'Eglise universelle; les conciles nationaux, les conciles provinciaux ou métropolitains, les conciles diocésains.

Les conciles œcuméniques seuls représentent l'Eglise entière; ils ont pour but de maintenir l'unité de la foi. En général, le droit de les convoquer appartient au pape; il les préside en personne ou par l'un de ses légats.

Les décrets des conciles généraux ne peuvent être publiés en France, avant que le Gouvernement en ait examiné la forme, la conformité avec les lois, droits et franchises de l'Empire, et tout ce qui peut altérer ou intéresser la tranquillité publique. (Art. 3 de la loi organique.)

Tous les évêques de l'Etat sont appelés aux conciles nationaux; la convocation en est faite par le souverain, ou tout au moins avec sa permission expresse (art. 4 de la loi organique); leurs décisions sont soumises à la révision du Saint-Père dans l'intérêt général de la discipline de l'Eglise. En France, l'exécution de la décision d'un concile national doit être autorisée par le Gouvernement. En 1811, l'Empereur convoqua un concile, dont l'archevêque de Lyon réclama la présidence en qualité de primat des Gaules.

Le concile métropolitain, ou provincial, se compose de tous les évêques d'une province ecclésiastique, qui se réunissent sous la convocation du métropolitain, leur chef, avec l'autorisation du Gouvernement. Ces conciles sont principalement institués pour la conservation des mœurs, la pureté des doctrines et le maintien de la discipline. L'autorité de leurs décisions est limitée à la circonscription de la province ecclésiastique.

Le concile diocésain, ou synode, est composé de tout le clergé d'un diocèse, assemblé sous l'autorité de l'évêque, avec l'autorisation du Gouvernement.

Dans une lettre du 13 mars 1844, adressée aux ministre des cultes, Monseigneur l'archevêque de Paris a combattu, par d'excellents moyens, les dispositions de l'article 4 de la loi organique, d'après lequel aucun concile national ou métropolitain, aucun synode diocésain, aucune assemblée délibérante des membres du clergé, ne peut avoir lieu sans la permission expresse du Gouvernement. Le prélat demandait que l'article fût rapporté, comme contraire aux traditions et aux intérêts de l'Eglise, à l'intention du législateur et aux principes de la liberté religieuse. La loi organique n'a pas été modifiée.

CONCORDAT.

On donne le nom de *Concordat* à la transaction in-
tervenue entre le chef spirituel et le chef temporel
d'un Etat, dont l'objet est de régler les rapports généraux qui unissent les deux pouvoirs.

Le premier *Concordat français* fut conclu à Bologne,
en 1516, entre le pape Léon X et le roi François Ier.
Avant cette époque, les règlements entre la cour de
Rome et le roi de France, pour le gouvernement de
l'Eglise, prenaient le nom de *pragmatique-sanction*.

A l'époque des pragmatiques de Saint-Louis et de
Charles VII, l'Eglise gallicane, tout en reconnaissant
la primauté spirituelle du pape, avait une existence
hiérarchique et temporelle, propre, individuelle.

Sous la période des Concordats, l'Eglise gallicane
perdit ce caractère. Cet état de chose s'est maintenu
au milieu des luttes les plus ardentes et des opposi-
tions les plus vives.

Aussi, après la révolution de 1793, les rapports
entre l'Eglise et l'État ont été réglés par le Concordat
de 1801.

Toutefois, la question n'est point encore épuisée, et
on est loin de s'entendre sur tous les articles de la loi
du 18 germinal an X, qui forme aujourd'hui le code
de la matière.

Cette loi se divise en deux parties distinctes : le
Concordat et les articles organiques.

Le Concordat a été approuvé et ratifié par le pape;
nul n'en conteste l'exécution.

Dès 1803, les articles organiques ont été l'objet

d'une protestation du cardinal Caprara, légat du Saint-Siége; constamment, la cour de Rome en a repoussé l'application, en demandant qu'ils fussent rapportés ou tout au moins modifiés. Ces réclamations amenèrent le décret du 28 février 1810, qui satisfit peu de personnes. Le souverain pontife persista à refuser son adhésion aux articles organiques; les canonistes, en général, les considèrent comme nuls aux yeux de l'Eglise.

Voici quelle est l'opinion de M. l'abbé André sur cette question : « 1º Si on les regarde (les articles or-« ganiques) comme ne faisant qu'une seule et même « chose avec le Concordat de 1801, dont ils seraient « une suite nécessaire et indispensable, nul doute « que dans ce cas ils sont radicalement nuls sous le « rapport canonique, comme n'émanant pas des deux « parties contractantes, mais d'une seule; de la puis-« sance civile, qui les a publiés à l'insu et contre la « volonté de la puissance ecclésiastique. 2º Si, au « contraire, on les considère comme une loi pure-« ment civile et réglementaire, publiée pour les rap-« ports qui naturellement existent entre l'Eglise et « l'État, on peut et on doit les admettre avec certai-« nes modifications. C'est ce qu'a fait dans sa sagesse « l'épiscopat français tout entier; car il est à remar-« quer que les dispositions des articles organiques « qui étaient en opposition avec le droit canonique « ont été rapportées par le décret du 28 février 1810, « ou sont tombées en désuétude, et s'il y a encore quel-« ques autres dispositions que l'Eglise déplore, mais « qu'elle sait tolérer, il en est d'autres qui sont entiè-« rement conformes à l'ancien droit canon. »

On a contesté, surtout, l'application des articles, 1er, 3, 9, 10, 11, 14, 15, 17, 22, 24, 35, 54, 61 (74 et 7 combinés).

Le 25 janvier 1813, un second Concordat intervint entre le pape et l'empereur Napoléon Ier; il fut publié comme loi de l'Empire, le 13 février suivant, sous le titre de *Concordat de Fontainebleau*. Le 24 mars, le Saint-Père protesta par une lettre écrite de sa main.

Le lendemain parut un décret relatif à l'exécution du Concordat. Néanmoins, il est généralement admis aujourd'hui que le Concordat de 1813 n'a pas eu d'exécution sérieuse et qu'il doit être considéré comme n'ayant jamais existé. Quelques auteurs soutiennent l'opinion contraire.

Le 11 juin 1817, un nouveau Concordat fut convenu entre le pape et le roi Louis XVIII.

Le pape publia une bulle confirmative.

Le roi fit présenter aux Chambres un projet de loi, qui avait pour objet, non-seulement de sanctionner le Concordat, mais encore de maintenir certaines dispositions des articles organiques de 1801.

De nouvelles protestations du pape, qui ne furent pas livrées à la publicité, entraînèrent le retrait du projet de loi.

En 1819, il y eut entre le pape et le roi des conventions partielles relatives au nombre des évêchés et archevêchés, et à des circonscriptions des diocèses; mais elles n'ont point les caractères d'un Concordat.

De cet examen rapide des faits, il résulte que le Concordat de 1801 et les articles organiques sont encore en vigueur.

CURE.

On entend par cure ou succursale la partie du territoire de l'Empire ou la circonscription religieuse confiée à la direction spirituelle du curé ou desservant, sous la surveillance de l'évêque.

§ 1er.

La loi organique paraît avoir désigné la cure sous le nom de paroisse.

Il doit y avoir, *au moins*, une paroisse dans chaque justice de paix; donc il peut y en avoir *plusieurs* dans le même canton, si les besoins religieux des populations l'exigent. C'est ce qui a été fait dans quelques départements; la cure peut être établie ailleurs qu'au chef-lieu de canton.

Le nombre des succursales est indéterminé. (Loi organique, art. 60 et 61.)

Tels sont les principes.

Comment sont-ils mis en pratique?

L'évêque propose l'érection de la cure ou paroisse, ou de la succursale; le préfet donne son avis; la demande est soumise au conseil d'État; si elle est admise, il est statué par décret de l'Empereur. Il est de rigueur que la commune émette un avis favorable à l'érection de la succursale, par délibération du conseil municipal; cet usage, constamment suivi, est consacré par une circulaire ministérielle du 9 novembre 1819.

Voici maintenant les principaux motifs propres à faire accueillir les demandes de cette nature par le Gouvernement:

1º Existence dans la commune d'une église en bon état ou facile à réparer;

2º Existence d'un presbytère ou de moyens de loger un curé ou un desservant;

3º Le titre de commune et non de hameau, ou de section de commune;

4º Une population de 500 âmes au moins;

5º Une part plus forte aux contributions publiques, payée par le corps commun des habitants;

6º Des ressources assurées pour le traitement du desservant, l'ameublement de l'église et les autres frais du culte.

On doit joindre à la demande un plan de la nouvelle succursale, avec son échelle proportionnelle.

Les cures sont divisées en deux classes. (Loi organique, art. 66.)

Sont cures de première classe : 1º celles des communes de 5,000 âmes et au-dessus, en nombre égal à celui des justices de paix établies dans ces communes; 2º les cures des chefs-lieux de préfecture, alors même que leur population serait inférieure à 5,000 habitants. (Ordonnance du 6 août 1832.) Le décret du 27 brumaire an XI établissait une classification différente qui ne doit plus être suivie.

Les changements et modifications dans les cures et succursales sont soumis aux mêmes formes d'instruction et de décisions que leur établissement même.

§ 2.

La cure ou succursale n'est pas seulement un *office*, mais un véritable *titre ecclésiastique*, qui peut posséder, acquérir, aliéner, etc., etc., et dont les biens sont administrés librement par le curé ou desservant.

Cette doctrine paraît contraire à l'article 75 de la loi organique, qui limite le droit d'affectation des biens et des titres ecclésiastiques ; au décret du 6 novembre 1813, qui donne l'administration des biens curiaux aux fabriques, en considérant le curé comme simple usufruitier ; mais elle est conforme au principe de ce même décret qui reconnaît l'existence légale des cures et succursales, comme établissements ecclésiastiques ; à la loi des 2 et 6 janvier 1817, à l'ordonnance du 14 août de la même année, et à un avis du conseil d'État, du 3 juin 1820, donné dans les circonstances suivantes :

On disait : « Le droit d'administration des biens curiaux par le curé présente des inconvénients : 1° en ce que l'acceptation des dons et legs faits à la cure peut devenir impossible pendant la vacance du titre ; 2° en ce qu'il est à craindre qu'on ne vienne à conclure de ce droit, que les curés demeurent *exclusivement* chargés de l'administration des biens, ce qui paraît contraire aux intérêts des cures et présente beaucoup moins de garantie que la surveillance des fabriques. »

Le conseil·d'État répondit en ces termes : « Les « fabriques ne sont point appelées à s'immiscer dans « la surveillance et l'administration des biens affectés « par les testateurs ou donateurs à l'entretien des « curés ou desservants ; vainement on prétendrait « que les ministres du culte n'ont que la jouissance «usufruitière de ces biens ; on est forcé de reconnaî- « tre, au contraire, qu'ils en ont la propriété réelle ;

« à la vérité, cette propriété est indéfiniment substi-
« tuée au profit de leurs successeurs futurs, mais ils
« en doivent avoir l'administration et la conservation
« sans surveillance aucune de la part de la fabrique.»

En conséquence, le droit d'accepter les legs et dons
faits à la cure fut laissé au curé.

M. Vuillefroy soutient que le décret du 6 novembre
1813 doit être appliqué, attendu qu'il n'a pu être
abrogé par une simple ordonnance, et que dès lors
les fabriques administrent de droit les biens curiaux,
dont le curé reste usufruitier. On peut répondre : Le
principe de droit invoqué est clair. Mais répétons
que la jurisprudence actuelle du conseil d'État garantit le droit des curés, et que tant qu'elle subsistera
dans les termes que nous venons d'indiquer, elle sera
invoquée avec succès.

En ce qui touche les formalités à accomplir par le
curé ou desservant pour l'acceptation des dons et
legs faits à la cure, nous renvoyons aux mots spéciaux,
notamment à ceux : BIENS ECCLÉSIASTIQUES, où nous reproduisons le texte de l'ordonnance du 28 avril 1817.

CURÉ.

Le titulaire d'une cure ou paroisse s'appelle curé;
le titulaire d'une succursale s'appelle *desservant*.
Dans le langage ordinaire on fait rarement cette
distinction, quoiqu'il existe de notables différences
entre les deux titres.

§ 1er.

L'évêque nomme les curés de son diocèse. Son

choix ne peut porter que sur des personnes agréées par le Gouvernement; il ne peut manifester leur nomination et leur donner l'institution canonique, qu'après que la nomination a été agréée par l'Empereur. (Concordat, art. 10; loi organique, art. 19.)

L'agrément se donne par décret de l'Empereur. Le ministre des cultes fait parvenir au curé agréé une lettre d'avis, qu'il doit présenter pour toucher son traitement, conformément à l'article 6 du décret du 7 brumaire an XI.

Avant d'entrer en fonctions, le curé nommé et agréé prête serment entre les mains du préfet du département. La formule du serment est celle prescrite par l'article 6 du Concordat, dont nous avons donné le texte au mot ARCHEVÊQUE. Procès-verbal de la prestation de serment est dressé par le secrétaire général de la préfecture ou par le conseiller qui en fait fonctions, et copie en est délivrée au curé. (Concordat, art. 6 et 7; loi organique, art. 27.)

Le curé est mis en possession par le ministre du culte que l'évêque désigne. (Loi organique, art. 28.)

Le bureau des marguilliers constate cette prise de possession; expédition du procès-verbal est adressée à l'évêque et au préfet.

Le curé, dans l'exercice de ses fonctions, est immédiatement soumis à l'évêque. Il doit être Français ou naturalisé Français; il appartient au diocèse où il est en fonctions; il ne peut quitter ce diocèse pour aller desservir dans un autre, sans la permission de l'évêque; il est tenu de résider dans la paroisse, cure ou succursale. (Loi organique, art. 28, 29, 30, 32, 33 et 34.)

Le curé est *inamovible* (rapprochement des art. 30 et 31 de la loi organique). Le véritable caractère de cette inamovibilité résulte de l'avis du conseil d'État, du 30 juin 1824, ainsi conçu : « Il répugnerait d'en- « tendre l'inamovibilité attribuée aux curés, dans ce « sens, qu'elle ne pourrait cesser dans aucun cas. Il « est évident, au contraire, qu'elle ne signifie autre « chose que le droit de ne pouvoir être déposé sans « un jugement régulier. »

« Le droit de déposer les curés pour causes légiti- « mes a été en usage dès les premiers siècles de « l'Église; il est consacré par les décrets des papes « et les décisions formelles d'un grand nombre de « conciles, et entre autres par le deuxième concile de « Châlons, dont un des canons dit expressément : « Que si un prêtre a été pourvu d'une église, on peut « la lui ôter lorsqu'il s'est rendu coupable de quelque « crime et après l'en avoir convaincu en présence de « son évêque. Mais sans recourir à des autorités aussi « anciennes, il serait facile d'établir, par des exemples « assez récents et par l'usage constamment suivi, que, « jusqu'au moment de la révolution, ce droit a été « exercé par les tribunaux de l'officialité institués « auprès de chaque évêque. »

L'évêque peut donc rendre contre un curé une or donnance de déposition, qui devient exécutoire après l'approbation qui y est donnée par décret de l'Empe- reur. A cet effet, l'ordonnance et toutes les pièces de l'instruction sont transmises au ministre des cultes.

. Le curé surveille et dirige les desservants et les vi- caires des succursales qui dépendent de sa cure. (Loi organique, art. 31.)

Les curés sont divisés en deux classes, selon l'importance de leur cure. Par faveur spéciale et personnelle, ils peuvent être promus de la deuxième classe à la première, sans changer de résidence.

§ 2.

L'évêque nomme les prêtres desservants des succursales. Son choix s'exerce librement, sans l'approbation préalable du Gouvernement; il se borne à donner avis de la nouvelle nomination au ministre des cultes et au préfet du département. Les desservant sont amovibles et révocables par l'évêque (loi organique, articles 31 à 63); ils sont soumis aux mêmes formalités de serment, d'installation, de prise de possession que les curés : leurs fonctions, dans leur succursale, sont les mêmes que celles du curé dans sa cure.

Les curés et desservants jouissent, à raison de leurs fonctions, de l'exemption de certaines charges, ainsi :

L'article 427 du Code Napoléon leur est applicable; il porte : « Sont dispensés de la tutelle...... tous « citoyens exerçant une fonction publique, dans un « département autre que celui où la tutelle s'éta- « blit. » (Avis du conseil d'État, du 20 novembre 1806.)

Ils sont dispensés du service de la garde nationale. (Loi du 22 mai 1831, art. 12.)

Ils sont dispensés, sous certaines conditions, du service militaire. (Loi du 21 mars 1832, art. 14, § 5.)

Leurs fonctions sont incompatibles avec d'autres fonctions; ainsi ils ne peuvent être :

Jurés pour les affaires criminelles (art. 383 du Code d'instruction criminelle);

Maires ou adjoints (loi du 21 mars 1831, art. 6);

Membres du conseil municipal de la commune où ils exercent. (Même loi, art. 18,)

Ces incompatibilés sont de droit étroit, par conséquent, on ne pourrait les étendre à d'autres fonctions. Les ministres du culte peuvent être conseillers généraux, conseillers d'arrondissement, députés, etc., etc.; en d'autres termes, leur capacité civile est entière, sauf les exceptions de la loi et les règles de la discipline ecclésiastique à laquelle ils obéissent.

Il est surabondant d'ajouter que les fonctions des ministres du culte sont incompatibles avec tout commerce ou négoce quelconque, et avec tout métier ou profession.

§ 3.

Le traitement des curés est ainsi fixé :

Première classe : Septuagénaires non pensionnés : 1,600 fr. — Septuagénaires pensionnés : 1,500 fr., plus leur pension. — Non septuagénaires, pensionnés ou non : 1,500 fr.

Deuxième classe : Septuagénaires pensionnés : 1,200 francs, outre leur pension. — Non septuagénaires pensionnés ou non pensionnés : 1,200 fr.

Le traitement des desservants est actuellement déterminé de la manière suivante :

Pour les sexagénaires : 900 fr. — Pour les septuagénaires : 1,000 fr. — Pour les simples desservants : 800 fr.

En général, les communes, selon les ressources

qu'elles possèdent, viennent en aide aux ministres du culte en élevant jusqu'au chiffre de la nécessité absolue, ces traitements, dont l'excessive modicité n'est pas partout en rapport avec les besoins matériels de l'existence la plus modeste.

Les curés et desservants touchent leur traitement du jour de leur installation constatée par le bureau des marguilliers; ils reçoivent également leur pension et l'allocation communale; ils ont droit à un presbytère ou à une indemnité de logement.

Toute absence non autorisée donne lieu à un décompte sur le traitement. L'absence légitime peut être autorisée par l'évêque diocésain, sans qu'il en résulte un décompte, si elle n'excède pas huit jours. Si le congé est de plus de huit jours et n'excède pas un mois, il doit être notifié au préfet par l'évêque, avec l'énoncé du motif. Le congé de plus d'un mois ne peut être accordé qu'avec l'autorisation du ministre des cultes. (Ordonnance du 13 mars 1832, art. 4.) Nous donnons à la fin du volume le décret du 17 novembre 1811, relatif au remplacement des titulaires de cures, en cas d'absence ou de maladie.

Pour compléter ce qu'il nous reste à dire sur cet article, nous reproduisons le texte de l'ordonnance du 25 décembre 1830, qui détermine certaines conditions d'admission aux fonctions d'archevêque, d'évêque et de curé. Nous devons ajouter que cette ordonnance, rappelée aux évêques par une circulaire du ministre des cultes en date du 29 décembre 1834, n'est pas encore en voie de parfaite et régulière exécution.

« *Ordonnance du 25 décembre 1830, déterminant les conditions d'admission aux hautes fonctions ecclésiastiques.*

«Art. 1er. A dater du 1er janvier 1835, le grade de docteur en théologie sera nécessaire pour être professeur, adjoint ou suppléant dans une faculté de théologie.

«Art. 2. A dater de la même époque, nul ne pourra être nommé archevêque ou évêque, vicaire général, dignitaire ou membre d'un chapitre, curé dans une ville chef-lieu de département ou d'arrondissement, s'il n'a obtenu le grade de licencié en théologie, ou s'il n'a rempli pendant quinze ans les fonctions de curé ou desservant.

«Art. 3. A compter de ladite époque, nul ne pourra être nommé curé de chef-lieu de canton, s'il n'est pourvu du grade de bachelier en théologie, ou s'il n'a rempli pendant dix ans les fonctions de curé ou desservant.

«Art. 4. Les dispositions ci-dessus sont applicables à tous ceux qui, à l'époque de la publication de la présente ordonnance, n'auront pas encore vingt-un ans accomplis.

«Art. 5. Les élèves des séminaires situés hors des chefs-lieux des facultés de théologie, seront admis à subir les épreuves du grade de bachelier en théologie, sur la présentation d'un certificat constatant qu'ils ont étudié pendant trois ans dans un séminaire.»

DESSERVANT.

L'ecclésiastique qui a la direction spirituelle d'une

succursale prend le nom de desservant. Il est nommé par l'évêque. Il est amovible. (Loi organique, art. 63.)

Dans l'usage on désigne le desservant sous le nom de curé. (*Voy.* les mots CURE et CURÉ.)

DIACRE. — SOUS-DIACRE.

Le ministre du culte catholique qui est engagé dans les ordres majeurs, sans avoir été consacré prêtre, prend le nom de diacre ou de sous-diacre.

Le sous-diaconat est le premier des ordres sacrés; il rend l'engagement irrévocable; il doit être conféré conformément aux prescriptions de la loi organique et du décret du 28 février 1810.

Ainsi :

Les évêques ne peuvent ordonner un diacre ou un sous-diacre, s'il n'est âgé de vingt-deux ans accomplis et Français. (Décret de 1810.) Sous l'empire de la loi de germinal an X, le candidat devait avoir atteint l'âge de vingt-cinq ans et justifier d'un revenu annuel de 300 fr. Ces deux dispositions sont abrogées.

Avant l'ordination, le nombre des personnes à ordonner doit être soumis au Gouvernement; à cet effet, les candidats aux ordres sacrés forment des demandes, lesquelles sont transmises au ministre des cultes par l'évêque, avec un tableau indiquant leurs nom, prénoms, âge et profession. (Loi organique, art. 26; décision ministérielle des 20 et 21 décembre 1809.) Il a été décidé par le ministre des cultes que cette formalité ne s'appliquait qu'à l'ordination du sous-diaconat, et que l'évêque agissait en toute liberté pour l'ordination du diaconat et de la prêtrise.

Les diacres et sous-diacres étant rangés parmi les ministres du culte, jouissent des mêmes priviléges; ils sont dispensés du service militaire, du service de la garde nationale, etc., etc. Leurs fonctions sont incompatibles avec celles de juré, de maire, d'adjoint etc., etc. (*Voy.*, pour plus amples détails, le mot CURÉ.)

DIOCÈSE.

Le diocèse est la circonscription ecclésiastique qui embrasse les paroisses placées sous la juridiction spirituelle de l'évêque.

Plusieurs diocèses réunis forment une *province ecclésiastique*, qui est placée sous la juridiction spirituelle d'un archevêque. Le titre prend le nom de *métropole;* l'archevêque reçoit le nom de *métropolitain.*

Aux termes de l'article 2 du Concordat, la circonscription des diocèses français doit être faite par le Saint-Siége, de concert avec le Gouvernement. Cet article dispose *littéralement*, pour la première division du territoire en diocèse, qui devait suivre le rétablissement de la religion catholique, d'où on a voulu conclure qu'il ne signifiait rien pour les modifications ou nouvelles divisions qui deviendraient nécessaires; que c'était au pouvoir législatif, c'est-à-dire à la Chambre des députés de ce temps, qu'il appartenait de se substituer au Saint-Siége et au Gouvernement, et de créer de nouveaux diocèses. Cette prétention n'a jamais été prise au sérieux, et de nouveaux diocèses on été institués conformément à l'article 3, par ordonnances royales, après concert avec le Saint-Siége. Les Chambres ont alors voulu protester en refusant l'article du budget applicable au nouvel évêché.

Le diocèse est-il une *personne morale*, capable de recevoir, d'aliéner, d'hypothéquer, etc.? Non. La loi ne reconnaît point l'existence civile du diocèse comme établissement d'utilité publique, ou à tout autre titre; le mot signifie simplement circonscription administrative.(Avis du conseil d'État, du 21 décembre 1841.)

DISPENSE.

La dispense est l'exemption accordée à quelqu'un, par l'autorité ecclésiastique, de se conformer à la loi commune en matière religieuse.

Les dispenses sont accordées aux fidèles par le Saint-Père, par les évêques, ou par les curés ou desservants qui en ont reçu pouvoir à cet effet.

La demande est adressée à l'évêque; elle doit contenir avec exactitude les nom, prénoms, âge, profession de la personne qui sollicite la dispense; si elle est dans l'indigence, il en est fait mention, ou mieux, il lui en est délivré un certificat par le curé ou desservant, ou par le maire de la commune.

Les prix des dispenses sont fixés par un tarif qui est modifié selon les cas.

Les dispenses sont délivrées, sans frais, aux personnes dont l'indigence est constatée.

DIVULGATION DE SECRET.

L'article 378 du Code pénal porte : « Les médecins, « chirurgiens et autres officiers de santé, ainsi que

« les pharmaciens, les sages-femmes et *toutes les au-*
« *tres personnes*, dépositaires, par état ou par profes-
« sion, des secrets qu'on leur confie, qui, hors le cas
« où la loi les oblige à se porter dénonciateurs, auront
« révélé les secrets, seront punis d'un emprisonne-
« ment d'un mois à six mois et d'une amende de
« 100 fr. à 500 fr. »

Cet article impose l'*obligation*, à certaines personnes, de garder le secret qui leur a été confié. *Dans
certains cas*, il leur donne *le droit* de refuser de le
faire connaître. A ce double point de vue, il constitue une garantie publique, qu'il convient de garder
intacte.

La législation a désigné nominativement quelques-
unes des personnes qui ont *droit* et *obligation* de garder le secret ; cette indication est purement énonciative, mais non limitative ; elle comprend, *au premier
rang*, le prêtre qui reçoit un secret sous le sceau de
la confession, ou seulement comme prêtre ; cette
maxime, qui remonte au ive siècle, n'a pas de contra-
dicteur ; il suffit d'en faire une saine application. Examinons donc les questions principales qui peuvent se
présenter.

Dans la vie civile, *libre*, le devoir du prêtre qui
a reçu un secret est dicté par sa conscience ; nous
n'avons pas à nous en occuper.

Est-il des cas où le prêtre peut et doit révéler le secret, parce qu'il est obligé de se porter dénonciateur
de certains actes ? Non. L'obligation de dénoncer imposée par le Code de 1810, au prêtre comme aux autres citoyens, a disparu avec la législation de 1832.
Les questions de cette nature ne se présentent plus.

Le prêtre, appelé en témoignage devant la justice, doit-il dire *tout* ce qu'il sait, c'est-à-dire *révéler* le secret? Non. Legraverend est d'une avis contraire, mais il se trouve seul de son opinion. Le prêtre doit dire *tout* ce qui ne lui a pas été confié à titre de confesseur, ou même à titre de simple prêtre; c'est la solution la plus juste et la plus libérale qu'il convienne de donner à la question.

Une difficulté a été soulevée récemment, par un arrêt de la Cour impériale d'Angers, en date du 21 mars 1844. Cet arrêt reconnaît à l'évêque qui a fait procéder à une enquête canonique sur la conduite d'un ecclésiastique de son diocèse, cité devant la justice criminelle, le droit de ne pas faire connaître aux magistrats le nom des personnes qui lui ont fait des révélations sous le sceau du secret et sous la foi du caractère épiscopal. Les jurisconsultes se sont élevés contre la doctrine de la Cour d'Angers ; à notre avis, ils se sont éloignés, dans cette critique, des principes vrais, qu'ils ont posés eux-mêmes. La condition de la révélation faite à l'évêque était *le secret ;* la garantie invoquée par le révélateur était le *caractère épiscopal.* Comment admettre la possibilité d'une divulgation, même en justice?

DROIT DES PAUVRES.

Le droit des pauvres est une taxe établie au profit des indigents et qui se perçoit sur les recettes des spectacles, des bals, concerts et réunions de fêtes où le public est admis en payant.

Les lieux de fêtes se divisent en deux catégories :

1° les spectacles proprement dits; 2° toutes les autres entreprises destinées aux plaisirs publics.

Dans la première catégorie sont compris : Tous les spectacles où se donnent des pièces de théâtre ;— les établissements où se jouent des pantomines; — les cirques où se donnent des séances équestres et des représentations d'actions héroïques; — les panoramas, théâtres pittoresques et mécaniques;—les spectacles de marionnettes; — les salles de curiosités et d'expériences physiques; — les concerts quotidiens. (Loi du 8 thermidor an V; arrêts du conseil d'Etat, du 24 mars 1820, du 16 février 1832; arrêté du Gouvernement, du 10 thermidor an XI; loi du 16 juillet 1840.)

Il est perçu, au profit des pauvres, sur la recette de ces établissements, *un décime par franc* sur le prix de chaque billet d'entrée et d'abonnement. (Loi du 8 thermidor an V; décret du 9 décembre 1809.)

Dans la deuxième catégorie sont compris : Les bals publics (loi du 8 thermidor an V), sans en excepter les bals des théâtres (arrêt du conseil d'Etat, du 24 février 1817); — les feux d'artifice; — les concerts *non quotidiens* ;—les courses et exercices de chevaux autres que les cirques à scènes équestres et à pièces héroïques;—les exercices de corde. (Loi du 16 juillet 1840; arrêt du conseil d'Etat, du 29 octobre 1809.)

Il est perçu au profit des pauvres, pour ces sortes d'établissements, *un quart de la recette brute*, c'est-à-dire sans déduction préalable des frais de représentation.

Les sommes prélevées comme *droit des pauvres*, sont divisées entre les bureaux de bienfaisanc hospices, par le préfet, sur l'avis du sous-préfet. (Arrêté du Gouvernement, du 7 fructidor an VIII.)

ÉGLISES.

L'édifice consacré à la célébration du culte catholique prend le nom d'*église;* c'est l'acception la plus générique du mot.

On distingue : les églises affectées au service métropolitain, ou *métropoles;* celles affectées au service diocésain, ou *cathédrales;* celles affectées au service des cures et succursales, ou *églises paroissiales;* puis encore : les *annexes,* ou chapelles publiques; les *oratoires publics,* ou chapelles de secours; les *chapelles privées* et les *chapelles impériales.*

Nous diviserons cet article en deux paragraphes : le premier, relatif aux églises affectées au culte; le second, aux églises supprimées.

§ 1er. *Eglises affectées au culte.*

Lors du rétablissement du culte catholique en France, il fut convenu que toutes les églises métropolitaines, cathédrales, paroissiales et autres non aliénées, nécessaires au culte, seraient mises à la disposition des évêques. (Art. 14 du Concordat.)

Conformément à l'article 75 de la loi organique, et aux ordres du Gouvernement, un édifice par cure et par succursale, choisi parmi les édifices anciennement destinés au culte catholique et resté dans les mains de la nation, fut mis à la disposition des évêques, par arrêté du préfet du département. (Art: 75 de la loi organique.)

Dans les paroisses où il n'y avait point d'édifice disponible pour le culte, l'évêque dut se concerter avec le préfet pour la désignation d'un édifice convenable. (Loi organique, art. 77.)

Administration temporelle.

Dans toute église il doit être établi un conseil, qui prend le nom de *fabrique;* il a pour fonction de veiller à l'entretien du temple et d'administrer les aumônes; il supporte les dépenses de construction, reconstruction et réparation de l'édifice, sauf en cas d'insuffisance de ses ressources, le recours à la commune, ou l'assistance de l'État, s'il s'agit d'une métropole ou d'une cathédrale. (Loi organique, art. 77; décret du 30 décembre 1809.)

La demande des communes et fabriques à l'effet d'obtenir des secours pour subvenir à ces charges, est adressée avec les pièces à l'appui, au préfet du département, qui propose l'allocation au ministre des cultes.

Administration intérieure.

Au curé appartient la direction spirituelle et la police intérieure de l'église, en se conformant aux lois et règlements en vigueur. Ainsi, le curé ne pourrait permettre dans son église ce que la loi défend, ni empêcher ou retarder l'exécution des mandats de justice, contre les individus qui auraient osé y chercher un asile.

L'entrée de l'église doit être libre et gratuite pour tout le monde.

Propriété des églises.

A qui appartient l'église? Est-ce à la commune? est-ce à la fabrique?

Cette question est vivement controversée.

Les 3 nivôse et 4 pluviôse an XIII, le conseil d'État ayant décidé que les églises paroissiales étaient la propriété des communes, cet avis fit loi pendant longues années et fut adopté par plusieurs auteurs : Henrion de Pansey, Dupin, Toullier, Affre, *édition de* 1827.

En 1837, la question fut de nouveau mise en discussion à l'occasion d'un projet de loi qui avait pour but de transférer à la ville de Paris la propriété des terrains sur lesquels s'élevait l'ancien palais archiépiscopal, dont la démolition avait été ordonnée.

L'archevêque de Paris protesta par une circulaire, qui fut déférée au conseil d'État, comme *abus.*

M. Dumon, rapporteur, apprécia la difficulté de la manière suivante : « En 1801, dit-il, tous les biens « ecclésiastiques étaient devenus nationaux; les égli- « ses, les évêchés, les séminaires, les presbytères « faisaient partie du domaine de l'État. L'État remit à « la disposition des évêques d'anciens édifices ecclé- « siastiques, mais s'il accorda le libre usage, il *n'ac- « corda pas la propriété.* »

Le conseil d'État, par décision du 24 mars 1837, reconnut le droit de propriété de l'État sur l'emplacement de l'ancien palais archiépiscopal et déclara qu'il y avait *abus* dans la circulaire de l'archevêque. Ce qui avait été décidé en l'an XIII pour les églises paroissiales, le fut donc également en 1837, pour les églises cathédrales.

Le débat se reproduisit à la même époque devant la Chambre des pairs.

M. Freteau de Peny, soutenant la jurisprudence du conseil d'État, s'exprimait ainsi : « Par l'article 12 du « Concordat, l'État accorde la remise à la disposition « des évêques, des objets non aliénés nécessaires à « l'exercice du culte. Est-ce là une disposition géné- « rale? Cette stipulation contient-elle un abandon « plein et entier, un dessaisissement absolu des objets « auxquels elle s'applique? Y a-t-il aliénation de ces « objets en faveur de tel ou tel individu? de tel ou tel « établissement; nullement. C'est une simple affecta- « tion au besoin du culte, des édifices nécessaires à « ses besoins, faite par l'État comme propriétaire de « ces édifices. L'État ne dit pas qu'il renonce à sa pro- « priété, il concède seulement l'usage; il ne dit pas « qu'il cède ces édifices d'une manière absolue, il les « consacre à l'exercice du culte, et c'est dans cette « vue qu'il les remet aux chefs du culte, aux évé- « ques... L'État s'est toujours considéré, a toujours agi « comme propriétaire de ces mêmes édifices..... il les « livre à l'exercice du culte sans conditions d'aliéna- « tion, sans renoncement aux droits et aux charges de « la propriété. »

MM. de Tascher, de Montalembert et de Brézé soutenaient le droit de propriété de la fabrique métropolitaine.

Le projet de loi fut adopté tel qu'il était présenté;

12

c'est-à-dire que la Chambre des pairs se déclara pour le droit de propriété en faveur de l'État, et implicitement en faveur des communes pour les églises paroissiales.

Monseigneur Affre, dans une nouvelle édition de son ouvrage, abandonna l'opinion qu'il avait émise dans celle de 1827, et soutint le droit de propriété des fabriques; il invoqua, notamment, à l'appui de son opinion nouvelle : 1⁰ l'origine des biens, qui étant purement ecclésiastique, devait les faire rentrer dans le domaine ecclésiastique de l'époque, c'est-à-dire dans la propriété de la fabrique ; 2⁰ la législation actuelle, sur la dotation des fabriques, qui se compose des biens restitués non aliénés et dont elles avaient la propriété avant la confiscation; 3⁰ un arrêt de la Cour de cassation, en date du 6 décembre 1836, qui décide que les églises doivent être regardées comme propriétés des fabriques, lorsqu'elles ont été restituées sans conditions.

On peut répondre à ces arguments : 1⁰ Les mots *mettre à la disposition.....* employés par le Concordat, la loi organique et les arrêtés des préfets pour exprimer le fait de la *remise* des édifices du culte aux évêques ne signifient pas *restitution*, et moins encore *aliénation* de ces édifices en faveur des fabriques.

2⁰ Quelle que soit l'origine des biens *mis à la disposition*, il n'en résulte pas moins qu'ils ont été *la propriété de l'État*, et qu'ils ne perdront cette affectation que par une volonté *nettement exprimée*.

3⁰ La législation actuelle sur les dotations des fabriques, ne peut décider à y comprendre les édifices rendus au culte, puisqu'un décret de 1806 a été jugé nécessaire pour leur attribuer les églises et les presbytères supprimés et faire ainsi disparaître le droit de *propriété de l'État.*

4° L'arrêt de la Cour de cassation a été rendu entre une fabrique et un particulier qui n'invoquait pas la non propriété de la fabrique; il n'a plus la même autorité de principe, que s'il fût intervenu entre l'État ou une commune et une fabrique. De plus, il est antérieur à la discussion solennelle de la question devant la Chambre des pairs et à la décision qu'elle a reçue; dès lors, il est probable qu'il ne serait point rendu aujourd'hui dans le même sens.

C'est donc aux communes ou aux fabriques qu'il appartient de faire acte de propriétaire sur les églises, selon qu'on adoptera l'opinion émise par la Chambre des pairs et le conseil d'État, ou celle émise et soutenue, en dernier lieu, par Monseigneur Affre.

Dans tous les cas, le droit de propriété des communes ne pourrait aller jusqu'à leur permettre de changer la destination de l'édifice en l'enlevant au culte catholique, ou en le consacrant à un autre culte, d'une manière *arbitraire.*

En effet, aux termes d'un avis du conseil d'État, cité par Vuillefroy, la propriété de ces édifices a été conférée aux communes par l'État, avec la condition expresse de les affecter au culte catholique. Cette affectation ne pourrait être changée que par la suppression *régulière* du titre d'église catholique qui leur a été attribuée.

Cette décision, fort juste et fort sage du conseil d'État, fait perdre à la question beaucoup de son im-

portance, surtout au point de vue des intérêts spirituels du culte..

§. 2. *Eglises supprimées.*

Il a été mis à la disposition des évêques une église
par cure ou succursale ; ce nombre fut jugé suffisant
pour les besoins du culte. D'autres édifices, anciennement consacrés au culte, ne furent point compris
dans ce nombre, et devinrent *églises supprimées.*

Ces églises ont été attribuées aux fabriques, par
décret du 30 mai 1806 et 31 juillet de la même
année.

Cette attribution comprend :

1º Les édifices non aliénés, consacrés anciennement à l'exercice du culte, et qui n'ont point été compris dans le nombre des églises mises à la disposition
des évêques, en exécution du Concordat de l'an X.

2º Ceux de ces édifices qui avaient été aliénés par
la nation, et qui sont rentrés dans ses mains, pour
cause de déchéance.

3º Les chapelles des congrégations et les églises
des monastères.

4º Les anciennes maisons vicariales.

5º Le mobilier de ces mêmes édifices.

Cette attribution ne comprend pas:

1º Les édifices qui étaient propriétés des particuliers,
ou propriétés particulières de la commune.

2º Ceux qui, étant dans les mains de la nation, ont
été attribués à un service public.

3º Ceux attribués aux hospices ou autres établissements publics.

4º Ceux de ces édifices, situés dans les communes où l'exercice du culte a été rétabli postérieurement au décret de 1806, quelle que soit, d'ailleurs, l'époque de ce rétablissement. Par le fait de la consécration nouvelle dont elles sont l'objet, ces églises sont devenues propriétés communales.

Les réclamations des fabriques doivent être portées devant des autorités différentes, selon qu'il s'agit d'édifices paroissiaux ou d'édifices appartenant à des corporations, congrégations, etc., dont elles demandent l'attribution. Dans le premier cas, elles s'adressent au préfet, qui a le droit de prendre un arrêté à cet effet, sur l'avis du directeur des domaines et du consentement du ministre des finances. Dans le second cas, elles doivent s'adresser au ministre des cultes, qui décide, sur l'avis des ministres de l'intérieur et des finances. (Décret du 17 mars 1809, art. 3.)

Voici les droits principaux des fabriques sur les édifices qui leur sont attribués par ce décret du 30 mai 1806.

Elles peuvent les échanger et les aliéner, avec l'autorisation du Gouvernement, donnée par décret impérial.

Elles peuvent les louer ; les baux doivent être soumis au préfet du département et approuvés par lui.

Ces produits ont une destination spéciale : ils doivent être employés à l'acquisition des presbytères, au logement des curés et desservants, dans les chefs-lieux de cure ou de succursale où il n'existe pas de presbytère. (Articles 2, 3 et 4 du décret du 30 mai 1806.)

ENSEIGNEMENT.

La loi du 15 mars 1850, le règlement d'administration publique du 29 juillet suivant, le décret du 7-29 octobre de la même année, et le décret du 9 mai 1852, forment le code actuel de l'enseignement en France.

Le cadre de notre *Manuel* ne nous permet pas de donner une analyse et un commentaire complet de ces dispositions législatives; nous nous bornerons à l'examen des principes généraux, dans leurs rapports avec les ministres des cultes reconnus. Toutefois, nous examinerons séparément la loi de 1850 et le décret modificatif de 1852 ; on saisira mieux l'esprit des réformes apportées au régime de l'enseignement.

§ 1er. *Conseil supérieur de l'instruction publique.*

Loi de 1850. — Le conseil supérieur se divise en deux sections, dont l'une est permanente et l'autre non permanente. La première se compose de seize membres élus par leurs collègues, pour six ans, avec faculté de réélection indéfinie, et de trois membres de l'enseignement libre, nommés par le chef de l'État; la seconde se compose de huit membres nommés à vie par l'Empereur, mais révocables par lui en conseil des ministres.

Quatre archevêques ou évêques, élus par leurs collègues, siégent au conseil supérieur, dans la section non permanente; un ministre de l'Église réformée, élu par les consistoires; un ministre de l'Église de la confession d'Augsbourg, élu par les consistoires ; un membre du Consistoire central israélite, élu par ses collègues, y sont également appelés ; ils ne reçoivent pas de traitement.

Les attributions du conseil supérieur sont d'une haute importance ; *il peut être appelé* à donner son avis sur les projets de loi, décrets et règlements qui lui sont soumis par le ministre. — *il doit* nécessairement donner son avis sur les règlements relatifs aux examens, aux concours et au programme d'études dans les écoles publiques, et en général sur tous ceux qui touchent à l'instruction publique.

Il donne son avis sur la création des facultés, lycées et colléges ; — sur les secours et encouragements à accorder aux établissements libres d'instruction secondaire ; — sur les livres qui peuvent être introduits dans les écoles publiques ; — sur les livres qui doivent être défendus dans les écoles libres, comme contraires à la morale, à la Constitution et aux lois.

Il prononce, en dernier ressort, sur les jugements rendus par les conseils académiques, statuant en premier ressort, conformément à l'article 14 de la loi de 1850 ; — sur les affaires contentieuses relatives à l'obtention des grades, au concours dans les facultés, à l'ouverture des écoles libres, au droit des maîtres et à l'exercice dud roit d'enseigner ; — sur les poursuites dirigées contre les membres de l'instruction secondaire, tendant à la révocation, et sur les affaires disciplinaires relatives aux instituteurs primaires publics ou libres.

Le conseil supérieur de l'instruction publique tient une séance ordinaire par trimestre ; il est convoqué par arrêté du ministre des cultes.

Le conseil supérieur est présidé par le ministre, et

en son absence, ou lui empêché, par un vice-président nommé chaque année par l'Empereur, et choisi parmi les membres de ce conseil; la présence de la moitié, plus un, des membres, est nécessaire pour la validité des délibérations. En cas de partage, si la matière n'est ni contentieuse, ni disciplinaire, la voix du président est prépondérante; si la matière est contentieuse, il est délibéré de nouveau, et si le partage se renouvelle, la voix du président est prépondérante. Si la matière est disciplinaire, l'avis favorable à l'inculpé prévaut.

Chaque année le conseil supérieur présente un rapport au ministre sur l'état général de l'enseignement. (Loi du 15 mars 1850, articles 1, 2, 3, 5; règlement d'administration publique du 29 juillet 1850, 1, 3 et 9.)

Décret du 9 mars 1852. — Aux termes du décret de 1852, *tous* les membres du conseil supérieur sont nommés *pour un an*, par décret de l'Empereur; la section permanente est remplacée par des inspecteurs généraux de l'instruction publique; le ministre préside le conseil et détermine l'ouverture des sessions, qui ont lieu au moins deux fois par an; le conseil est ainsi composé :

1° *Trois* membres du Sénat. 2° *Trois* membres du Conseil d'État. 3° *Cinq* archevêques ou évêques. 4° *Trois* membres des cultes non catholiques. 5° *Trois* membres de la Cour de cassation. 6° *Cinq* membres de l'Institut. 7° *Huit* inspecteurs généraux. 8° *Deux* membres de l'enseignement libre.

Tel est le droit actuel.

§ 2. *Conseils académiques.*

Loi de 1850. — Il y a une académie par département; elle est administrée par un recteur, assisté au besoin d'un ou plusieurs inspecteurs, et par un conseil académique.

L'évêque ou son délégué, et un ecclésiastique désigné par l'évêque, siégent au conseil académique.

Sont également appelés au conseil : un ministre de l'une des deux Eglises protestantes, désigné par le ministre de l'instruction publique, dans les départements où il existe une église légalement établie; un délégué du consistoire israélite, dans chacun des départements où il existe un consistoire légalement établi.

Le conseil est présidé par le recteur de l'académie et convoqué par lui. La présence de la moitié, plus un, des membres, est nécessaire pour la validité de ses délibérations.

Il est ainsi composé : 1º *Le recteur*, président. 2º *Un* inspecteur d'académie, un fonctionnaire de l'enseignement ou un inspecteur des écoles primaires, désigné par le ministre. 3º *Le préfet* ou son délégué. 4º *L'évêque* ou son délégué. 5º *Un* ecclésiastique désigné par l'évêque. 6º *Un* ministre des deux églises protestantes, désigné par le ministre, dans les départements où il existe une église légalement établie. 7º *Un* délégué de consistoire israélite, dans chacun des départements où il existe un consistoire légalement établi. 8º *Le procureur général* près la Cour impériale, dans les villes où siége une Cour impériale, et dans les autres villes, le *procureur impérial* près le tribunal de première instance. 9° *Un* membre de la Cour impériale, élu par elle, ou, à défaut de Cour impériale, un membre du Tribunal de première instance, élu par le tribunal. 10° *Quatre* membres élus par le conseil général, dont deux au moins pris dans son sein.

Pour le département de la Seine, l'archevêque de Paris ou son délégué; trois ecclésiastiques désignés par l'archevêque; un ministre de l'Eglise réformée, élu par le consistoire; un ministre de l'Eglise de la confession d'Augsbourg, élu par le consistoire; un membre du Consistoire israélite, élu par le consistoire, font partie du conseil académique.

Les membres des conseils académiques, dont la nomination est à l'élection, sont élus pour trois ans et indéfiniment rééligibles.

Voici quelles sont les principales attributions du conseil académique :

Il donne son avis : 1° Sur l'état des différentes écoles du département; — 2° sur les réformes à introduire dans l'enseignement et la discipline des écoles publiques; — 3° sur les budgets et les comptes administratifs des lycées, colléges et écoles normales primaires; — 4° sur les secours et encouragements à accorder aux écoles primaires; — 5° sur les règlements relatifs au service intérieur des lycées, colléges et écoles normales primaires; — 6° sur les règlements relatifs aux écoles publiques primaires; — 7° sur les récompenses à accorder par le ministre, sur la proposition du recteur, aux instituteurs primaires; — 8° sur la réunion de deux arrondissements d'inspection primaire en un seul; — 9° sur l'opportunité d'accorder des subventions et un local aux établissements l'enseignement libre, qui en font la demande aux communes, aux départements ou à l'Etat; — 10° sur l'objet et l'étendue de l'enseignement qui doit être donné dans chaque collége communal du département.

Il statue sur l'opposition formée d'office par le recteur à l'ouverture d'une école libre. (Art. 27 et 28 de la loi de 1850.)

Il dresse la liste d'admissibilité et d'avancement des instituteurs communaux, sur laquelle les conseils municipaux, investis, d'après la loi de 1850, du droit de les nommer, doivent faire un choix. Aux termes du décret du 9 mars 1852, ce droit appartient aujourd'hui au recteur de l'Académie. Les consistoires ont le droit de présentation aux conseils académiques, pour les instituteurs appartenant aux cultes non catholiques.

Si, un mois après la mise en demeure, le conseil municipal n'a pas fait son choix, conformément à la loi, sur la liste d'admissibilité, l'instituteur communal est nommé par le conseil académique. (Art. 31.) Cette attribution n'existe plus depuis que le recteur nomme seul les instituteurs communaux.

Il détermine les écoles publiques auxquelles, d'après le nombre des élèves, il doit être attaché un instituteur adjoint.

L'instituteur adjoint peut être nommé à l'âge de dix-huit ans. Il est révocable par l'instituteur, avec l'agrément du recteur. L'instituteur adjoint qui appartient aux cultes non catholiques reconnus, est nommé et révoqué par les chefs des consistoires. (Art. 34.) L'instituteur adjoint qui appartient à des congrégations religieuses enseignantes, est nommé et révoqué par les chefs de ces congrégations.

Il désigne les établissements d'instruction primaire, ou l'école normale du département, dans laquelle seront entretenus et préparés les *élèves-maîtres* destinés à l'enseignement.

Il propose, s'il y a lieu, la suppression des écoles normales primaires du département. (Art. 35.)

Il autorise une commune à se réunir à une ou plusieurs autres communes voisines pour l'entretien d'une école, ou il exige que l'instituteur communal donne en tout ou en partie à son enseignement les développements fixés par la loi.

Il dispense une commune de l'obligation d'entretenir une école publique, à la condition qu'elle pourvoira à l'enseignement primaire gratuit, dans une école libre, de tous les enfants dont les familles sont hors d'état d'y subvenir. (Art. 36.)

Il nomme les délégués cantonaux et détermine les écoles plus particulièrement désignées à leur surveillance. Ces délégués sont domiciliés dans le canton de leur inspection ; ils sont nommés pour trois ans ; ils peuvent être nommés de nouveau et indéfiniment ; ils sont révocables par le conseil académique.

Il nomme, dans les villes de deux mille âmes et au dessus, un ou plusieurs habitants préposés à l'inspection et à la direction morale des écoles primaires (Art. 42 et 44.)

Il nomme, chaque année, la commission d'examen chargée de juger publiquement, et à des époques déterminées par le recteur, l'aptitude des aspirants au brevet de capacité. Cette commission se compose de sept membres et choisit son président.

Un ministre du culte professé par le candidat doit en faire partie. (Art. 46.)

Il délivre des certificats de stage aux personnes qui justifient avoir enseigné, pendant trois ans au moins, les matières de l'enseignement primaire dans les écoles publiques et libres autorisées à recevoir des stagiaires. (Art. 47.)

Il force les communes qui ont des ressources à entretenir une école de filles, et en cas de réunion de plusieurs communes pour l'enseignement primaire, il décide, s'il y a lieu, et de l'avis du conseil municipal, que l'école des filles sera dans une commune et celle des garçons dans une autre. (Art. 51.)

Il autorise, s'il y a lieu, une école publique ou privée, à recevoir des enfants des deux sexes, quoiqu'il y ait dans la commune une école publique ou privée de filles. Ces autorisations sont indispensables. (Art. 52.)

Il autorise les instituteurs communaux à exercer une fonction administrative, comme par exemple, celle de secrétaire de la mairie. (Art. 52.)

Il prescrit, dans l'intérêt de la morale et de la santé des élèves, toutes les mesures nécessaires, ou qui sont indiquées par un règlement délibéré par le conseil supérieur, et qui doivent être prises par les personnes autorisées à ouvrir un pensionnat primaire. (Art. 53.)

Il désigne les instituteurs primaires chargés de diriger les écoles communales d'adultes et d'apprentis. Ces écoles peuvent être créées pour les adultes au-dessus de dix-huit ans, et pour les apprentis au-dessus de douze ans. (Art. 54.)

13

Il délivre des certificats de stage aux personnes qui demandent l'autorisation d'ouvrir un établissement particulier d'instruction secondaire. (Art. 61.)

Il propose, chaque année, au ministre, les membres du jury chargés d'examiner les aspirants au brevet de capacité pour l'instruction secondaire.

Un ministre du culte professé par le candidat et pris dans le conseil académique, s'il n'y en a pas dans le jury, doit y être appelé avec voix délibérative. (Art 62.)

Il veille à ce que les ministres des cultes reconnus ne donnent pas l'instruction secondaire à plus de quatre jeunes gens, destinés aux écoles ecclésiastiques, sans avoir satisfait aux prescriptions de la loi de 1850. (Art. 66.)

Il dispense, s'il y a lieu, les cours publics sur les matières de l'enseignement primaire ou secondaire, de tout ou partie des formalités de la loi de 1850. (Art. 77.)

Il fixe la rétribution scolaire à payer par les élèves des établissements publics d'instruction primaire.

Il prononce, en premier ressort, sur les affaires contentieuses relatives à l'obtention des grades, aux concours devant les facultés, à l'ouverture des écoles libres, au droit des maîtres, à l'exercice du droit d'enseigner. Il prononce encore sur les poursuites dirigées contre les membres de l'instruction secondaire publique et tendant à la révocation avec interdiction d'exercer la profession d'instituteur libre, et dans les cas déterminés par la loi de 1850, sur les affaires disciplinaires relatives aux instituteurs primaires publics ou libres. (Art. 14.) Ces attributions sont modifiées

par le décret du 9 mars 1852, en ce qui touche les concours, et abrogées en ce qui touche la révocation des
membres de l'enseignement secondaire public, qui est
prononcée par le ministre seul.

Il prononce contre tout chef d'établissement libre
d'instruction secondaire, contre toute personne attachée à l'enseignement ou à la surveillance d'une
maison d'éducation, traduite devant lui sur la plainte
du ministère public ou du recteur; il peut, dans ce
cas, prononcer contre la personne poursuivie et reconnue coupable, la peine de l'interdiction de sa profession à temps ou à toujours, sans préjudice de l'application des dispositions du Code pénal, s'il y a lieu.
Le condamné peut faire appel dans les quinze jours de
la notification de la décision du conseil académique;
l'appel est porté devant le conseil supérieur; il n'est
pas suspensif. (Art. 68.)

Il présente, chaque année, au ministre de l'instruction publique, et au conseil général, un exposé de la
situation de l'enseignement dans le département.
(Art. 16.) Telles sont les principales attributions des
conseils académiques.

Décret du 9 mars 1852. — Aux termes du décret
de 1852, le ministre de l'instruction publique, par délégation de l'Empereur, *nomme* et *révoque* les membres des conseils académiques qui proviennent de
l'élection, conformément aux dispositions de la loi
de 1850.

Il prononce directement et sans recours, contre les
membres de l'enseignement secondaire public, la réprimande devant le conseil académique; la censure
devant le conseil supérieur; la mutation; la suspen-

sion des fonctions, avec ou sans privation totale ou partielle de traitement, et la révocation.

Il propose à l'Empereur la nomination des professeurs titulaires des facultés.

Les recteurs, par délégation du ministre, nomment les instituteurs communaux, les conseils municipaux entendus.

De ces diverses prescriptions, il résulte des modifications essentielles à la loi de 1850, qui sont trop faciles à saisir pour que nous insistions davantage. Du reste, nous en avons déjà mentionné nominativement plusieurs.

§ 3. *De l'inspection.*

Tous les établissements d'instruction publique ou privée, primaire ou secondaire, sont soumis à la surveillance de l'État, et à l'inspection telle qu'elle est organisée par la loi du 15 mars 1850.

Les curés prennent part à l'inspection.

Il en est de même des pasteurs protestants et des délégués du culte israélite.

Cependant, les ministres des différents cultes n'inspectent que les écoles spéciales à leur culte, ou les écoles mixtes pour leur coreligionnaires, seulement. (Articles 18 et 19 de la loi du 15 mai 1850.)

L'inspection des écoles publiques s'exerce conformément aux règlements délibérés par le conseil supérieur.

L'inspection des écoles libres ne doit porter que sur la moralité, l'hygiène et la salubrité; elle ne peut porter sur l'enseignement que pour vérifier s'il n'est pas contraire à la morale, à la Constitution et aux lois. (Art. 21.)

Le chef d'établissement qui se refuserait à l'exercice de cette surveillance par les inspecteurs nommés par le Gouvernement, pourrait être traduit devant le tribunal de police correctionnelle et condamné à une amende de 100 fr. à 1,000 fr. En cas de récidive, la peine est de 500 fr. à 1,000 fr.; s'il encourt deux condamnations dans l'année, le jugement peut prononcer la fermeture de l'établissement. (Art. 22.)

Les autorités locales préposées à la surveillance et à la direction morale de l'enseignement primaire, sont, pour *chaque école*, le maire, le curé, le pasteur, ou le délégué du culte israélite; et dans les communes de deux mille âmes et au-dessus, un ou plusieurs habitants de la commune, désignés par le conseil académique.

Les ministres des cultes, selon les distinctions établies plus haut, sont spécialement chargés de surveiller l'enseignement religieux de l'école.

L'entrée de l'école leur est toujours ouverte.

Dans les écoles mixtes, chaque ministre du culte a son entrée libre pour surveiller les enfants qui appartiennent à sa religion.

Lorsqu'il y a dans la même commune des écoles séparées pour les divers cultes reconnus, les enfants ne doivent être admis dans l'école d'un autre culte que sur la volonté formellement exprimée par les parents. (Art. 44.)

Chaque année, le maire, de concert avec les ministres des différents cultes reconnus, dresse la liste des enfants qui doivent être admis gratuitement dans les

écoles publiques. Cette liste doit être approuvée par
le conseil municipal et arrêtée définitivement par le
préfet. (Art. 45.)

Pour compléter autant que le cadre de notre *Manuel*
nous le permet, l'article *Enseignement*, nous croyons
devoir donner, à la fin de ce volume, le texte des articles de la loi de 1850, du règlement d'administration publique, du décret de la même année, et le décret du 9 mars 1852, qui caractérisent plus spécialement le système actuel de l'enseignement public et
privé en France, et qui présentent une certaine utilité
pratique. On trouvera dans la partie de l'ouvrage réservée à la reproduction des lois, le texte complet des
dispositions législatives dont nous venons d'indiquer
les titres.

EXHUMATION.

Nul ne peut procéder ou faire procéder à une exhumation, si la loi ne lui en a conféré le droit, ou s'il
n'en a obtenu l'autorisation du pouvoir compétent.

Tout contrevenant peut être puni d'un emprisonnement de trois mois à un an et d'une amende de
16 fr. à 200 fr., sans préjudice des peines prononcées
contre les crimes ou délits qui seraient joints à celui-ci. (Code pénal, art. 360.)

Il peut y avoir lieu à exhumation dans trois cas :

1° Par ordre ou autorité de justice pour la recher-
che des crimes et délits; par exemple, pour livrer le
cadavre d'une personne homicidée ou empoisonnée à
l'examen des hommes de l'art, qui procèdent à l'au-
topsie ou à toute autre opération utile;

2° Par ordre de l'administration; par exemple, si l'inhumation a eu lieu sans autorisation, ailleurs que dans le cimetière; si elle n'a pas été faite dans la partie du cimetière réservée aux personnes professant le même culte que le défunt; si les règlements de police sur les cimetières ont été assez mal suivis pour qu'il y ait danger pour la santé publique, etc., etc.;

3° Sur la demande des familles; par exemple, lorsqu'il s'agit d'enlever le cadavre du terrain commun ou de la fosse commune, pour le placer dans un lieu distinct du cimetière qui a été concédé temporairement ou à perpétuité.

Les familles présentent la demande d'exhumation au maire de la commune, qui est compétent pour y faire droit.

Il n'y a pas de formalités déterminées à accomplir dans ce cas d'exhumation. Cependant, il importe que l'autorité veille : 1° à ce que toutes les précautions de science et de salubrité soient prises; 2° à ce qu'il soit dressé procès-verbal de l'opération. Il est d'usage que le maire, l'adjoint ou le commissaire de police, assistent à l'exhumation avec un parent du défunt ou son fondé de pouvoir, et qu'ils procèdent eux-mêmes à la rédaction du procès-verbal. Quand la famille du défunt veut faire exhumer son corps pour le transporter dans un cimetière autre que celui où il est enterré, dans une commune ou un département différent, l'autorisation de l'autorité supérieure est nécessaire.

ÉVÊQUE. — ÉVÊCHÉ.

Le culte catholique est exercé, sous la direction des

évêques, dans leurs diocèses; tout privilége portant exemption de juridiction épiscopale est aboli. (Art. 9 et 10 de la loi organique.)

L'évêque est nommé par décret de l'Empereur; il reçoit l'institution canonique du Saint-Père et prend alors le titre d'*élu;* la bulle d'institution, ou *provision,* est soumise à l'approbation du Gouvernement. L'autorisation de publier et d'exécuter cette bulle donne à l'évêque le *droit d'attache;* il prête, entre les mains de l'Empereur, le serment prescrit par l'article 6 du Concordat, et prend possession de son siége; il est installé et sacré dans les formes canoniques.

Nul ne peut être évêque s'il n'est âgé de trente ans accomplis et d'origine française. (Art. 16, L. org.)

Les autres conditions de capacité, de moralité, qui peuvent être exigées des candidats à l'épiscopat, sont énumérées dans l'article 17 de la loi organique et dans l'ordonnance du 25 décembre 1830. Nous avons eu déjà l'occasion de faire observer que l'exécution de ces dispositions législatives n'a point encore été régulièrement et exactement assurée; nous nous bornerons donc à renvoyer aux textes indiqués.

Fonctions, attributions, droits et devoirs de l'évêque.

Nul ecclésiastique ne peut porter les habits et ornements qui sont particuliers à l'évêque, dans l'exercice de ses fonctions.

En dehors de l'exercice de ses fonctions, l'évêque porte la croix pastorale et les bas violets.

Il prend le titre de *Monseigneur.* L'article 12 de la loi organique lui conférait le titre de *Citoyen* ou de *Monsieur;* l'usage lui a donné celui de Monseigneur.

« Il a droit aux honneurs civils et militaires fixés par les art. 1, 2, 3, 4, 5, 6, 7, 8, 9 et 10, titre XIX du décret du 24 messidor an XII, qui sont ainsi conçus :

«Art. 1er. Lorsque les archevêques et évêques feront leur première entrée dans la ville de leur résidence, la garnison, d'après les ordres du ministre de la guerre, sera en bataille sur les places que l'évêque ou l'archevêque devra traverser. — Cinquante hommes de cavalerie iront au-devant d'eux jusqu'à un quart de lieue de la place. — Ils auront, le jour de leur arrivée, l'archevêque, une garde de quarante hommes, commandée par un officier; et l'évêque, une garde de trente hommes, aussi commandée par un officier; ces gardes seront placées après leur arrivée.

« Art. 2. Il sera tiré cinq coups de canon à leur arrivée, et autant à leur sortie.

« Art. 3. Si l'évêque est cardinal, il sera salué de douze volées de canon, et il aura, le jour de son entrée, une garde de cinquante hommes avec un drapeau, commandée par un capitaine, lieutenant ou sous-lieutenant.

« Art. 4. Les cardinaux, archevêques ou évêques, auront habituellement une sentinelle tirée du corps-de-garde le plus voisin.

«Art. 5. Les sentinelles leur présenteront les armes.

« Art. 6. Il leur sera fait des visites de corps.

« Art. 7. Toutes les fois qu'ils passeront devant les postes, gardes ou piquets, les troupes se mettront sous les armes; les postes de cavalerie monteront à cheval; les sentinelles présenteront les armes; les tambours et trompettes rappelleront.

« Art. 8. Il ne sera rendu des honneurs militaires

13*

aux cardinaux qui ne seront en France, ni archevêques, ni évêques, qu'en vertu d'un ordre spécial du ministre de la guerre, qui déterminera les honneurs à leur rendre.

« Art. 9. Il ne sera rendu des honneurs civils aux cardinaux qui ne seront en France, ni archevêques, ni évêques, qu'en vertu d'un ordre spécial, lequel déterminera, pour chacun d'eux, les honneurs qui devront leur être rendus.

« Art. 10. Les archevêques ou évêques qui seront cardinaux recevront, lors de leur installation, les honneurs rendus aux grands-officiers de l'Empire ; ceux qui ne le seront point, recevront ceux rendus aux sénateurs. — Lorsqu'ils rentreront, après une absence d'un an et un jour, ils seront visités chacun par les autorités inférieures, auxquelles ils rendront la visite dans les vingt-quatre heures suivantes : eux-mêmes visiteront les autorités supérieures dans les vingt-quatre heures de leur arrivée, et leur visite leur sera rendue dans les vingt-quatre heures suivantes. »

L'évêque est le chef spirituel du diocèse ; son autorité s'étend sur tous les établissements religieux, communautés, congrégations, églises, chapelles publiques et privées, oratoires, etc., etc.; mais, en dehors du pouvoir disciplinaire, il n'a pas autorité temporelle et coactive sur les personnes.

Il appartient à l'évêque de régler la liturgie et de diriger l'enseignement religieux dans les établissements diocésains. Il est membre de droit du conseil académique.

Il exerce sur les ecclésiastiques de son diocèse une surveillance continue et un pouvoir disciplinaire absolu. Toutefois, ceux-ci peuvent se pourvoir contre ses décisions devant le prélat métropolitain ou devant le conseil d'État, selon les cas, et selon qu'ils font choix de la juridiction canonique ou de la juridiction civile.

Il surveille l'administration des biens affectés au culte.

Les lois organiques imposent à l'évêque deux devoirs principaux : 1° la résidence; 2° la visite pastorale. (Art. 20 et 22 de la loi organique.)

Il ne peut donc s'absenter et quitter son diocèse sans l'autorisation du Gouvernement; une obligation semblable, et même plus rigoureuse, est imposée à tous les fonctionnaires publics. La sanction de cette défense pourrait être la privation du traitement, conformément à l'un des canons du concile de Trente, sur l'obligation de la résidence.

La visite pastorale a été prescrite de tout temps. L'évêque doit la faire en personne, ou, en cas d'empêchement légitime, par l'un de ses vicaires généraux délégué; elle est annuelle et combinée de telle manière que, dans l'espace de cinq années, le diocèse tout entier soit visité. (Loi organique, art. 22.)

Le prélat peut accomplir sa visite pastorale dans la même année, ou dans moins de cinq ans; c'est un acte de zèle ou de conscience qui n'est point en opposition avec l'esprit de la loi.

Dans une lettre à l'Empereur, en date du 2 décembre 1806, le directeur des cultes, s'occupant des visites pastorales, s'exprimait ainsi :

« Les évêques, dans le cours de leurs visites, sont « obligés d'examiner si les églises sont garnies de tous

« les effets mobiliers nécessaires au service divin, et
« si les effets qui existent répondent à la décence qu'il
« faut garder dans les choses saintes ; aucune église
« paroissiale ou non paroissiale ne peut être sous-
« traite à l'inspection des évêques, puisqu'ils ont
« même le droit de visiter les chapelles particulières,
« les chapelles domestiques, et de les interdire si elles
« ne sont pas convenablement tenues.

« L'attention des évêques en visite ne doit pas se
« borner à l'examen des choses employées dans le
« service divin ; elle doit encore porter sur les per-
« sonnes. Ainsi : les curés et les autres ecclésiastiques
« ont-ils les mœurs et les qualités de leur état ? rem-
« plissent-ils exactement leurs fonctions ? Tout cela
« ne saurait être indifférent à la sollicitude pastorale,
« et conséquemment ne saurait être étranger à l'ins-
« pection des évêques. »

En principe, l'évêque est uni à son diocèse par un
lien indissoluble ; en fait, pour raisons de santé ou
pour toute autre cause valable, on admet les changements de résidence.

L'évêque peut évidemment donner sa démission ; il
est naturel de penser qu'elle doit être donnée à l'Empereur et au pape, qui ont concouru à sa nomination
dans les limites de leurs attributions respectives.

DE L'ÉVÊCHÉ.

Les évêchés sont rangés, par l'ordonnance du 2-14
avril 1817, parmi les établissements religieux qui
peuvent posséder et recevoir, aux termes de la loi du
2 janvier de la même année ; ils peuvent donc avoir

une dotation, constituer une *personne morale*, ayant capacité civile, en un mot, être assimilés dans cet ordre d'idées aux communautés religieuses, aux établissements d'utilité publique reconnus et autorisés régulièrement.

La dotation des évêchés se compose : 1º des biens qui leur sont donnés par l'État et de ceux qui leur sont légués par les particuliers; 2º de ceux acquis à titre onéreux par l'évêché; 3º du traitement et des indemnités alloués par l'État au titulaire; 4º de l'usufruit du palais épiscopal, du mobilier qu'il contient et des subventions départementales.

L'évêque est l'administrateur des biens de l'évêché, qu'il ne faut pas confondre avec les biens de la *cure*, dont l'administration appartient au curé, ni avec ceux de la *paroisse*, dont l'administration appartient à la fabrique.

Pour plus amples développements sur ce point, nous renvoyons aux mots BIENS ECCLÉSIASTIQUES, sous lesquels nous reproduisons la loi du 2 janvier 1817, et l'ordonnance du 2-14 avril de la même année; nous renvoyons encore au texte du décret du 6 novembre 1813. Ces lois sont entièrement reproduites à la fin du volume.

Palais épiscopal. — Mobilier.

L'État doit assurer aux évêques un logement convenable, qui prend le nom de *palais épiscopal;* il est exempt de la contribution foncière.

Le mobilier du palais épiscopal se compose : 1º des meubles meublants, tels que les glaces, les consoles, les secrétaires, tentures, lustres, etc., qui garnissent les salons de réception, la salle à manger et le cabinet du prélat ; 2° de l'ameublement d'un appartement d'habitation ; 3° du mobilier de la chapelle de l'évêché ; 4° des crosses épiscopales et des croix processionnelles des évêques.

Dans l'usage, on y ajoute l'ameublement de la chambre à coucher du prélat ; on répare ainsi une omission involontaire de la loi.

L'état et la valeur du mobilier des évêchés et archevêchés sont demeurés arrêtés par les inventaires dressés au 1er janvier 1819.

Les ameublements ont été successivement améliorés par les subventions de l'État, ou par des subventions départementales. Il a été pourvu par les mêmes moyens à leur entretien.

Chaque année, il est procédé par le préfet du département, ou par un conseiller de préfecture délégué, assisté de deux conseillers généraux, concurremment avec le titulaire, ou, en cas de vacance, avec le vicaire capitulaire administrateur du diocèse, au récollement du mobilier du palais épiscopal ; il est dressé procès-verbal de cette opération ; ce procès-verbal contient l'évaluation des sommes nécessaires pour achats de meubles et pour entretien ; il sert de bases aux propositions à faire ultérieurement, soit au conseil général, soit au ministre des cultes.

En cas de mutation par décès ou autrement, il est procédé à un semblable récollement et dans les mêmes formes : la succession du défunt, ou l'évêque qui quitte le siége, peut se faire représenter. Le procès-verbal est dressé en triple expédition : l'une reste dans les archives du secrétariat de l'évêché, la seconde est déposée à la préfecture, la troisième est transmise au ministre des cultes.

L'évêque n'est point responsable de la valeur des meubles; il est tenu seulement de les représenter. (Ordonnance du 7-23 avril 1819.)

Aux termes de l'ordonnance de 1819, le ministre des cultes ne peut autoriser les dépenses, pour accroissement du mobilier d'un évêché, qu'autant que sa valeur n'est pas égale à une année du traitement du titulaire. Cette prescription ne saurait être exécutée rigoureusement, parce qu'elle n'est point en justes rapports avec les exigences locales; du reste, dans la plupart des départements, les conseils généraux se font un devoir d'entretenir dignement les palais épiscopaux.

FABRIQUE.

La fabrique est le corps des administrateurs chargé de régir les biens et revenus d'une église paroissiale ou cathédrale, ou d'une chapelle vicariale.

Les fabriques nouvelles sont établies par l'article 76 de la loi organique, et réglementées par le décret du 30 novembre 1809 et l'ordonnance du 12 janvier 1825.

§ 1er. *Administration générale des fabriques.*

Les fabriques nouvelles ont pour devoir : de veiller à l'entretien et à la conservation des temples; — d'administrer les aumônes et les biens, rentes et perceptions autorisés par la loi et les règlements; — d'administrer les sommes supplémentaires fournies par les communes, et généralement tous les fonds qui sont affectés à l'exercice du culte; — d'assurer ainsi le maintien de la dignité dans les églises, en réglant les dépenses nécessaires et les moyens d'y pourvoir.

§ 2. *Conseil de fabrique; composition des conseils.*

Les conseils de fabrique sont divisés en deux classes : 1º Ceux des paroisses d'une population de cinq mille âmes et au-déssus; 2º ceux des paroisses d'une population inférieure.

Les premiers se composent de neuf membres *ordinaires*, pris parmi les *notables*, catholiques, domiciliés dans la commune, et des membres *de droit*.

Les seconds se composent de cinq membres *ordinaires*, et des membres *de droit*.

Sont membres de droit : 1º Le curé, qui a la *première* place au conseil (il peut se faire remplacer par un de ses vicaires); 2º le maire de la commune du chef-lieu de la cure ou succursale. Il peut se faire remplacer par un de ses adjoints, ou par un membre du conseil municipal, et *il doit se faire remplacer*, s'il n'est pas catholique. Le curé est placé à la droite du président du conseil et le maire à sa gauche.

Formation primitive des conseils.

Pour la première année de leur existence, c'est-à-dire pour 1810-1811, les conseils de fabrique ont été formés de la manière suivante : Dans les conseils composés de neuf membres ordinaires, cinq furent nommés par l'évêque et quatre par le préfet; dans ceux composés de cinq membres, trois furent nommés par l'évêque et deux par le préfet.

Renouvellement du conseil.

Depuis 1809 jusqu'en 1825, le renouvellement des conseils de fabrique ne fut point opéré avec régularité, conformément au décret du 30 décembre. L'ordonnance du 12 janvier 1825 mit fin à cet état de choses.

Les conseils de fabrique reçurent l'ordre de se réunir, chaque année, le dimanche de Quasimodo, pour procéder à leurs élections, en exécution des articles 7 et 8 du décret de 1809.

Voici comment s'opéra le renouvellement triennal : Après l'expiration des trois premières années, cinq membres des conseils de première classe, *désignés par le sort*, furent déclarés sortants; il en fut de même de trois membres des conseils de deuxième classe; un nombre égal de membres nouveaux fut nommé par les membres restants. Après les six ans révolus, les membres anciens des conseils de première et deuxième classe furent déclarés sortants et remplacés. Depuis cette époque du premier renouvellement, les membres les plus anciens, par séries de 5 et de 3, ou de 4 et de 2, selon la classe des conseils de fabrique, ont été, de trois ans en trois ans, considérés comme sortants et remplacés, sans tirage au sort. Les membres sortants peuvent être réélus.

S'il survient, par mort ou démission, une vacance dans le conseil, on procède ainsi : Le nouveau fabricien est élu par le conseil, à la *première* séance ordinaire, et seulement pour le temps d'exercice qui restait au membre qu'il remplace.

Si, un mois après le dimanche de Quasimodo, ou après la première séance ordinaire qui suit la vacance par mort ou par démission, le conseil n'a pas opéré le renouvellement triennal ou le remplacement partiel, *l'évêque diocésain nomme lui-même*. (Ordonnance du 12 janvier 1825.)

Séances des conseils.

Le conseil nomme au scrutin secret, à la majorité absolue des voix, en réunion de la moitié de ses membres, plus un, son président et son secrétaire. L'élection a lieu pour une année; elle se renouvelle à la séance suivante du dimanche de Quasimodo. Le président a voix prépondérante en cas de partage.

Le conseil s'assemble en séance *ordinaire* quatre fois par an : le dimanche de Quasimodo et les premiers dimanches de juillet, d'octobre et de janvier. Les réunions doivent avoir lieu à l'issue de la grand'messe ou des vêpres, et non pendant les offices religieux, dans l'église ou dans un lieu attenant à l'église ou au presbytère. L'avertissement de chacune des séances est publié le dimanche précédent, au prône de la grand'messe; dans l'usage, chaque membre est, en outre, convoqué par lettre du président.

Le conseil peut se réunir en séances extraordinaires, si les besoins de son administration l'exigent. Les assemblées extraordinaires sont ordonnées ou autorisées par l'évêque diocésain ou par le préfet, qui doivent se prévenir, réciproquement, des ordres ou autorisations qu'ils donnent à cet égard. (Décret de 1809 ; ordonnance de 1825.)

Révocation des conseils.

Le ministre des cultes, sur la demande de l'évêque et sur l'avis du préfet, peut prononcer la révocation d'un conseil de fabrique. Les causes de révocation sont : 1° Le défaut de présentation du budget ou de reddition des comptes, par négligence ou mauvaise volonté ; 2° des motifs graves de plainte.

Le conseil de fabrique révoqué est reconstitué dans les formes de l'article 6 du décret du 30 décembre 1809, prescrites pour la *composition primitive*, ainsi qu'il est expliqué ci-dessus.

Questions.

Qu'entend-on par *notables?* Ceux qui exercent des fonctions publiques ou des professions libérales, comme les magistrats, notaires, avoués, greffiers, huissiers, médecins, officiers de la garde nationale, des armées de terre et de mer, etc., etc., et ceux qui sont les plus *imposés* de la commune. Les individus en domesticité sont exclus de la classe des notables, quelle que soit leur fortune.

La condition du domicile réel dans la commune est-elle nécessaire pour exercer la fonction de membre d'un conseil de fabrique? Oui. La nature des affaires et le petit nombre des membres du conseil l'exigent.

Deux personnes parentes peuvent-elles faire partie

du même conseil de fabrique? Oui. La loi ne le défend pas.

Le parent du curé peut-il être fabricien? Oui. Par le même motif.

Le fabricien peut-il refuser la fonction qui lui est offerte? Sans aucun doute; c'est un principe de droit commun.

Le maire et l'adjoint peuvent-ils être membres du même conseil de fabrique, l'un comme membre élu, l'autre comme membre de droit? Oui. La loi ne le défend pas.

Comment délibèrent les fabriques pour la réélection triennal de leurs membres? Comment entendre cette disposition; qu'il faut, pour la validité des délibérations, le vote ou la présence de la moitié, plus un, de tous les membres? Au moment de la réélection, le conseil de fabrique se compose des membres *de droit* et des membres *restants*; c'est la moitié, plus un, de ces membres, qui doit prendre part à la délibération. Il nous semble, en effet, qu'on ne peut éloigner d'aucune opération du conseil les membres *de droit*. Cette opinion est controversée; on soutient que les membres *restants* sont les seuls qui participent à l'élection, au remplacement des membres *sortants*, par le motif que c'est la lettre de la loi.

Si le conseil ne s'est pas renouvelé régulièrement, ses délibérations sont-elles nulles? Non. L'administration souffrirait trop de l'inexécution d'une formalité non substantielle; d'ailleurs, une nullité non prononcée par la loi ne saurait être suppléée.

La voix du président est-elle prépondérante en matière d'élection? Non. Il serait contraire au principe de l'élection, et aux règles du scrutin secret, de décider autrement.

Le conseil de fabrique pourrait-il être révoqué sur la plainte des parties intéressées? Sans aucun doute. Le ministre a un libre droit d'action en pareille matière, et la demande de l'évêque ou l'avis du préfet n'est point la condition nécessaire de l'exercice de ce droit.

Le ministre pourrait-il révoquer *quelques-uns* des membres du conseil et non le conseil *tout entier?* Non. La loi ne lui donne pas ce droit; et ce n'est pas le cas de soutenir l'axiome : *Qui peut le plus peut le moins.* Souvent la révocation d'un membre du conseil est *plus* que la révocation du conseil tout entier; la première porte toujours atteinte à la personne; la seconde se confond avec les autres nécessités d'administration, sans atteindre les personnes. On trouve dans nos lois municipales des prescriptions semblables.

Le curé ou desservant de la paroisse, ou le maire de la commune, peut-il être élu président du conseil de fabrique? Non. Une circulaire du ministre des cultes, établit l'incompatibilité des fonctions de curé ou de maire, avec la présidence du conseil de fabrique. Cependant, comme aucune loi ne le défend, cette question est controversée. MM. Carré et Vuillefroy soutiennent la négative, en s'appuyant sur les décisions ministérielles et sur quelques termes du décret de 1809. Ils ajoutent : qu'il pourrait résulter des tiraillements fâcheux pour la bonne administration de la fabrique, et que l'*esprit* de la loi est conforme à cette opinion.

Pour l'affirmative, Monseigneur Affre invoque le silence de la loi et la faiblesse d'une décision ministérielle, qui n'est pas appuyée sur elle. Nous pensons que le maire, ou le curé, peut être élu président *en droit;* mais nous sommes convaincu, *qu'en fait,* il y a de graves inconvénients à donner à l'un ou à l'autre cette présidence et que le conseil de fabrique fait acte de prudence en n'appelant à la présidence ni le maire ni le curé.

Par qui seraient nommés le président et le secrétaire du conseil de fabrique constitué, en retard de faire ces nominations? Par l'évêque.

L'évêque pourrait-il interdire la réunion du conseil dans l'église? Selon Monseigneur Affre, oui ; cela paraît convenable.

Quid, des indications incomplètes, ou des manœuvres frauduleuses, qui auraient pour but ou pour effet d'éloigner certains membres du conseil, des assemblées extraordinaires? Elles rendraient les délibérations nulles. C'est l'application des principes généraux de droit et d'équité.

Les séances ordinaires ou extraordinaires des conseils, peuvent-elles durer plus d'un jour? Oui. Elles sont continuées pendant autant de jours que les travaux l'exigent, à moins qu'il n'en ait été ordonné autrement. C'est ce qui a lieu pour toutes les assemblées délibérantes.

Par qui sont dressés les procès-verbaux? Par le secrétaire. Ils sont signés par tous les membres ; ils peuvent y former opposition, s'ils sont inexacts, et même refuser leur signature. (Décision ministérielle de 1801, citée par Vuillefroy.)

En l'absence du président, à qui appartient la direction des délibérations? D'après le *Journal des Fabriques*, elle appartient au plus ancien fabricien, présent à la séance. D'après Monseigneur Affre, elle appartient au curé, et, à défaut du curé, au maire. La loi est muette sur ce point. Nous sommes disposé à adopter l'opinion du *Journal des Fabriques*, parce qu'elle ne peut entraîner aucune discussion, aucun tiraillement.

Quid, si une affaire mise en délibération intéresse l'un des membres du conseil? Il doit s'abstenir. C'est encore du droit commun.

§ 3. *Bureau des marguilliers.—Composition.*

Le bureau des marguilliers se compose : 1o Du curé ou desservant de la paroisse ou succursale, membre perpétuel et de droit, avec la *première* place; 2o de trois membres du conseil de fabrique, nommés par le conseil de fabrique, au scrutin secret, et à la majorité absolue des suffrages. Le bureau est renouvelé par tiers, chaque année; c'est-à-dire que, chaque année, un des trois membres *ordinaires* est dit *sortant*, et remplacé.

L'élection pour le renouvellement triennal du bureau a lieu dans la session du conseil de fabrique du dimanche de Quasimodo; s'il n'y est point procédé à l'époque fixée, la nomination appartient à l'évêque diocésain.

En cas de vacance, par mort ou démission, le conseil de fabrique y pourvoit dans sa plus prochaine séance ordinaire ou extraordinaire; s'il néglige de le faire dans le mois qui suit, l'évêque nomme.

Lors de la première formation du bureau, deux des trois marguilliers ordinaires sortent successivement par la voix du sort, à la fin de la première et de la seconde année; le troisième sort de droit à la fin de la troisième année; dans la suite, c'est le marguillier le plus ancien qui doit sortir.

Les membres du bureau nomment, entre eux, un président, un secrétaire et un trésorier.

Ils délibèrent au nombre de trois au moins; en cas de partage, la voix du président est prépondérante; toutes les délibérations sont signées par les membres présents.

Incompatibilité.

Ne peuvent être, en même temps, membres du bureau, les parents ou alliés jusqu'à et y compris le degré d'oncle et de neveu.

Marguilliers d'honneur.

Il peut être choisi par le conseil de fabrique deux marguilliers d'honneur, parmi les fonctionnaires publics domiciliés dans la paroisse; ils siégent au banc d'œuvre; ils ont entrée au bureau, avec voix consultative seulement.

Questions.

Le maire peut-il être nommé membre du bureau ? La loi ne le défend pas. M. Vuillefroy soutient la

négative, et il cite à l'appui de son opinion une décision ministérielle.

Si de deux parents, au degré incompatible, nommés au bureau, l'un des deux donne sa démission,
que devient la nomination de l'autre? Elle doit être
maintenue. (Avis du conseil d'État, du 9 mars 1832.)

Le président du conseil de fabrique peut-il être, en
même temps, président du bureau? Oui; s'il est
nommé d'abord membre du bureau par le conseil de
fabrique, rien ne s'y oppose.

Le président peut-il être choisi en dehors des membres du bureau? Non. (Argument de l'article 19 du
décret du 30 décembre 1809.)

Le trésorier peut-il être, en même temps, conseiller
municipal? Non, si la commune supplée à l'insuffisance des revenus de la fabrique par une subvention.
(Loi du 21 mai 1831, article 18; décision ministérielle
du 14 novembre 1837.)

Le curé peut-il être nommé président du bureau?
La loi ne le défend pas. Toutefois, dans la pratique,
la question est résolue négativement.

Le curé peut-il être nommé trésorier? Oui; mais,
en général, les supérieurs ecclésiastiques invitent
leurs subordonnés à s'abstenir de cette fonction, afin
d'éviter des débats fâcheux, à l'occasion des questions
d'intérêt et de deniers.

§ 4. *Attributions du conseil de fabrique.*

Les attributions du conseil de fabrique sont énumérées dans les articles 11 et 12 du décret du 30 décembre 1809.

Il choisit et renouvelle, dans son sein, les membres du bureau des marguilliers. Il délibère sur les matières suivantes : 1° Le budget de la fabrique; 2° le compte annuel du trésorier; 3° l'emploi des fonds excédant les dépenses, l'emploi du montant des legs et donations et le remploi des capitaux remboursés; 4° toutes les dépenses extraordinaires au delà de 50 francs dans les paroisses au-dessous de mille âmes, de 100 francs dans les paroisses d'une plus grande population; 5° les procès à entreprendre ou à soutenir, les baux emphythéotiques ou à longues années, les aliénations ou échanges, et généralement tous les objets excédant les bornes de l'administration ordinaire des biens des mineurs.

§ 5. *Attributions du bureau des marguilliers.*

Les attributions du bureau des marguilliers sont nombreuses; nous les classerons par numéros :

1° *Il prépare* les affaires qui doivent être portées au conseil; 2° *il exécute* les délibérations du conseil de fabrique, qui ont pour objet l'entretien journalier du culte pour le temporel; 3° *il veille* à l'exécution des fondations, sans toutefois s'occuper du *mode* d'exécution; 4° *il fournit* au trésorier la somme nécessaire pour l'huile, le pain, le vin, l'encens, la cire, et généralement tous les objets de consommation nécessaires à l'exercice du culte; 5° *il veille* à la conservation des ornements, des meubles et autres ustensiles de la sacristie; *il en ordonne* la réparation et il passe les marchés nécessaires à cet effet; 6° *il nomme* les prédicateurs sur la présentation du curé ou desservant, à la charge par eux d'obtenir l'autorisation de l'évêque ; 7° *il examine* les bordereaux trimestriels que doit fournir le trésorier ; 8° *il veille* aux réparations des édifices du culte ; *il ordonne* d'effectuer celles dont la valeur n'excède pas 50 francs, dans les communes d'une population de mille âmes, et celles dont la valeur n'excède pas 100 francs dans les communes d'une population supérieure ; 9° *il donne* son avis sur les dons et legs qui sont faits à la fabrique ; 10° *il passe* les baux emphythéotiques, les aliénations, les acquisitions, après *approbation* du conseil de fabrique, *avis* de l'évêque et *autorisation* du Gouvernement ; 11° *il soutient* les procès de la fabrique, après *autorisation* préalable de l'autorité compétente ; 12° *il règle* le prix des chaises ; 13° *il nomme* et *révoque* l'organiste, les sonneurs, bedeaux, suisses et autres serviteurs de l'église, sur la proposition du curé ou desservant, *dans les villes* (ce droit appartient au curé ou desservant *dans les campagnes*) ; 14° *il veille* à la conservation des titres de la fabrique et des autres objets qui lui appartiennent (le tout doit être renfermé dans une armoire à trois clefs, conformément aux articles 50 et 51 du décret de 1809) ; 15° *il dresse* les deux inventaires exigés par le même décret ; le premier contient l'état des ornements, des linges, des vases sacrés, de l'argenterie et des ustensiles en général ; le second contient un état des titres d'acquisitions de rentes, maisons ou autres biens-fonds, des fondations, des concessions de chapelles ou de bancs, des baux à loyer ou à ferme, des arrêtés et instructions de l'administration, des ordonnances, règlements et instruc-

tions de l'évêque, des titres et autres objets qui intéressent la fabrique.

§ 6. *Attributions spéciales du curé.*

Le curé ou desservant agrée les prêtres habitués et
leur assigne leurs fonctions;—il désigne le sacristain-
prêtre, le chantre-prêtre et les enfants de chœur; — il
règle le placement des bancs et chaises, sauf recours
à l'évêque; — il présente les prédicateurs à la nomination du bureau; — il propose la révocation, ou il
révoque, selon les cas, les sonneurs, bedeaux, suisses
et autres serviteurs de l'église;—il veille à l'exécution
des fondations pieuses; — il se conforme aux règlements de l'évêque, pour tout ce qui concerne le service divin, les prières, les instructions et l'exécution
des fondations.

Le curé ou desservant propose au bureau les dépenses nécessaires pour l'entretien du service divin.
L'état présenté 'contient le détail des dépenses; elles
sont portées en bloc au budget annuel; —il prévient
le bureau des réparations nécessaires à l'église; —il
a une des clefs de la caisse; — il a un double de l'inventaire du mobilier de l'église; — il signe chaque
année le récollement de cet inventaire;—il signe tous
les titres et pièces qui sont transcrits sur le dossier
ou le second inventaire; — il reçoit avis des notaires
de tous actes de donation, et de tous legs faits en faveur de la fabrique.

§ 7. *Attributions spéciales du trésorier.*

Il a *la garde* des dossiers et des titres de la fabrique;

— *il perçoit* les fonds qui appartiennent à la fabrique, à quelque titre que ce soit ; — *il rédige* le budget qui doit être soumis au conseil ; — *il fait* tous les actes conservatoires des droits de la fabrique, notamment: une sommation de payer, une surenchère, une demande d'apposition de scellés, une passation de titre nouveau ; toute saisie, toute inscription hypothécaire et renouvellement d'inscription, etc., etc.; quoiqu'il puisse généralement agir sans autorisation, dans ces divers cas, il fera prudemment de se faire autoriser par le bureau; — *il soutient* les procès et fait toutes diligences à cette fin ; — *il fait les menues dépenses,* pour achat de pain, vin, huile, encens, etc., réparations et blanchissage de linges et ornements, etc, etc. Pour satisfaire à cette obligation, le trésorier fait fixer approximativement par le bureau le chiffre de la dépense par chaque trimestre; s'il n'a pas entre les mains la somme nécessaire, il se fait autoriser à la prendre dans la caisse en y laissant son récépissé, ou bien il délivre un mandat aux fournisseurs; le curé ou desservant, ou le sacristain, certifie la fourniture ; le président du bureau signe et le mandat est acquitté à la caisse de la fabrique; — *il présente* tous les trois mois au bureau des marguilliers un bordereau signé de lui, établissant la position active et passive de la fabrique pendant les trois mois précédents.

Questions relatives aux § 4 et 5.

Qu'entend-on par bail emphythéotique? Tout bail dont la durée excède neuf ans et plus, spécialement

14*

celui dont la durée est fixée à quatre-vingt-dix-neuf ans.

Comment distinguer les *villes* des *communes rurales*, pour ce qui touche à la nomination et à la révocation des serviteurs de l'église? La loi est muette sur ce point. D'après le *Journal des conseils de fabrique*, c'est au ministre des cultes, de concert avec le ministre de l'intérieur, à décider la question pour chaque cas qui se présente. Ce n'est point là une solution, à notre avis; on peut, sans difficulté, dans l'espèce, considérer comme *villes*, proprement dites, celles où la nomination du maire est faite par décret de l'Empereur et laisser les autres villes sur la même ligne que les communes rurales. On aurait l'avantage d'avoir une base certaine qui serait la règle générale pour tous les bureaux des marguilliers; on pourrait encore prendre comme *villes*, celles dont la population excède cinq mille âmes.

S'il y a difficulté d'entente sur cette même question relative aux serviteurs de l'église, à qui doit-on recourir? Au conseil de fabrique, qui peut concilier, mais non décider. Si le désaccord continue, on est forcé de recourir au ministre.

Qu'entend-on par prêtres *habitués?* Ce sont les prêtres autorisés à célébrer le service divin, et à administrer les sacrements dans une paroisse, et à aider ainsi le curé dans son ministère.

Comment se prescrit l'action en reddition de compte d'une fabrique contre un ancien trésorier? Par un délai de trente ans; la prescription court contre l'action en reddition de compte de chaque compte annuel, à partir du jour où il aurait dû être rendu.

A qui appartient la police intérieure de l'église? Au curé ou desservant, en se conformant aux lois de l'État.

Le maire a-t-il le droit de prendre un arrêté pour faire apposer des affiches et placards des actes de l'autorité sur les murs extérieurs et les portes de l'église, sans le consentement du curé et de la fabrique? Oui. L'arrêté est indispensable. En fait, le maire doit s'appliquer à éviter un conflit sur ces sortes de questions, et n'agir que du consentement du curé et de la fabrique; mais on ne peut méconnaître le droit qui lui appartient.

Les particuliers ont-ils le droit d'apposer des affiches et placards à l'extérieur de l'église? Non. Ils s'exposent à des poursuites judiciaires pour défaut d'autorisation, et dans tous les cas le curé et le bureau peuvent ordonner l'enlèvement des affiches.

§ 8. *Des biens des fabriques.*

On distingue parmi les biens de fabrique : 1° Les biens-fonds et rentes *attribués* aux fabriques en vertu des décrets, ou *acquis* à titre de fondation ou à tout autre titre ; 2° les produits de ces mêmes biens, ainsi que celui des bancs, chaises, quêtes, troncs et autres oblations.

Biens-fonds et rentes.

Les biens *attribués* aux fabriques se composent : 1° Des anciens biens de la fabrique et des rentes qui étaient libres entre les mains de l'État, et qui avaient fait l'objet de la confiscation révolutionnaire (Arrêté du 7 thermidor an XI, art. 1er);

2° Des anciens biens des fabriques des églises supprimées;

3° Des biens chargés d'anciennes fondations ou de services anniversaires, faisant partie des revenus des églises;

4° De ceux provenant de fondations pieuses dues aux fabriciens;

5° De la rétribution que les hospices et les bureaux de bienfaisance, en possession de biens ou rentes chargés d'anciennes fondations, sont obligés de payer à la fabrique pour services religieux, en exécution de la loi du 4 ventôse an IX;

6° Des biens et rentes non aliénés provenant des fabriques et des chapitres des collégiales qui se trouvaient situés, si ce sont des biens, ou payables, si ce sont des rentes, dans la circonscription de la paroisse (Décret du 15 ventôse an XIII, art. 2);

7° Des biens non aliénés et rentes non transférées provenant des confréries établies précédemment dans l'église paroissiale ou dans les églises supprimées qui se trouvent dans les circonscriptions de la nouvelle paroisse;

8° Des édifices du culte, églises et presbytères des paroisses supprimées, non aliénés et situés dans la circonscription de la paroisse, ainsi que des églises et chapelles non aliénées des congrégations religieuses;

9° Des biens et rentes *célés* au domaine, et révélés au profit de la fabrique (Décret du 30 décembre 1809, art. 36);

10° Des domaines *usurpés* recouvrés par les fabriques.

Les questions qui se rattachent à l'énumération des biens des fabriques perdent de jour en jour leur intérêt. Il est évident que depuis 1809 toutes les démarches possibles ont été faites pour recouvrer tous ces éléments de dotation, et qu'aujourd'hui les biens qui ont échappé aux investigations demeurent prescrits entre les mains des possesseurs.

On a demandé, et cette question a encore une importance actuelle, si les fabriques devaient obtenir l'envoi en possession des biens qui leur avaient été attribués par l'arrêté du 17 thermidor an XI et par le décret de 1809, ou si elles étaient saisies *de plano*, de plein droit, par le fait seul de la promulgation de ces deux dispositions législatives.

La Cour de cassation et un grand nombre de cours impériales ont décidé que l'envoi en possession des fabriques était indispensable.

Quelques arrêts de cours impériales ont été rendus dans un sens contraire.

L'envoi en possession des fabriques est prononcé par des arrêts spéciaux des préfets, rendus sur l'avis du directeur des domaines et approuvés par le ministre des finances.

Les fabriques sont considérées comme des établissements d'utilité publique; elles peuvent, en conséquence, acquérir ou recevoir, avec l'autorisation du Gouvernement, tous les biens meubles, rentes et immeubles; ce sont les *biens acquis*.

Elles sont soumises à l'unique formalité de l'autorisation préalable, demandée et obtenue, conformément à la loi du 2 janvier 1817 et à l'ordonnance du 14 avril suivant. (*Voy.* Biens ecclésiastiques.)

On s'est demandé si les fabriques pouvaient acquérir ou recevoir, dans un but autre que celui de l'entretien du culte, par exemple, pour fonder une école, une salle d'asile? Le conseil d'État avait d'abord été d'avis de la négative, mais il est revenu sur cette jurisprudence, parce qu'elle ne s'appuyait, en effet, sur aucune raison sérieuse.

Une fabrique, comme tous les établissements religieux ou d'utilité publique reconnus par la loi, ne peut être autorisée à recevoir une donation avec réserve d'usufruit, au profit du donateur (ordonnance du 14 janvier 1831); pour elle, la durée de l'usufruit légué est restreinte à trente ans. (Art. 616 du Code Napoléon.)

§ 9. *Revenus des fabriques.*

Les revenus des fabriques se composent :

1° Du produit de tous les biens et rentes restitués ou acquis;

2° Du produit des biens, rentes et fondations qu'elles ont été autorisées à accepter;

3° Du produit des biens et rentes célés au domaine et qu'elles ont recouvrés;

4° Du produit spontané des terrains des cimetières (*Voy.* Cimetière);

5° Du prix de la location des chaises, tribunes et chapelles concédées (*Voy.* Bancs et Chaises, Chapelle);

6° Des quêtes faites pour les frais du culte (*Voy.* Quête);

7º De ce qui est trouvé dans les troncs placés pour aider aux frais du culte;

8º Des oblations faites à la fabrique (*Voy.* OBLA-TIONS);

9º Des droits perçus sur les frais d'inhumation, conformément au tarif arrêté par l'évêque (*Voy.* INHUMATION);

10º Du supplément donné par la commune, à titre de subvention.

Questions communes aux § 7 et 8.

Les fabriques peuvent-elles attaquer les aliénations faites par l'État, des biens qui leur appartenaient anciennement, alors qu'ils étaient devenus biens nationaux? Non. (Avis du conseil d'État, du 19 mai 1811.)

Qu'entend-on par biens *célés?* Ce sont les biens provenant du clergé, des corporations religieuses ou de toute autre origine, qui, étant devenus nationaux, n'ont cependant point été inscrits sur les registres de la régie des domaines, ni possédés par elle, et dont elle est censée ignorer l'existence. (Arrêté du 27 frimaire an XI.)

Qu'entend-on par domaines *usurpés?* Ce sont les biens confisqués et devenus nationaux, que les possesseurs détiennent à titre précaire, comme fermiers, locataires ou concessionnaires à tout autre titre.

L'envoi en possession que la fabrique doit obtenir, pour ses biens *attribués*, peut-il être suppléé par l'autorisation de plaider sur lesdits biens? Non. (Arrêt de la Cour impériale de Bastia, du 3 mai 1837.)

Quelles sont les preuves que doit fournir une fabrique, pour rentrer dans la propriété d'un bien célé, usurpé, ou dont la propriété lui est contestée? Les preuves admises par le droit commun, c'est-à-dire les actes d'acquisition, les baux et tous autres titres utiles, et la preuve testimoniale, dans les cas où elle est autorisée.

Les églises peuvent-elles être grevées des servitudes ordinaires de la propriété particulière, notamment, le voisin immédiat peut-il acquérir la mitoyenneté de l'un de ses murs? Non. (Arrêt de la Cour impériale de Toulouse, du 13 mai 1831.)

Une fabrique peut-elle recevoir un legs, à la charge de le transmettre à un autre établissement existant ou à fonder? Non. Le legs serait nul pour cause de substitution prohibée. (Article 896 du Code Napoléon; avis du conseil d'État, du 30 mars 1832.)

Un testateur peut-il donner à une fabrique la nue-propriété d'une chose, et à une autre fabrique l'usufruit de la même chose? Oui. Cette disposition ne rentre point dans les prohibitions de l'ordonnance de 1831. La fabrique légataire en usufruit jouira pendant trente ans. Après ce laps de temps, l'objet du legs reviendra à la fabrique légataire en nue-propriété.

Le donateur peut-il stipuler le retour des biens donnés, au profit de ses descendants, en cas de suppression de la fabrique? Non. Ce serait une substitution prohibée. Ce droit de retour ne peut être stipulé qu'en faveur du donateur seul. (Articles 896 et 951 du Code Napoléon; avis du conseil d'État, du 30 mars 1822.)

Le droit des pauvres s'étend-il sur la perception

extraordinaire, pour location de bancs et de chaises, faite dans une église, à l'occasion d'une messe en musique? Non. On ne peut, dans aucun cas, assimiler une église à une salle de spectacle.

Les fabriques ont-elles droit de percevoir une somme quelconque pour l'administration des sacrements? Non.

A qui appartiennent les cierges *offerts sur le pain bénit?* A la fabrique. Le trésorier doit les porter en recette. (Article 76 du décret de 1809.)

A qui appartient le cierge d'*offerte*, tenu à la main et donné par la personne qui présente le pain bénit? Au curé. (Décision du ministre des cultes, du 18 septembre 1835.)

A qui appartiennent les cierges délivrés pour les annuels? A la fabrique. (Article 76 précité.)

Quid pour les cierges des enterrements et services funèbres? Les cierges portés par les membres du clergé leur appartiennent; les autres cierges, placés autour du corps et à l'autel, aux chapelles et aux autres parties de l'église, appartiennent, savoir : une moitié à la fabrique et l'autre moitié au curé ou au clergé de l'église, qui y a droit. (Décret du 26 décembre 1813.)

Le curé peut-il prendre des arrangements avec la fabrique, pour une appropriation autre de la cire, de manière à ce que le service du culte soit mieux organisé et à moins de frais? Sans aucun doute. Ces conventions n'ont rien d'illicite, et elles rentrent dans les prévisions d'une sage administration.

A qui appartient le produit de la sonnerie? A la

fabrique. Il est fixé par un tarif dressé par le conseil et soumis à l'approbation de l'évêque.

§ 10. *Charges des fabriques.*

La fabrique est chargée : 1° De subvenir aux frais nécessaires du culte, savoir : de fournir les ornements, les vases sacrés, le linge, le luminaire, le pain, le vin, l'encens, les livres, etc., etc. L'étendue de cette obligation est déterminée, d'une manière générale, par les usages et les règlements de l'évêque; elle est fixée dans les limites *du possible*, par les ressources disponibles de la fabrique et subsidiairement de la commune;

2° Du paiement des vicaires, des sacristains, chantres, organistes, sonneurs, suisses, bedeaux et autres serviteurs de l'église, selon la convenance et les usages des lieux. (Article 37 du décret du 30 décembre 1809.)

3° Du paiement de l'honoraire des prédicateurs de l'avent, du carême et autres solennités (Art. 37);

4° Du paiement de la somme nécessaire à la décoration et à l'embellissement intérieur de l'église;

5° De veiller à l'entretien des églises, et, en cas d'insuffisance de ses revenus, de faire toutes diligences pour qu'il y soit pourvu par qui de droit.

Questions.

La fabrique doit-elle les ornements pour une confrérie, ou pour un prêtre non attaché à la paroisse? Non.

A qui appartient de décider de l'utilité ou de l'inutilité d'un vicaire? A l'évêque, après *délibération* des marguilliers et *avis* du conseil municipal. L'évêque *décide*.

Si dans le cas de nécessité d'un vicaire, reconnue par l'évêque, la fabrique n'est pas en état de payer le traitement, la décision épiscopale est adressée au préfet, et il est procédé comme il est dit en l'article 49 du décret, ainsi que nous l'expliquerons en parlant, plus bas, des charges des communes relatives au culte.

Il peut arriver que le conseil municipal, opposé à la création d'un vicariat, mais convaincu de son impuissance à l'empêcher *toujours*, se retranche dans des moyens dilatoires, pour *gagner du temps*, selon l'expression vulgaire; qu'ainsi, il renvoie de session en session à donner son avis, ou que, convoqué extraordinairement, pour délibérer sur cet avis, il déclare que la séance n'a pas suffi à la discussion et que rien n'est décidé. Pour prévenir cette opposition, qui pourrait durer assez longtemps et nuire aux intérêts du culte, il convient que l'arrêté du préfet, qui ordonne qu'il sera délibéré sur l'affaire, en séance ordinaire ou extraordinaire, porte en même temps que le conseil se prorogera de séance en séance et consécutivement, jusqu'à décision définitive.

Quelle est la nature des embellissements de l'église à la charge de la fabrique? La *nécessité* et les *ressources disponibles* sont les deux termes généraux de la solution de la question.

Comment doit-on entendre l'entretien de l'église à la charge de la fabrique? Cette charge comprend toutes les réparations, dans la limite de l'excédant de ses revenus sur les dépenses ordinaires du culte. En cas d'insuffisance, la commune intervient.

Comment les marguilliers doivent-ils pourvoir aux réparations à la charge de la fabrique? Le trésorier, qui est spécialement chargé de ce soin, pourvoit, immédiatement, *par économie*, c'est-à-dire sans adjudication, en payant lui-même aux ouvriers les réparations qui n'excèdent pas 50 francs, dans les paroisses dont la population est au-dessous de mille âmes, et de 100 francs, dans celles d'une population supérieure.

Si les réparations dépassent ces chiffres, le bureau fait son rapport au conseil de fabrique, qui peut autoriser les dépenses qui ne s'élèvent pas à plus de 100 francs, dans les paroisses au-dessous de mille âmes, et de 200 francs, dans celles d'une plus grande population.

Si les dépenses sont au-dessus de ces chiffres, l'autorisation du préfet est nécessaire; elle peut être donnée jusqu'à concurrence de 30,000 francs, pourvu que la somme soit prise, *exclusivement*, sur les revenus de la fabrique. Au-dessus de 30,000 francs, c'est le ministre des cultes qui autorise la dépense.

Les travaux à exécuter sont donnés en adjudication publique, et par soumissions cachetées.

Qu'adviendrait-il, si le curé, les fabriciens, les marguilliers ou le maire faisaient procéder aux réparations sans observer les formalités indiquées par la loi? Ils les paieraient sur leurs propres fonds, ou ils pourraient demeurer responsables de la dépense. (Ordonnance du 8 août 1821; instruction ministérielle du 12 août de la même année.)

§ 11. *Charges des communes relativement au culte.*

Les charges des communes relativement au culte
sont : 1º de suppléer à l'insuffisance des revenus de la
fabrique ; 2º de fournir au curé ou desservant un
presbytère, ou, à défaut de presbytère, un logement,
ou, à défaut de presbytère et de logement, une indemnité pécuniaire ; 3º de fournir aux grosses réparations
des édifices consacrés au culte,

Comment procède-t-on pour régulariser les dépenses à la charge de la commune ?

Dans les deux premiers cas indiqués, le budget de
la fabrique est soumis au conseil municipal, convoqué à cet effet, afin d'établir l'insuffisance des revenus.

Le conseil municipal délibère ; cette délibération est
envoyée au préfet, qui la communique à l'évêque diocésain, pour avoir son avis. Si l'évêque et le préfet ne
sont pas du même avis, sur la suite qu'il convient de
donner à l'affaire, ils en réfèrent au ministre des
cultes.

S'il s'agit de réparations de bâtiments, de quelque
nature qu'elles soient, et que la dépense ordinaire arrêtée par le budget de la fabrique ne laisse pas de
fonds disponibles, ou n'en laisse pas de suffisants pour
ces réparations, on procède d'une autre manière.

Le bureau des marguilliers fait son rapport sur la
situation, au conseil de fabrique ; le conseil de fabrique demande, par une délibération, qu'il soit pourvu
à l'insuffisance des fonds par la commune ; cette délibération est adressée au préfet par le trésorier.

Le préfet nomme des gens de l'art, qui dressent un

devis estimatif des travaux en présence d'un marguillier et d'un conseiller municipal, désignés par l'arrêté; le préfet soumet ce devis au conseil municipal, qui donne son avis; puis il ordonne, s'il y a lieu, que les réparations seront faites aux frais de la commune, et qu'il sera procédé à l'adjudication en la forme ordinaire.

Si les revenus communaux sont insuffisants pour couvrir les dépenses réclamées par la fabrique, le conseil municipal délibère sur les moyens d'y pourvoir.

Si le conseil municipal refuse de voter la dépense, et qu'elle soit portée d'office au budget, il y est fait face au moyen d'une contribution extraordinaire établie par décret impérial, dans les limites du *maximum* déterminé annuellement par la loi des finances. Si ce *maximum* était dépassé, il y aurait lieu de recourir à une loi pour établir la contribution extraordinaire.

Le conseil municipal peut-il demander une réduction sur les dépenses ordinaires du culte, qui sont généralement réglementées par l'évêque? Oui.

Peut-il s'opposer à l'établissement d'un vicaire? Oui.

Dans quelle forme doit-il manifester son opposition? Par une délibération motivée.

Qu'arrive-t-il si l'évêque décide, dans les deux cas ci-dessus, contre la demande ou l'opposition du conseil municipal? Le conseil municipal peut s'adresser au préfet et lui transmettre toutes les pièces de l'affaire; le préfet adresse, s'il y a lieu, le dossier au ministre des cultes, et il est statué ce qu'il appartient, par décret impérial rendu en conseil d'Etat.

Quid s'il est reconnu que la commune ne peut pourvoir aux dépenses demandées? Il est alloué à la commune, sur le rapport du ministre des cultes, un secours pris sur le fonds commun.

Tous les conseils municipaux des communes, ou sections de communes intéressées à la solution de ces questions, c'est-à-dire qui sont réunies à une même paroisse pour les dépenses du culte, doivent-ils être consultés séparément? Oui ; c'est leur droit commun.

Budget.

Chaque année, il est dressé un budget des recettes et dépenses de l'église et des recettes et dépenses de la fabrique, pour être présenté au conseil.

S'il y a balance, il est approuvé par le conseil ; —s'il y a excès des dépenses sur les recettes, il est communiqué au conseil municipal, avec demande de secours.

Voici quelle doit être la forme du budget.

Chaque année, le curé ou desservant présente au bureau un aperçu des dépenses nécessaires à l'exercice du culte ; cet état est approuvé, article par article, par le bureau et porté, *en bloc*, au budget général, sous la désignation de *dépenses intérieures*. Les articles non approuvés ou modifiés, restent à telle fin que de droit, sur l'état détaillé fourni par le curé, qui doit être annexé au projet de budget.

Le budget contient les recettes et les dépenses de l'église. Les recettes sont inscrites aux chapitres qui leur sont réservés, à la date de leur rentrée. La classification de ces chapitres ne peut être uniforme, car elle varie avec l'importance et la nature des ressources des fabriques.

Les articles de dépenses sont classés dans l'ordre suivant : 1º Les frais ordinaires de la célébration du culte; 2º les frais de réparation des ornements, meubles et ustensiles d'église; 3º les gages des officiers et serviteurs de l'église; 4º les frais de réparations locatives.

L'excédant des revenus sur ces dépenses acquittées, doit servir, d'abord, au traitement des vicaires régulièrement établis, puis aux grosses réparations des édifices affectés au service du culte.

Ce budget, ainsi composé, est soumis au conseil de fabrique dans la séance du dimanche de *Quasimodo*.

Il est envoyé à l'évêque diocésain, pour avoir son approbation.

§ 12. *Administration des biens des fabriques.*

L'administration des biens des fabriques comprend : 1º Les baux, locations et régie des biens; 2º les acquisitions; 3º les aliénations; 4º les remboursements des rentes et capitaux et l'emploi et remploi des deniers divers; 5º les emprunts; 6º les actes conservatoires. Nous examinerons successivement chacune de ces divisions.

Indiquons d'abord la règle générale d'administration : Toute fabrique doit avoir une caisse ou armoire fermant à trois clefs, où sont déposés ses titres, deniers, papiers, documents, registres, pièces justificatives, etc., et les clefs des troncs; une des clefs reste dans les mains du trésorier, la seconde dans celles du curé ou desservant, la troisième dans celles du président du bureau.

On ne peut distraire aucune somme ni aucune pièce, de la caisse, sans l'autorisation du bureau des marguilliers, et sans y laisser le récépissé de la partie prenante.

Le récépissé fait mention de la somme ou de la pièce retirée, de la délibération du bureau qui a autorisé la mesure, du nom et de la qualité de la personne qui l'opère et, autant que possible, des causes mêmes du retrait.

Le secrétaire du bureau doit tenir un registre sommier, sur lequel il inscrit, par numéros et par ordre de dates, les actes de fondation, les titres de propriété de la fabrique, les baux passés par elle, la date de sortie ou de rentrée des pièces retirées de la caisse sur récépissé.

Sur un second registre coté et paraphé par le président, il mentionne le montant des fonds perçus pour le compte de la fabrique, à quelque titre que ce soit, au fur et à mesure de leur rentrée. Ce registre demeure entre les mains du trésorier.

L'évêque et le préfet doivent veiller à ce que les fabriques soient pourvues de leur caisse de sûreté, conformément à l'article 50 du décret de 1809.

Baux, locations et régie de biens.

La fabrique donne à ferme ou à loyer les biens immeubles qui font partie de sa dotation. Les baux des biens *ruraux* peuvent être faits pour dix-huit années et au-dessous. Les baux des autres biens im-

15*

meubles ne peuvent dépasser neuf années. (Art. 62 du décret de 1809; loi du 25 mai 1835.)

Voici quelles sont les formalités à accomplir :

1° Le bureau dresse un cahier des charges qui contient toutes les clauses et conditions du bail.

2° Ce cahier des charges est adressé par le trésorier au sous-préfet; le sous-préfet le transmet au préfet, avec son avis; le préfet consulte l'évêque et approuve ou modifie le cahier des charges, fixe le jour de l'adjudication et désigne le notaire qui doit la recevoir.

3° Un mois avant l'adjudication, le trésorier fait apposer des affiches, chaque dimanche, à la porte de l'église paroissiale et à la porte des églises voisines et fait faire les insertions dans les journaux.

4° Au jour indiqué pour l'adjudication, il y est procédé par le notaire désigné par le préfet, en présence du trésorier et d'un membre du bureau.

5° L'adjudication, pour être définitive, doit être approuvée par le préfet; à cet effet, elle lui est transmise par la voie hiérarchique, comme le cahier des charges. (Ordonnance du 7 octobre 1818; loi du 15 mai 1818, art. 18.)

6° Le bail est soumis à l'enregistrement vingt jours, au plus tard, après l'approbation du préfet.

Questions.

Les baux des fabriques emportent-ils, de plein droit, hypothèque sur les biens du preneur? Non. La constitution d'hypothèque doit être stipulée dans les formes du droit commun; cette stipulation est exigée, non-seulement sous peine de nullité de tout droit d'hypothèque, mais encore sous peine de nullité du bail lui-même. (Décret du 12 août 1807.)

Comment peut être modifiée, changée ou radiée une inscription hypothécaire prise au profit d'une fabrique? Avec l'autorisation du conseil de préfecture et dans les formes ordinaires du droit commun. La fabrique est assimilée aux établissements publics et aux hospices. (Décret du 11 thermidor an XII.)

Un membre du bureau peut-il se rendre adjudicataire de la ferme des biens de la fabrique? Non. (Art. 61 du décret de 1809; art. 5 de l'ordonnance du 7 octobre 1818.)

La fabrique peut également jouir de ses biens immeubles par *la voie de régie*.

Mais elle doit, pour cela, obtenir l'autorisation du préfet, du ministre ou de l'Empereur, selon la valeur des revenus; ainsi, au-dessous de la somme de 1,000 francs, le préfet peut autoriser; au-dessous de 2,000 francs, l'autorisation émane du ministre des cultes; au-dessus de 2,000 francs, un décret impérial est nécessaire.

Pour ce qui a rapport à la location ou à la régie des bancs et chaises, *voy.* ces mots.

Acquisitions.

Aux termes de la loi du 2 janvier 1817, et de l'ordonnance du 14 avril suivant, les fabriques étant des établissements publics, autorisés et reconnus par le décret du 30 décembre 1809, peuvent acquérir à titre onéreux, avec l'autorisation du Gouvernement.

Voy., pour les formalités à accomplir, les mots : Biens ecclésiastiques et Communautés religieuses.

Toutefois, ces formalités générales doivent se combiner avec les dispositions de l'ordonnance du 27 décembre 1846, desquelles il résulte que, dans les cas où les acquisitions, aliénations, concessions, échanges, baux à longs termes, emploi des capitaux à faire par les établissements publics, auxquels sont assimilées les fabriques, n'auront donné lieu à aucune réclamation de la part des tiers, les décrets d'autorisation seront immédiatement soumis à l'Empereur, après avoir été délibérés dans les comités du conseil d'État. (Nous reproduisons le texte de cette ordonnance à la fin du volume.)

Les fabriques peuvent également acquérir à titre gratuit, c'est-à-dire recevoir des dons et legs avec l'autorisation du Gouvernement ; elle est sollicitée et accordée dans les formes prescrites par les lois précitées ; l'évêque et le préfet sont préalablement consultés.

Le notaire devant lequel il aura été passé un acte contenant donation entre vifs ou disposition testamentaire au profit d'une fabrique, sera tenu d'en donner avis au curé ou desservant. (Art. 58 du décret de 1809.)

L'acte, ou plutôt l'expédition de l'acte contenant donation, est remis par le notaire au trésorier, qui en fait son rapport à la prochaine séance du bureau.

La fabrique délibère et émet son avis sur la question d'acceptation ou de refus du legs.

Cette délibération est transmise au préfet par le trésorier.

Le préfet en confère avec l'évêque.

S'il s'agit d'une donation ou d'un legs mobilier dont la valeur n'excède pas 300 francs, il peut accorder ou refuser l'autorisation.

Si le don ou legs mobilier est d'une valeur plus considérable, ou s'il s'agit d'un don ou legs d'immeubles, le préfet transmet les pièces au ministre des cultes.

Le décret d'autorisation est délibéré dans les comités du conseil d'État, et soumis à l'Empereur, si la valeur des dons et legs n'excède pas 50,000 francs, et s'ils n'ont donné lieu à aucune réclamation de la part des héritiers ou des tiers; dans le cas contraire, elle est délibérée en assemblée du conseil d'État. (Ordonnance du 27 décembre 1846.)

Questions.

Les fabriques peuvent-elles recevoir des legs universels, ou à titres universels? Sans aucun doute. La prohibition de l'article 3 de la loi du 24 mai 1825, s'applique aux communautés religieuses de femmes et ne peut être appliquée aux fabriques par voie d'assimilation, car c'est une exception de droit étroit. Du reste, les motifs qui ont déterminé le législateur à éloigner les communautés religieuses de femmes, des discussions d'intérêts qui suivent souvent l'appropriation des legs universels, ou à titres universels, par les légataires, n'existent point pour les fabriques, dont les membres sont généralement des laïques.

Les dons manuels faits aux fabriques sont-ils soumis à la nécessité de l'autorisation? Non. En droit commun, ces sortes de dons ne sont pas soumis aux mêmes formalités que les donations entre vifs ordinaires, d'où il faut conclure, *à fortiori*, qu'en thèse générale, ils ne sont pas davantage soumis à l'autorisation. Cependant, il ne faut pas se dissimuler que cette théorie est dangereuse, et que s'il se présentait une espèce, où l'héritier légitime aurait été *induement* et entièrement dépouillé par son auteur, au moyen de *dons manuels* faits à la fabrique, le conseil d'État se prononcerait très-certainement pour la nécessité de l'autorisation. Il faut conclure de là, que le don manuel qui est dans de justes proportions avec la fortune et la condition du donateur, est le seul qui doit être considéré comme absolument dispensé de l'autorisation du Gouvernement pour être accepté.

La fabrique peut-elle accepter une donation *provisoirement*, avant l'autorisation du Gouvernement? Non. Ce droit ne lui est accordé par aucune loi : toutefois, cette question est fort controversée. L'acceptation d'un don ou legs, à charge de services religieux, peut-elle être autorisée avant *l'approbation* provisoire de l'évêque diocésain? Non. (Article 20, ordonnance des 2-14 avril 1817.)

Une fabrique peut-elle réclamer l'envoi en possession d'un legs, avant d'avoir été autorisée à l'accepter? Non. (Ordonnance du 7 mai 1823.)

Qui doit accepter les dons et les legs faits à la fabrique? Le trésorier. (Ordonnance des 2-14 avril 1817, art. 3.)

Quelles sont les règles applicables aux fabriques pour l'acceptation des donations entre vifs et des legs? L'autorisation préalable du Gouvernement est une obligation *spéciale* imposée aux fabriques; elles doivent, *en outre*, se conformer à toutes les autres prescriptions de notre droit civil, à peine de nullité, de déchéance et de dommages-intérêts contre les administrateurs, s'il y a eu négligence ou faute grave de leur part.

Remboursement des rentes; emploi et remploi des capitaux.

Les particuliers débits-rentiers des fabriques ont le droit d'opérer le remboursement du capital de leur rente, en prévenant les marguilliers au moins un mois à l'avance, afin qu'ils puissent se précautionner d'un nouveau placement; par une conséquence nécessaire, les marguilliers ont le droit de recevoir ces capitaux, sans autorisation *préalable* du Gouvernement. (Avis du conseil d'État, du 21 décembre 1808; — Cassation, 11 vendémiaire an X.)

Mais ils doivent se préoccuper, le plus tôt possible, d'opérer le remploi de ces fonds, soit en rentes sur l'État, soit en acquisitions d'immeubles, soit autrement.

Si la somme remboursée est insuffisante pour opérer un remploi avantageux, et si on prévoit que dans les six mois suivants il rentrera des fonds disponibles, elle reste en caisse.

Dans le cas contraire, le conseil délibère sur le mode d'emploi ou de remploi qui convient, et sur le vu de sa délibération sur cet objet, qui lui est transmise par le trésorier, le préfet ordonne ce qu'il croit être le plus avantageux. (Décret de 1809, art. 63; décret du 21 décembre 1808.)

S'il s'agit de remploi en acquisition de rentes sur l'État, il ne faut pas perdre de vue que, d'après l'ordonnance du 14 janvier 1831, les transferts et inscriptions de rentes sur l'État, au profit d'une fabrique, qui est assimilée à un établissement ecclésiastique, ne peuvent être effectués qu'autant qu'ils ont été autorisés par un décret impérial, dont la fabrique doit présenter, par l'intermédiaire de son agent de change, expédition en due forme au directeur du grand-livre de la dette publique. (Art. 1er.)

Sous l'empire du décret du 21 décembre 1808, les transferts et inscriptions des rentes sur l'État étaient effectués sans l'autorisation du Gouvernement.

Si la fabrique choisit le remploi par voie de constitution de nouvelle rente sur des particuliers, l'autorisation du Gouvernement lui est encore nécessaire. (Article 2 de l'ordonnance de 1831.)

Si la fabrique opère le remploi en biens fonds, elle doit accomplir les formalités indiquées pour les acquisitions ordinaires.

De quelle manière doit se faire l'emploi et le remploi des fonds provenant des coupes extraordinaires des bois appartenant aux fabriques? L'ordonnance du 22 novembre 1826, insérée au *Bulletin des Lois*, le 28 septembre 1835, porte ce qui suit : « A l'avenir, les « fonds provenant des coupes extraordinaires, adju- « gées dans les quarts de réserve des bois appartenant « aux fabriques et autres établissements ecclésiasti- « ques, et dont, aux termes des ordonnances royales « des 5 septembre 1821 et 31 mars 1825, le montant

« était placé en partie au Trésor royal et en partie à la
« Caisse des consignations, seront recouvrés en tota-
« lité par les receveurs généraux des finances, à titre
« de placement en compte courant au Trésor royal,
« pour être tenus, avec les intérêts qui en provien-
« dront, à la disposition des établissements ci-dessus
« rappelés, sur la simple autorisation des préfets. »

Aliénations.

L'acte par lequel une personne transfère à une autre personne la propriété totale ou partielle de son
fonds ou de sa chose, est une aliénation. Les fabriques ne peuvent aliéner tout ou partie de leur dotation immobilière sans l'autorisation du Gouvernement.

En pareil matière, les deux actes qui influent, d'une
manière toute particulière, sur la détermination du
Gouvernement, sont : l'avis de l'évêque et la délibération du conseil de fabrique.

On joint à la demande d'autorisaton le procès-verbal d'expertise de l'immeuble à aliéner, et en général
toutes les pièces qui sont de nature à faire apprécier
les bénéfices que la fabrique doit retirer de l'opération.

En général, la vente a lieu aux enchères publiques;
ce n'est point une condition absolue de sa validité, et
l'on peut adopter un mode d'aliénation plus avantageux, si cet avantage est bien constaté.

Echanges.

L'échange est un mode d'aliénation qui ne peut-être consenti par une fabrique qu'avec l'autorisation du Gouvernement, demandée et obtenue dans les mêmes formes que s'il s'agissait d'une vente ordinaire. L'expertise préalable doit porter sur la valeur de l'immeuble échangé et sur celle de l'immeuble offert en échange. Si la fabrique paie une soulte d'échange, c'est-à-dire si elle donne à son coéchangiste son immeuble, plus une somme d'argent, il y a lieu d'adresser son budget en communication au préfet.

Transactions.

La transaction proprement dite est un arrangement qui intervient entre les parties, et qui met fin à un procès déjà intenté, ou à un procès sur le point d'être entamé.

Les fabriques ne peuvent transiger qu'avec l'autorisation du Gouvernement.

Le conseil de fabrique délibère sur le mérite de la transaction, et formule son avis; le trésorier adresse la délibération au préfet. Cette délibération est soumise à l'examen de trois jurisconsultes, et transmise, avec les autres pièces du dossier, au ministre des cultes.

Si l'évêque et le préfet sont d'avis d'autoriser la transaction, ainsi que les jurisconsultes, le décret est délibéré en comités du conseil d'État et soumis à l'Empereur; dans le cas contraire, il est délibéré en assemblée générale du conseil d'État.

Arbitrage.

Lorsque les parties s'engagent, par un compromis,

à soumettre la décision d'un procès né ou à naître, à des arbitres choisis par elles, il y a arbitrage, c'est-à-dire création volontaire d'une juridiction exceptionnelle. Ce mode de procéder est complétement interdit aux fabriques, par l'application des articles 83, 1000 et 1004 du Code de procédure civile.

Hypothèque. — Servitudes.

Les droits d'hypothèque, de servitude, d'usufruit et d'usage constituent, à divers degrés, des démembrements de la propriété, des aliénations totales ou partielles; par conséquent, ils ne peuvent être conférés par les fabriques sur les biens de leur dotation, sans l'autorisation du Gouvernement, sur l'avis de l'évêque et du préfet.

Coupes d'arbres.

Les coupes d'arbres rentrent dans la classe des aliénations que les fabriques ne peuvent consentir sans une autorisation spéciale. S'il s'agit d'arbres épars, ou considérés comme produits spontanés des cimetières, l'autorisation du préfet suffit. S'il s'agit d'arbres faisant partie de forêts soumises au régime forestier, les fabriques doivent se pourvoir devant l'administration des forêts, dans les formes ordinaires prescrites par le Code forestier.

Tourbières.

Si la fabrique veut procéder à l'exploitation d'une

tourbière dont elle est propriétaire, elle doit solliciter l'autorisation du ministre des cultes. A cet effet, le conseil de fabrique délibère sur la question et adresse sa délibération au préfet, qui sollicite l'autorisation. Le trésorier veille à l'exécution des conditions portées à l'arrêté ministériel et aux arrêtés spéciaux qui régissent la matière.

Emprunts.

Les emprunts faits par les fabriques ne sont valables qu'autant qu'ils ont été autorisés par un décret impérial, délibéré en comités du conseil d'État.

La délibération du conseil de fabrique, qui a pour objet de solliciter l'autorisation d'emprunter, doit constater :

1º La nécessité de l'emprunt ;

2º Sa quotité ;

3º Les conditions auxquelles il est offert ;

4º L'emploi auquel il est destiné ;

5º Les moyens de remboursement.

Cette délibération est soumise au conseil municipal, qui donne son avis.

Les pièces sont adressées au sous-préfet, qui formule également son avis.

Le dossier est transmis au ministre des cultes par le préfet du département.

L'évêque et le préfet se prononcent sur la question d'opportunité ou d'inopportunité de l'emprunt.

Les emprunts contractés sans autorisation sont nuls à l'égard de la fabrique, qui peut proposer le moyen en justice ; ils ne sont pas nuls à l'égard des tiers em-

prunteurs, qui doivent supporter les conséquences de
leur négligence. Toutefois, les fabriques seraient tenues au remboursement jusqu'à concurrence seulement du bénéfice constaté qu'elles auraient retiré de
l'emprunt; c'est là un principe d'équité qui ne saurait
être méconnu.

Actes conservatoires.

Nous avons déjà eu occasion de dire que le trésorier
est tenu de faire tous les actes conservatoires, pour le
maintien des droits de la fabrique, et toutes les diligences nécessaires pour le recouvrement de ses revenus. (Décret du 30 décembre 1809, art. 78.)

Nous avons dit, et nous répétons, que le trésorier
peut, en général, agir spontanément, mais qu'il fera
acte de prudence en sollicitant l'autorisation du conseil, dans tous les cas où l'acte conservatiore serait de
nature à entraîner la fabrique dans une discussion
judiciaire.

§ 12. Apurement des comptes.

Outre les comptes trimestriels, le trésorier est tenu
de présenter un compte annuel des recettes et dépenses de la fabrique, dressé conformément aux articles
82 et 83 du décret du 30 décembre 1809; ce compte
est présenté et communiqué au bureau des marguilliers, dans la séance du 1er dimanche de mars; les
marguilliers font au conseil de fabrique, dans la séance
du dimanche de *Quasimodo*, le rapport du compte, qui
est examiné et clos dans cet séance; elle peut être

prorogée, à cet effet, au dimanche suivant, si cela est nécessaire.

Les articles contestés n'empêchent point la clôture du compte; ils sont simplement réservés, pour être réglés ultérieurement par décisions de l'autorité compétente.

Le reliquat du compte et des pièces propres à assurer le recouvrement des revenus et la perception régulière des recettes, comme baux à ferme, tarifs, etc., sont remis au trésorier en exercice; il prend le reliquat en recette.

Le compte annuel est dressé en deux copies; l'une reste dans l'armoire à trois clefs, l'autre est déposée à la mairie.

Le trésorier qui refuserait de rendre son compte serait poursuivi en vertu de l'article 90 du décret du 30 décembre 1809; le trésorier infidèle serait poursuivi conformément aux dispositions du Code pénal.

L'évêque peut nommer un commissaire pour assister, en son nom, à la reddition du compte annuel des fabriques. Si le commissaire nommé est un grand vicaire, il peut *ordonner* ce qu'il juge convenable sur le compte, c'est-à-dire décider sur les articles contestés et même réformer les articles non contestés; si le commissaire est autre qu'un grand vicaire, il doit se borner, s'il y a lieu, à dresser procès-verbal sur l'état de la fabrique et sur les fournitures et réparations à faire à l'église.

Dans leurs visites pastorales, les archevêques et évêques peuvent toujours se faire représenter les comptes et registres des fabriques et vérifier l'état de la caisse. (Décret du 30 décembre 1809.)

Qui doit connaître les difficultés soulevées à la suite de l'examen des comptes annuels ? L'évêque.

La décision de l'évêque est-elle susceptible d'appel ? La loi n'a pas prévu ce cas d'une manière positive ; cependant on doit décider, par application des principes généraux, quelle est susceptible d'appel.

Mais devant qui sera porté l'appel ? Là est la difficulté. Monseigneur Affre pense, et nous nous rangeons volontiers à son opinion, que s'il y a débat sur les comptes eux-mêmes, le conseil de préfecture est compétent ; que s'il s'agit d'une question purement administrative, nécessitant décision, c'est au ministre des cultes à statuer; qu'enfin, s'il s'agit de décider sur l'application des lois canoniques, par rapport aux prescriptions épiscopales, il doit en être référé au métropolitain.

Une circulaire du ministre des cultes, en date du 15 mars 1839, recommande aux évêques de veiller à ce que la formation et la présentation des comptes annuels et trimestriels des trésoriers aient lieu très-régulièrement et que cette obligation ne soit pas une prescription purement illusoire.

§ 14. *Timbre et droit d'enregistrement.*

Quid des registres des recettes et dépenses des fabriques et de leurs registres d'*ordre intérieur ?* Ils sont dispensés du timbre et de l'enregistrement. (Décret de 1809, art. 81.)

Quid des doubles des comptes des trésoriers des fabriques ? Ils sont sujets au timbre.

Quid des quittances, mémoires, factures, etc., au-

dessus de 10 *fr. seulement?* Ils sont sujets au timbre.

Quid des quittances de traitements *supérieurs à* 300 *francs?* Sujets au timbre.

Quid de tous les actes d'*administration intérieure* des fabriques, comme notes, factures, devis, quittances, etc.? Sont dispensés du timbre.

Quid des actes portant transmission de propriété, hypothèque, concession d'usufruit, d'usage, etc., etc., passés entre la fabrique et les particuliers? Ils sont assujettis aux mêmes droits de timbre et d'enregistrement que ceux intervenus entre particuliers. (Loi du 18 avril 1831, art. 17.)

Quid des dons et legs en faveur des fabriques? Assujettis aux droits ordinaires des donations ou mutations par décès, entre personnes non parentes. (Même loi.)

Quid de l'autorisation accordée aux fabriques dans les cas voulus par la loi? Elle n'est pas sujette au timbre.

Quid des mainlevées d'hypothèque consenties par les fabriques? Elles sont soumises au timbre et à l'enregistrement.

Les trésoriers des fabriques sont tenus de communiquer, sans déplacement, aux préposés de l'administration de l'enregistrement, les minutes d'actes assujettis au timbre ou à l'enregistrement. (Decret du 4 messidor an XIII, art. 1er.)

§ 15   *Procès des fabriques.*

Les fabriques ne peuvent former une demande en justice sans y être autorisées. La nullité résultant du défaut d'autorisation est d'ordre public; elle peut être proposée pour la première fois devant la Cour de cassation, et par la fabrique elle-même. (Arrêt de la Cour de cassation du 7 juin 1826.)

L'autorisation est donnée par le conseil de préfecture.

« A cet effet, le conseil de fabrique et les marguilliers délibèrent sur la question, et formulent leur demande d'autorisation; cette délibération est transmise au conseil de préfecture, qui statue. (Décrets de 1809, et du 9 décembre 1813, art. 14 et 53.)

C'est l'unique formalité préalable à accomplir, et le conseil municipal n'a point à donner son avis. On ne peut, en effet, rien ajouter à l'article 77 du décret de 1809, qui est la loi spéciale de la matière.

L'autorisation de plaider en première instance suffit pour plaider sur tous les incidents qui se produisent, mais elle ne suffit pas pour interjeter appel ou pour se pourvoir en cassation.

Si c'est un particulier qui se porte demandeur contre la fabrique, c'est-à-dire qui lui intente un procès, il doit obtenir du conseil de préfecture l'autorisation qui est nécessaire à ladite fabrique pour ester en justice; à cet effet, il adresse un mémoire explicatif au conseil de préfecture, qui lui en donne récépissé; il doit statuer dans le délai de deux mois, à partir de la date du récépissé. (Loi du 18 juillet 1837, art. 51 et 52.)

Procédure.

Les procès des fabriques sont soutenus *au nom*

requête, poursuites et diligences du trésorier, qui donne connaissance de ces procédures au bureau.

Si la fabrique est demanderêsse, l'exploit introductif d'instance doit être accompagné de la copie certifiée de la délibération du conseil et du décret d'autorisation.

Si elle est défenderesse, l'exploit qui lui est signifié doit contenir copie de l'autorisation obtenue par le demandeur pour poursuivre la fabrique.

Le trésorier doit se faire représenter, devant le Tribunal de première instance et la Cour impériale, par un avoué.

Les formes ordinaires de la procédure sont applicables aux procès des fabriques; les affaires qui les concernent sont communicables au ministère public.

En ce qui touche l'exécution des jugements, il y a à distinguer entre ceux rendus en faveur de la fabrique et ceux rendus contre elle.

Les premiers s'exécutent selon les lois ordinaires.

L'exécution des seconds est soumise aux dispositions spéciales qui régissent les fabriques, et doit se combiner avec elles.

Ainsi :

Le créancier porteur d'un jugement contre une fabrique, ne peut saisir les biens meubles ou immeubles qui lui appartiennent; pour arriver à son exécution, il présente au préfet une demande à fin de paiement, en y joignant une expédition du jugement qu'il a obtenu.

La fabrique est appelée à délibérer et à donner son avis. La délibération est envoyée au préfet.

Le préfet prend l'avis de l'évêque. S'il y a des

fonds disponibles dans la caisse de la fabrique, il assigne la partie de ces fonds qui peut être distraite, sans inconvénients, au paiement du créancier; s'il n'y a pas de fonds disponibles, il provoque l'autorisation du Gouvernement, pour la vente des biens meubles ou immeubles qui appartiennent à la fabrique.

Compétence.

Toutes contestations relatives à la propriété des biens des fabriques, et toutes poursuites à fin de recouvrement des revenus, sont portées devant les juges ordinaires. (Art. 80 du décret de 1809.)

L'application de cet article, fort simple en apparence, n'est pas sans difficultés; nous essaierons de la rendre plus facile en citant quelques décisions de jurisprudence.

Ce renvoi aux tribunaux ordinaires ne s'étend pas à la mise en possession des biens non aliénés dont la restitution a été ordonnée par l'arrêté du 7 thermidor an XI. L'exécution de cet arrêté appartient exclusivement à l'autorité administrative. (Décision du conseil d'État, du 8 juillet 1818.)

C'est à l'administration qu'il appartient de statuer sur les questions auxquelles peuvent donner lieu les arrêtés, décrets et ordonnances concernant l'abandon aux fabriques des biens qui avaient été réunis au domaine de l'État. (Conseil d'État, 26 décembre 1827.)

L'autorité administrative est seule compétente pour statuer sur la validité et les effets des actes pour lesquels l'administration a opéré la réunion au domaine de l'État, des églises et chapelles, et fait ensuite la remise desdits édifices aux fabriques. (Conseil d'État, 2 juillet 1828.)

Les tribunaux sont compétents pour prononcer entre une fabrique et une commune, sur une question de propriété, qui ne repose pas sur l'interprétation d'actes administratifs. (Conseil d'État, 19 juillet 1826.)

Ils sont compétents, pour connaître de l'exception de prescription dans une matière intéressant une fabrique, et soumise pour le fond à un conseil de préfecture (Conseil d'État, 28 février 1809); pour prononcer sur l'opposition formée par le débiteur d'une rente, aux poursuites en paiement dirigées contre lui par la fabrique (Conseil d'État, 31 mai 1808); pour reconnaître un titre de créance contre une fabrique, et en ordonner le paiement. (Conseil d'État, 16 janvier 1822.)

Les tribunaux ne peuvent connaître : d'une contestation qui dérive de l'exécution d'une délibération prise par les administrateurs d'une fabrique; — des contestations qui s'élèvent sur la jouissance et la distribution des bancs placés dans les églises, etc., etc. (Cassation, 9 décembre 1808.)

Ils sont compétents pour statuer : sur les conséquences de la concession de bancs, faite à titre onéreux, par la fabrique, et sur les dommages-intérêts résultant de l'inexécution de la concession; — sur la question de savoir si une fabrique a le droit de louer les bancs de l'église, pour ajouter à ses revenus, ou bien, s'ils ont été valablement concédés à des particuliers qui prétendent en avoir acquis la jouissance à titre onéreux. (Arrêtés du conseil d'État, 4 juin 1826, 12 décembre 1827.)

§ 14. Églises métropolitaines et cathédrales.

Les fabriques des églises métropolitaines et cathédrales sont constituées conformément à des règlements particuliers, proposés par l'évêque et approuvés par le Gouvernement. Ces règlements établissent le mode d'organisation et de composition de la fabrique.

Cette organisation n'est point encore complète; du reste, nous n'avons qu'à nous occuper des principes généraux qui doivent régir ces fabriques.

Toutes les dispositions concernant les fabriques paroissiales leur sont applicables, en tant qu'elles concernent leur administration intérieure. Les dons et legs qui leur sont faits sont acceptés par l'évêque.

Sous l'empire du décret de 1809, les départements compris dans le diocèse étaient tenus de subvenir à l'insuffisance des revenus des églises cathédrales et métropolitaines, de la même manière que la commune à l'insuffisance de l'église paroissiale; c'est aujourd'hui une charge de l'État. Selon Monseigneur Affre, la comptabilité des fabriques de ces églises est soumise au seul contrôle de l'évêque.

En général, ce point important doit être fixé par le règlement particulier d'organisation.

Il arrive que l'église métropolitaine ou cathédrale est, en même temps, affectée au service paroissial; on a demandé si, dans ce cas, il devait y avoir deux fabriques? Il a été décidé plusieurs fois qu'il ne pouvait y avoir qu'une seule fabrique, mais qu'il devait être fait distinction entre les recettes et les dépenses de la fabrique cathédrale et celles de la fabrique pa-

16*

roissiale existantes dans la même église; qu'en conséquence, il était nécessaire d'établir un budget séparé pour chaque service.

En fait, il existe dans quelques diocèses deux fabriques au lieu d'une, et dans les fabriques cathédrales
ou métropolitaines uniques, une confusion entière
entre le service diocésain et le service paroissial.

Cet état de choses n'est pas sans inconvénients; il
suffit d'être pénétré des principes d'administration
générale des fabriques pour s'en convaincre.

Monseigneur Affre pense que rien n'impose aux
évêques l'union ou la séparation des fabriques et des
budgets, et qu'ils peuvent réaliser l'une de ces deux
choses, selon qu'ils y trouveront plus d'avantages.

En l'absence de tout règlement uniforme et bien
conçu, nous ne pouvons que nous ranger à cette opinion, et faire des vœux pour qu'un décret vienne
prochainement trancher la question dans le meilleur
sens des intérêts généraux.

FONCTIONNAIRE PUBLIC.

Le fonctionnaire public est celui qui exerce, au
nom de l'Empereur, une partie de l'autorité publique.
En général, les fonctionnaires publics sont attachés
à l'administration proprement dite, à la magistrature,
à l'armée, à la diplomatie et à l'Uni ·rsité.

Les fonctionnaires publics jouissent de certaines
prérogatives; ils sont protégés, notamment contre les
entreprises malveillantes des personnes qu'ils ont pu
froisser en accomplissant loyalement leurs devoirs,
par des formes spéciales d'instruction et de justice.

Il importe donc d'examiner si les ministres des cultes reconnus, en France, ont titre et qualité de fonctionnaires publics.

La question est résolue négativement en doctrine et en jurisprudence.

Les ministre des cultes n'exercent, en effet, aucune portion de l'autorité publique. Les évêques, eux-mêmes, tiennent du Concordat et de la loi organique un pouvoir d'ordre et de discipline, qui leur est propre et qui n'émane en rien de l'autorité civile. (*Voy.* en ce sens : Parant, *Lois de la presse;* de Grattier, *Lois de la presse;* Chassan, *Traité des délits de la parole;* Dufour, *Droit administratif appliqué;*—Cassation, 3 juin, 3 septembre, 9 septembre, 25 septembre 1831, 10 septembre 1836.)

M. Serrigny, *Traité du droit public*, paraît soutenir l'opinion contraire. « Le pouvoir social, dit-il, ne con-« siste pas seulement à juger, combattre et adminis-« trer : le sacerdoce ou le ministère religieux est l'une « des plus évidentes fonctions de la société. »

Si l'on considère les ministres des cultes comme fonctionnaires publics, on doit décider qu'ils ne peuvent être poursuivis pour des faits relatifs à l'exercice de leurs fonctions, sans l'autorisation préalable du conseil d'État, et qu'ils sont protégés par l'article 75 de la constitution de l'an VIII. Si on ne les considère pas comme fonctionnaires publics, il faut se reporter à ce que nous avons dit sur la question au mot CODE PÉNAL.

FONDATIONS.

On entend par fondation *religieuse*, le don ou legs

d'un immeuble, d'une somme d'argent ou d'une rente, fait à la condition d'affecter tout ou partie du produit, à la célébratiou de services, ou prières religieuses, pour l'intention pieuse du donateur ou du testateur; ces prières prennent le nom d'*obits*.

§ 1er. *Législation ancienne.*

Sous l'ancienné législation, les fondations religieuses étaient fort nombreuses. On en distinguait de deux sortes : 1º La fondation à charges de prières ou d'obits; 2º la fondation, avec création d'un titre ecclésiastique ou bénéfice simple, en faveur d'un ecclésiastique nommé, ou en faveur d'une succession d'ecclésiastiques; elle prenait le nom de *fondation de pleine collation laïcale*. Les unes et les autres pouvaient être faites en faveur des communautés religieuses.

Pendant la période révolutionnaire, tous les biens immeubles et les rentes affectés au service des fondations religieuses furent confisqués. Les debits-rentiers refusèrent de s'acquitter, parce que les conditions de la donation et du legs n'étaient pas exécutés, puisqu'il n'y avait plus ni religion, ni église, ni prêtre. Mais la Cour de cassation décida, par plusieurs arrêts, que leurs prétentions étaient mal fondées, et ils payèrent.

§ 2. *Législation actuelle.*

Les fondations religieuses ont été établies en principe, par l'article 15 du Concordat, ainsi conçu : « Le Gouvernement prendra également des mesures « pour que les catholiques français puissent, s'ils le

« veulent, faire en faveur des églises des fondations. »

Le Gouvernement devait donc, pour donner à cet article sa pleine et entière portée d'exécution, se préoccuper des fondations anciennes et nouvelles.

§ 3. *Fondations anciennes*.

Par décision du 28 frimaire an XII, les biens affectés aux anciennes fondations, et *non aliénés*, furent attribués aux fabriques, en toute propriété, *sans charges ni conditions;* ce n'était point assez.

Aussi, le 22 fructidor an XIII, fut rendu un décret qui porte : « Les biens et revenus rendus aux fabri-« ques, soit qu'ils soient ou non chargés de fondations « pour messes, obits ou autres services religieux, « seront administrés ou perçus par les administra-« teurs desdites fabriques, nommés conformément à « l'arrêté du 6 thermidor an II; ils paieront aux « curés desservants ou vicaires, selon le règlement du « diocèse, les messes, obits et autres services aux-« quels lesdites fondations donnent lieu. »

Quelques autres biens de fondations avaient été également transmis aux établissements de bienfai-sance, à titre de donation, par la loi du 4 ventôse an IX; le décret du 19 juin 1808 en régla la situation dans son article 1er, ainsi conçu : « Les administra-« tions des hospices et bureaux de bienfaisance qui, « en vertu de la loi du 4 ventôse an IX et des arrêtés y « relatifs, auront été mis en possession de quelques « biens et rentes, chargés précédemment de fonda-« tions pour quelques services religieux, paieront ré-« gulièrement la rétribution de ces services religieux,

« conformément au décret du 22 fructidor an XII,
« aux fabriques des églises auxquelles ces fondations
« doivent retourner. » Bien entendu que les fabriques
devront, à leur tour, payer aux curés, desservants ou
vicaires, selon le règlement du diocèse, les messes,
obits et autres services auxquelles lesdites fondations
donnent lieu.

Enfin, un avis du conseil d'État, du 21 frimaire
an XIV, détermine le véritable caractère du rétablissement des fondations anciennes. « Le Gouvernement,
« y est-il dit, en rétablissant les fondations dont les
« biens et rentes subsistent encore, n'a entendu réta-
« blir que la condition principale, celle d'acquitter les
« charges et prières ou services religieux que le fon-
« dateur a prescrits, et non les conditions accessoires,
« et surtout celle de l'attribution exclusive à tel ou tel
« prêtre d'exécuter ce service religieux. Si l'on ad-
« mettait cette attribution exclusive, ce serait faire
« revivre les bénéfices simples, ce qui serait contraire
« à l'esprit de la loi du 18 germinal an X. »

§ 4. *Fondations nouvelles.*

Les fondations nouvelles tiennent leur droit d'exister de l'article 15 du Concordat; elles sont acceptées par la fabrique, dans les formes de l'acceptation des dons et des legs faits en faveur des
établissements religieux. (*Voy.* les mots : Biens ecclésiastiques, Communautés religieuses.) On demande s'il
n'y aura pas difficulté sérieuse à distinguer la fondation religieuse, proprement dite, insérée dans un
testament, de l'obligation ordinaire imposée au léga-

taire ou à l'héritier, de faire célébrer des messes, ou toute autre cérémonie religieuse, pour le repos de l'âme du défunt. De la solution de cette question dépendra la nécessité de l'autorisation du Gouvernement pour accepter le legs, ou son inutilité; la difficulté a donc son importance.

Il n'est pas possible de poser des règles générales d'interprétation en pareille matière. On devra donc, dans des cas semblables, se reporter au testament, en étudier les termes, et, en cas de doute ou d'obscurité, rechercher l'intention du défunt, dans ses antécédents, ses habitudes, les derniers actes de sa vie.

Qu'arriverait-il d'une fondation légitime, avec clauses déshonnêtes, illicites ou contraires aux lois? Si l'une des clauses de la fondation est *légitime*, les autres sont considérées comme non écrites et la fondation est valable; si toutes sont *illégitimes*, la fondation est nulle.

Qu'arriverait-il d'une fondation qui contiendrait une clause contraire aux règles canoniques? — Elle serait nulle; le Gouvernement ne pourrait en autoriser l'acceptation.

Qu'arriverait-il d'une fondation dont les charges dépasseraient les bénéfices, celle, par exemple, qui vaudrait un revenu annuel de 300 fr., que le testateur concéderait, en exigeant, chaque année, un nombre de messes dont le prix, d'après le tarif, s'élèverait à 350 fr.? La fondation n'est pas nulle; le Gouvernement peut en autoriser l'acceptation, en indiquant *intentionnellement*, qu'aux termes de l'article 29 du décret du 30 novembre 1809, les évêques ont le droit de réduire les charges exorbitantes des fondations,

mais sans *ordonner* que cette réduction sera faite. T
est le sens d'un avis du conseil d'État, du 22 ju
let 1840. Il est évident que, dans des cas semblabl
l'évêque use du droit qui lui est conféré, et que
fondation est accomplie dans de justes limites, sa
rester comme une charge dans la fabrique.

§ 5. *Surveillance et exécution des fondations.*

Les marguilliers sont chargés de veiller à ce q
toutes les fondations soient fidèlement acquittées
exécutées, suivant l'intention du fondateur, sans q
les sommes puissent être employées à d'aut
charges.

Ce service de surveillance doit être organisé j
les marguilliers sur les bases qui leur paraissent
meilleures.

Toutefois, le législateur leur impose l'obligation
prendre certaines mesures; ainsi, un extrait du so
mier des titres, contenant les fondations qui ser
desservies pendant le cours d'un trimestre, doit è
affiché dans la sacristie au commencement de ch
que trimestre, avec les noms du fondateur et de l'
clésiastique qui acquittera chaque fondation.

A la fin de chaque trimestre, le curé ou desserva
doit rendre compte au bureau des marguilliers c
fondations acquittées pendant le cours du trimest
(Art. 26 du décret du 30 décembre 1809.)

Les lois canoniques imposent aux curés, dess
vants et vicaires, l'obligation de veiller à l'exécuti
des fondations qui s'acquittent dans leur église. I
évêques eux-mêmes sont chargés d'exercer une ha

surveillance sur cette partie de leur administration.
(Affre, *De l'administration des paroisses.*)

Dans l'usage, on annonce dans chaque église, au
prône du dimanche, les fondations qui seront acquittées dans la semaine.

§ 6. *Exécution de la fondation.*

La volonté du fondateur est la règle d'exécution de
la fondation ; ainsi, les clauses imposées ne peuvent
être changées ni modifiées, sauf le cas d'impossibilité
de leur exécution, ou si elles sont contraires aux lois
de l'église ou de l'État. Le respect dû à l'intention
du bienfaiteur n'irait pas jusqu'à permettre des cérémonies religieuses non contraires aux anciens canons, mais qui pourraient présenter aujourd'hui
quelques inconvénients. (Monseigneur Affre.)

Que doit-on décider lorsque le fondateur n'a pas
désigné l'église où se fera l'acquit de la fondation?
C'est, dans ce cas, à l'évêque qu'il appartient de désigner, à cet effet, une église du diocèse, notamment
celle de la commune du domicile du défunt ou celle
de la commune où il vivait habituellement.

Que doit-on décider dans le cas où l'église, chargée
de l'acquit de la fondation, est supprimée ou détruite?
L'évêque peut désigner une autre église, alors surtout
que cette désignation n'est pas formellement et énergiquement contraire à l'intention du défunt. (Jugement du Tribunal de la Seine, du 18 mai 1839.) Dans
le cas contraire, la fondation deviendrait nulle pour
inexécution des conditions, et les biens constitués
seraient restitués aux héritiers.

17.

Que doit-on décider si le prêtre désigné par le fondateur est dans l'impossibilité, ou tombe dans l'impossibilité physique, intellectuelle ou canonique d'acquitter sa fondation? L'acquit doit être donné par le curé, desservant ou vicaire de la paroisse, ou par un prêtre désigné par l'évêque; quelle que soit d'ailleurs l'intention du défunt, on sait qu'il ne peut créer une fondation avec titre ecclésiastique ou bénéfice simple.

Comment et par qui doit s'acquitter la fondation? Le curé ou desservant se conforme aux règlements de l'évêque pour tout ce qui concerne l'acquittement des charges précises imposées par les bienfaiteurs.

Les *annuels*, auxquels les fondateurs ont attaché des honoraires, les fondations, et généralement tous les annuels emportant une rétribution quelconque, sont donnés de préférence aux vicaires.

Ils ne peuvent être acquittés, *qu'à leur défaut*, par les prêtres habitués ou les autres ecclésiastiques désignés par l'évêque.

A moins, toutefois, qu'il en ait été autrement ordonné par les fondateurs, et que leur volonté soit possible et conforme aux lois de l'Église et de l'État. (Décret du 30 décembre 1809, art. 29 et 31.)

§. 7. *Revenus de la fondation.*

Deux questions peuvent se présenter. Après l'acquittement des charges, que devient l'excédant des revenus de la fondation? Il appartient à la fabrique. (Décision ministérielle du 26 décembre 1811.) L'intention du fondateur est accomplie *en entier*, donc il n'y a rien dans cette décision qui soit contraire au principe posé dans l'article 26 du décret du 30 décembre 1809.

Le prêtre qui acquitte la fondation peut-il prétendre à *tout* le revenu de ladite fondation, ou n'a-t-il droit qu'au *prix fixé* par le tarif pour les oblations? Monseigneur Affre soutient, sans le démontrer, que le prêtre a droit à tout le revenu. Cette opinion est contraire à l'article 1er du décret du 22 fructidor an XIII, que nous avons cité plus haut, duquel il résulte que le prêtre qui acquitte la fondation ancienne ou nouvelle doit être payé par la fabrique, conformément au tarif des oblations dans la paroisse.

§ 8. *Réduction des fondations.*

A l'évêque *seul* appartient le droit de réduire la fondation. (Art. 29 du décret du 30 décembre 1809.) Les curés et les fabriques peuvent *provoquer* cette mesure en administrant la preuve que les revenus ne suffisent plus aux charges, et que si elle a périclité ce n'est point par leur faute.

Nonobstant tout événement, il doit toujours être fait mémoire des morts qui ont laissé des legs pies pour le salut de leur âme, de telle sorte, qu'une fondation peut être réduite, mais non supprimée. (Décision du concile de Trente.)

§ 9. *Compétence.*

L'autorité judiciaire est compétente pour connaître

de toutes les difficultés de droit commun relatives aux fondations.

L'autorité administrative est compétente pour connaître de toutes les autres difficultés.

FRANCHISES ET CONTRE-SEINGS.

Les dépêches dites *en franchise* circulent sans être assujetties aux droits ordinaires *de taxe*.

Le *contre-seing* est la désignation des fonctions de l'expéditeur, suivie de sa signature; il est apposé à l'extérieur de la dépêche; il a pour objet de faire connaître aux agents de l'administration des postes que la dépêche doit circuler en franchise. L'indication des fonctions peut être imprimée sur l'adresse, ou *griffée*, mais les ministres du culte doivent signer *de leur main*. Néanmoins, les archevêques et évêques peuvent formuler leur contre-seing au moyen des initiales de leurs prénoms, précédées d'une croix et suivies de l'énonciation de leur qualité; le tout écrit *de leur main*.

Les lettres et paquets s'expédient par lettres *fermées* ou *sous bandes*. L'expédition sous bande est la règle, et celle par lettres fermées est l'exception. Les ministres du culte ne sont autorisés, en général, à correspondre en franchise, par lettres *fermées*, qu'autant qu'il y a *nécessité;* ils doivent en faire mention au-dessus du contre-seing par ces mots: *nécessité de clore*, ou tous autres équivalents. Les bandes ne doivent pas excéder le tiers de la surface de la lettre ou paquet.

Les lettres et paquets sont *remis*, dans les départements, aux directeurs des postes, et, à Paris, au bureau de l'expédition des dépêches, à l'hôtel des postes. Cependant, dans les communes dépourvues d'établissements de poste aux lettres, il suffit de les déposer dans les boîtes rurales.

Le maximum du poids des paquets envoyés en franchise est ainsi fixé : 5 kilogrammes lorsque le transport doit être opéré jusqu'à destination, par malleposte, bateau à vapeur, chemin de fer, voiture etc; 2 kil. s'il est dirigé sur une route desservie en quelque point par un service à cheval ; 1 kil. lorsqu'ils doivent être transportés, sur une portion quelconque du trajet à parcourir, par un service d'entreprise à pied. Les paquets trop volumineux pour entrer dans la boîte de la poste ou dans le portefeuille du facteur, sont gardés au bureau pour être distribués aux destinataires.

Il y a exception à ces dispositions pour le envois faits aux personnes qui jouissent de la correspondance illimitée, et pour l'envoi des rôles des contributions directes, des listes électorales, des listes du jury, et des registres destinés à l'enregistrement des actes de l'état civil.

La correspondance en franchise n'est concédée aux ministres du culte et aux fonctionnaires publics, que pour les objets de leurs fonctions et de leur service; on commettrait une faute, qui prend même le nom de fraude, si on l'employait à tout autre usage.

Les paquets suspects de fraude sont taxés et retenus au bureau, s'ils sont refusés, pour être ouverts par le destinataire en présence du directeur de la poste. Si la fraude est constatée, il en est dressé procès-verbal, et le destinataire est tenu d'acquitter la

double taxe, sans préjudice de la réprimande qu'il
est exposé à recevoir de la part de ses chefs hiérar-
chiques. S'il n'y a pas fraude constatée, les pièces
sont remises au destinataire, franches de port, et le
directeur des postes, s'il a été trop légèrement soup-
çonneux, peut être blâmé.

Pour tous les cas où il s'agit de vérifier l'état d'une
correspondance de service, taxée et refusée, le destinataire est tenu de se rendre en personne, ou par un
fondé de pouvoirs, au bureau de la poste dans le
délai indiqué par l'avertissement qui lui est donné
par le directeur; ce délai passé, la dépêche est envoyée à l'administration centrale des postes, à Paris.

Pour plus amples développements nous renvoyons
à l'ordonnance du 17 novembre 1844, dont il nous est
impossible de reproduire tous les détails. Nous nous
bornerons à donner le tableau des correspondances en franchise des ministres des cultes reconnus en France; c'est le meilleur renseignement pratique et utile qu'il convient de formuler.

TABLEAU

Des Correspondances en franchise, avec contre-seing sous-bandes,

ou par lettres fermées,

accordées aux Ministres des Cultes reconnus en France.

MINISTRES DU CULTE QUI JOUISSENT DE LA FRANCHISE.	PERSONNES AVEC LESQUELLES LA FRANCHISE EST ACCORDÉE	RESSORT DANS L'ÉTENDUE DUQUEL CIRCULE LA CORRESPONDANCE EN FRANCHISE.	OBJET DE LA CORRESPONDANCE.
Archevêques et évêques.	Archevêques, — évêques, —grands vicaires capitulaires.	Dans tout l'empire.	Pour la correspondance relative aux affaires diocésaines, à l'exclusion de toute publication ou imprimé.
	Premiers présidents et procureurs généraux près les Cours impériales.	Dans le ressort de la cour impériale.	
	Les recteurs.	Dans le ressort académique	

Aumôniers des colléges et hôpitaux, — chapelains des communautés religieuses, — curés, — desservants, — grands vicaires, — vicaires généraux, — inspecteurs et sous-inspecteurs des écoles primaires.	Dans la circonscription diocésaine.	
Maires.		Pour l'envoi des mandements seulement.
Préfets, — présidents des comités soit d'arrondissements, soit communaux, pour l'instruction primaire, — procureurs impériaux près les tribunaux de première instance, — sous-préfets, — succursalistes, — supérieurs des écoles secondaires ecclésiastiques et des séminaires.		
Ces correspondances sont admises sous *lettres fermées*, avec les procureurs généraux, — les procureurs impériaux près les cours d'assises, dans le département		

	du siége épicopal, —les procureurs impériaux près les tribunaux de première instance où se trouve établi le siége. Toutes les autres correspondances ont lieu sous bandes. Toutefois, les archevêques et évêques correspondent toujours par lettres fermées, quand *il y a nécessité.*	
Grands vicaires capitulaires, le *siége vacant.*	Même droit de correspondance que les archevêques et évêques.	
Grands vicaires.	Archevêques, — évêques, —grands vicaires capitulaires.	Pour la circonscription diocésaine et *sous bandes.*
Supérieurs des écoles secondaires ecclésiastiques ; — supérieurs des séminaires.	Archevêques. — évêques, — grands vicaires capitulaires.	Dans la circonscription diocésaine et *sous bandes.*
Doyen du chapitre de Paris.	Archevêque de Paris et grands vicaires capitulaires pendant la vacance du siége	Dans la circonscription diocésaine et *sous bandes.*
Curés.	Archevêques, — évêques,	Dans la circonscription

17*

	grands vicaires capitulaires.	diocésaine et *sous bandes.*	
	Inspecteurs et sous-inspecteurs des écoles primaires,—préfets.	Dans le département.	
	Maires, — présidents des comités d'arrondissement pour l'instruction primaire, — sous-préfets.	Dans l'arrondissement.	
	Recteurs.	Dans le ressort académique.	
Curés de canton.	Curés et succursalistes.	Dans le canton.	Pour la transmission des lettres pastorales, mandements et circulaires imprimés seulement, à l'exclusion de toute lettre et autres pièces manuscrites.
Desservants et succursalistes.	Même correspondance que les curés, sauf à l'égard des maires et des présidents des comités d'arrondissement de l'instruction primaire.		
Aumôniers des collèges,	Archevêques, — évêques,	Dans la circonscription	

aumôniers des hôpitaux, chapelains des communautés religieuses.	—vicaires généraux capitulaires.	diocésaine et *sous bandes.*	
Président du directoire du consistoire général de Strasbourg.	Inspecteurs ecclésiastiques, — pasteurs et présidents des consistoires locaux de la confession d'Augsbourg.	Pour tout l'empire et *sous bandes.*	
Présidents des consistoires locaux de la confession d'Augsbourg.	Le président du directoire du consistoire général.	Pour tout l'empire et *sous bandes.*	
	Les inspecteurs ecclésiastiques de la même confession.		
	Les pasteurs.	Dans le ressort du consistoire local.	
	Inspecteurs et sous-inspecteurs des écoles primaires,—préfets.	Dans le département.	
	Sous-préfets.	Dans l'arrondissement.	
Inspecteurs ecclésiastiques de la confession d'Augsbourg.	Président du consistoire général de Strasbourg.	Dans tout l'empire et *sous bandes.*	

	Présidents des consistoires locaux.	
	Les pasteurs.	Dans le ressort de l'inspection ecclésiastique.
Pasteurs de la confession d'Augsbourg.	Président du directoire du consistoire général de Strasbourg.	Dans tout l'empire et *sous bandes.*
	Les inspecteurs ecclésiastiques.	Dans le ressort de l'inspection ecclésiastique.
	Les présidents des consistoires locaux.	Dans le ressort du consistoire local.
	Inspecteurs et sous-inspecteurs de l'instruction primaire,—préfets.	Dans le département.
	Sous-préfets.	Dans l'arrondissement.
Président du consistoire des églises réformées.	Psateurs,—préfets.	Dans l'arrondissement des consistoires et *sous bandes.*
	Inspecteurs et sous-inspecteurs de l'instruction primaire.	Dans le département.
Pasteurs des églises réformées.	Présidents des consistoires.	Dans l'arrondissement des consistoires et *sous bandes.*
	Inspecteurs et sous-inspecteurs de l'instruction primaire,—préfets.	Dans le département.
	Sous-préfets.	Dans l'arrondissement.
Président du consistoire centrale israélite à Paris.	Présidents des consistoires départementaux.	Dans tout l'empire et *sous bandes.*
Présidents des consistoires départementaux du culte israélite.	Président du consistoire central à Paris.	Dans tout l'empire et *sous bandes.*
	Inspecteurs et sous-inspecteurs de l'instruction primaire.	Dans le département.
Rabbins dépendant des consistoires israélites.	Inspecteurs et sous-inspecteurs des écoles primaires.	Dans le département et *sous bandes.*
TOUS LES MINISTRES DU CULTE.	Les membres de la famille impériale.	Dans tout l'empire, par *lettres fermées* ou *sous bandes.*
	La maison de l'Empereur.	

La maison des membres de la famille Impériale.

Le président du Sénat.

Le président du Corps législatif.

Le grand référendaire du Sénat.

Le grand chancelier de la Légion-d'Honneur.

Les ministres secrétaires d'Etat du département.

Les sous-secrétaires d'Etat des départements ministériels,—le président du contentieux du conseil d'Etat.

Le premier président de la Cour de cassation.

Le premier président de la Cour des comptes.

Le procureur général de la Cour de cassation.

Le procureur général de la Cour des comptes.

Le commandant supérieur des gardes nationales de Paris et du département de la Seine.

Le commandant de la 1re division militaire.

Le commandant de Paris et du département de la Seine.

Le préfet de police.

Le directeur général de l'enregistrement et des domaines.

Le directeur du personnel au ministère de la guerre.

Le directeur général de l'administration des forêts.

Le directeur général de l'administration des contributions directes.

Le directeur de l'administration des douanes.

Le directeur de l'administration des contributions indirectes.

Le directeur de l'administration des tabacs.

Le directeur de l'administration des postes.

Le directeur général de l'administration de la caisse d'amortissement et de la caisse des dépôts et consignations.

Le directeur de la police générale de l'empire.

Le secrétaire général du conseil d'Etat.

Le président de la com-

mission de l'ancienne liste civile.

Le président de la commission d'enquête des tabacs.

Le gouverneur général de l'Algérie.

Le commissaire impérial près les commissions d'indemnités des colons de St-Domingue.

Le secrétaire général près les commissions d'indemnités des colons de St-Domingue.

	Le directeur de l'imprimerie impériale.	Dans tout l'empire et *sous bandes.*	Pour demande d'abonnement au *Bulletin des Lois* et de la Cour de cassation seulement.
Archevêque de Paris.	Doyen du chapitre de Paris.	Circonscription diocésaine.	
Evêque de Tarbes.	Maison de retraite de Garaison, par Castelnau de Magnoac, *avec réciprocité.*		
Grand vicaire du diocèse de Bayeux, résidant à Caen.	Même droit de correspondance que l'évêque.		
Grand vicaire du diocèse de Saint-Claude, résidant à Lons-le-Saulnier.	Curés, — desservants, — succursalistes, *avec réciprocité.*	Dans les arrondissements de Dole, Lons-le-Saulnier, et Poligny.	

HOSPICES.

Les hospices sont les établissements de charité publique destinés à recevoir les indigents malades, les vieillards indigents, infirmes et incurables, les enfants trouvés, et en général tous les individus dont la dernière ressource est dans l'assistance publique.

Nous nous occuperons de ces établissements dans leurs rapports avec le culte, les ministres du culte, les dames hospitalières, les quêtes et les fondations à charge de services religieux.

§ 1ᵉʳ *Aumônier.*

Les aumôniers des hospices sont nommés par l'évêque diocésain, sur la proposition de trois candidats, désignés par les commissions administratives. (Ordonnance du 31 octobre 1821, art. 18.) Ils sont révocables par l'évêque seul.

Leur traitement et les frais du culte sont réglés par arrêtés du préfet du département, sur la proposition des commissions administratives et l'avis des sous-préfets; ces arrêtés sont soumis à l'approbation du ministre de l'intérieur. (Arrêté du Gouvernement du 11 fructidor an XI.)

Les aumôniers sont tenus d'accomplir gratuitement les charges des fondations religieuses de l'hospice; cependant, si ces charges leur sont trop onéreuses ou préjudiciables, en les privant d'une partie notable de leurs messes, il doit leur être accordé une indemnité. (Circulaires ministérielles des 27 fructidor an XI et 31 janvier 1840.)

§ 2. *Exercice du culte.*

Des chapelles ou oratoires particuliers peuvent être établis dans les hospices pour l'exercice du culte, avec l'autorisation du Gouvernement. (*Voy.* le mot CHAPELLES.)

Tout le casuel provenant de l'exercice du culte, autre que les messes de l'aumônier, en y comprenant la location des bancs et chaises, est perçu au profit de l'hospice et rentre dans la masse de ses revenus. (Instruction ministérielle du 8 février 1823.)

§ 3. *Sœurs hospitalières.*

Dans un grand nombre d'hospices, le service intérieur est confié à des sœurs hospitalières, appartenant aux diverses congrégations religieuses autorisées.

Lorsque l'administration d'un hospice désire obtenir le concours des sœurs hospitalières, elle doit se conformer aux dispositions de l'article 5 du décret du 18 février 1809, qui porte : « Toutes les fois que les « administrations des hospices ou des communes voudront étendre les bénéfices de cette institution aux « hôpitaux de leur commune ou arrondissement, les « demandes seront adressées, par le préfet, à notre « ministre des cultes, qui, de concert avec les supé- « rieures des congrégations, donnera des ordres pour « l'établissement des nouvelles maisons, quand cela « sera nécessaire; notre ministre des cultes soumettra « l'institution des nouvelles maisons à notre appro- « bation. »

Le décret de 1809 n'a reçu aucune modification par la promulgation de la loi du 24 mai 1825, sur les communautés religieuses de femmes. Toutefois, il résulte de la combinaison de ces diverses dispositions législatives, que, dans ces sortes d'affaires, l'intervention de l'évêque, sous l'autorité spirituelle duquel est placée la congrégation, est indispensable, et que son avis doit être déterminant pour le ministre des cultes, sans cependant l'engager d'une manière absolue.

En fait, les choses ne se passent pas tout à fait comme le prescrit l'article 5 du décret de 1809; ainsi :

L'admission des sœurs hospitalières, dans un hospice, n'est autorisée, par décret impérial, qu'autant que l'engagement de la congrégation avec l'établissement est à perpétuité. (Instruction ministérielle du 17 juillet 1825, article 17.)

Les engagements temporaires ont lieu par simples traités entre les commissions administratives et les chefs des congrégations hospitalières; ces traités sont soumis à l'approbation du ministre des cultes, sur l'avis du préfet, et, ajoutons, sur l'avis de l'évêque. (Instruction ministérielle du 8 février 1823.) Ils sont passés en quintuple original, l'un pour la supérieure générale, le second pour la sœur qui doit être supérieure de l'hospice, le troisième pour la commission administrative, le quatrième pour le préfet, et le cinquième pour le ministre de l'intérieur.

Les dames hospitalières sont, pour le service des malades, tenues de se conformer, dans les hôpitaux, aux règlements de l'administration. Celles qui se trouvent hors de service par leur âge ou par leurs infirmités, doivent être entretenues aux dépens de l'hospice dans lequel elles sont tombées malades, ou dans lequel elles ont vieilli.

Elles agissent sous l'autorité de la commission administrative, pour le service intérieur de l'hospice; leurs principales fonctions sont : de soigner les malades et les indigents; de distribuer, après les avoir reçus de l'économe, les vêtements, aliments et objets nécessaires au service; de surveiller les ateliers de travail; de donner l'instruction primaire aux enfants de l'établissement; de distribuer les médicaments aux malades, lorsqu'il n'y a pas de pharmacien attaché à l'établissement, sans pouvoir cependant préparer des remèdes *officinaux*, qui doivent être pris dans une pharmacie du dehors; de préparer, dans les mêmes circonstances, les remèdes *magistraux*. (Circulaire ministérielle du 31 janvier 1840.)

§ 4. *Quêtes.*

Les administrateurs des hospices peuvent-ils faire poser des troncs et faire quêter dans les édifices consacrés à l'exercice des cérémonies religieuses, et confier la quête aux dames de charité ou aux autres dames charitables? Non. Cette faculté leur a été retirée par une décision ministérielle de 1827; ils la tenaient d'une décision ministérielle antérieure, mais contraire à la lettre du décret de 1809, qui accorde ce privilége aux bureaux de bienfaisance *seulement.*

Ils sont autorisés à faire poser, dans les édifices affectés à la tenue des séances des corps civils, militaires et judiciaires, dans tous les établissements d'humanité, auprès des caisse publiques et dans tous les autres lieux où l'on peut être excité à faire la charité publique, des troncs destinés à recevoir les aumônes et les dons que la bienfaisance individuelle voudrait y déposer. (Décision ministérielle du 5 prairial an XI, art. 1er et 2.)

§ 5. *Fondations à charge de services religieux.*

Il peut être fait des fondations à charge de services religieux, au profit des hospices; l'acceptation en est autorisée dans la même forme que les dons et legs; elles doivent être approuvées par l'évêque. (*Voy.* le mot FONDATIONS.)

INHUMATIONS.

L'inhumation est le dépôt d'un corps dans le lieu affecté à la sépulture, par les règlements généraux ou par une autorisation spéciale.

Aucune inhumation ne doit être faite sans une autorisation, sur papier libre et sans frais, de l'officier de l'état civil, qui ne la délivrera qu'après s'être transporté auprès de la personne décédée, pour s'assurer du décès. Par cette visite, que le maire peut déléguer et délègue ordinairement à un médecin ou chirurgien, on arrive à constater la réalité du décès, les causes de la mort et l'identité de l'individu; tel a été, en effet, le but du législateur. (Article 77 du Code Napolon.)

Ceux qui, sans l'autorisation préalable de l'officier public, dans le cas où elle est prescrite, auront *fait inhumer* un individu décédé, seront punis de six jours à deux mois d'emprisonnement et d'une amende de 16 à 50 fr. (Art. 358 du Code pénal.)

En général, l'autorisation d'inhumer ne peut être délivrée que vingt-quatre heures après le décès, à la suite d'une maladie, et quarante-huit heures après décès subit. Cependant, dans l'intérêt de la salubrité publique, le maire peut ordonner l'inhumation à un délai moindre. En cas de mort violente, alors qu'il ne peut y avoir doute sur le décès, l'autorité peut permettre l'inhumation immédiate.

Ceux qui contreviennent, de quelque manière que ce soit, à la loi et aux règlements sur les inhumations précipitées, c'est-à-dire opérées *sans autorisation*, avant l'expiration *des délais fixés*, seront punis de six jours à deux mois d'emprisonnement et d'une amende de 16 à 50 fr. (Art. 358 du Code pénal.)

Ce que nous venons de dire s'applique à l'inhumation non autorisée ou précipitée des enfants *morts-nés*. (Cass., 2 septembre 1843.)

Les curés ou les pasteurs qui procéderaient à la levée des corps et aux cérémonies religieuses, sans qu'il soit justifié de l'autorisation de l'officier de l'état civil, sont-ils passibles des peines portées en l'article 358 du Code pénal? Non. La loi ne punit que ceux *qui ont fait inhumer*, c'est-à-dire ceux qui ont pris des dispositions matérielles pour l'inhumation; ajoutons même des dispositions *particulièrement intentionnelles*, car le fossoyeur qui a creusé la fosse dans le cimetière, non clandestinement, ne pourrait être poursuivi. (Cass., 27 janvier 1841 et 7 mai 1842.) Il en serait autrement, si le curé, desservant et pasteur, et le fossoyeur avaient un intérêt à la contravention, ou s'y étaient prêtés comme complices des personnes qui y avaient intérêt.

Il est vrai que le décret du 4 thermidor an XIII porte : « Il est défendu à tous maires, adjoints et « membres d'administration municipale, de souffrir « les transport, présentation, dépôt et inhumation des « corps, ni l'ouverture des lieux de sépulture ; à toutes « fabriques d'églises et consistoires, ou autres ayant- « droit, de faire les fournitures requises pour les « funérailles, de livrer lesdites fournitures ; à tous « curés, desservants et pasteurs, d'aller lever aucun « corps ou de les accompagner hors des églises ou « temples, qu'il ne leur apparaisse de l'autorisation « donnée par l'officier de l'état civil pour l'inhuma- « tion, à peine d'être poursuivis comme contreve- « nants aux lois. »

Mais cette prohibition n'a été sanctionnée par aucune loi pénale.

Tout ce qui est relatif aux convois funèbres se trouve réglé par le décret du 18 mai 1806, dont nous reproduisons le texte à la fin de cet ouvrage.

Aucun droit ne peut être établi pour le placement des pierres sépulcrales et autres signes indicatifs de sépulture. (Argument de l'article 12 du décret du 23 prairial an XII.) Ce ne sont point là des fournitures dont les fabriques aient le monopole.

L'action des fabriques en paiement des frais d'inhumation et des services funèbres, doit être assimilée à celle qui appartient aux ouvriers et gens de travail pour le paiement de leurs journées, fournitures et salaires ; en conséquence, elle se prescrit par six mois. (Art. 2271 du Code Napoléon. — *Journal des fabriques.*)

Cette action est évidemment de la compétence des tribunaux ordinaires. Au contraire, les contestations qui s'élèveraient entre les fabriques et les entrepreneurs des pompes funèbres, seraient portées devant la juridiction administrative. (Art. 15 du décret du 18 mai 1806.)

Le droit de l'autorité civile peut-il aller jusqu'à contraindre les ministres des cultes à accorder le concours de leurs prières pour l'inhumation d'une personne ayant appartenu à leur communion?

En cas de refus, quelle est l'étendue des devoirs et des droits de l'autorité civile?

Ces deux questions ont soulevé des discussions orageuses et d'ardentes controverses.

«Selon nous, dit M. de Cormenin en s'occupant de l'abus, l'office du prêtre, renfermé dans son église, est tout spirituel. S'il n'y a que refus du sacrement, sans accompagnement d'injure articulée et personnelle, il n'y a pas abus extérieur dans le sens légal de l'abus. Il n'y a donc lieu qu'à l'appel simple devant le métropolitain, dans l'ordre de la conscience et selon les règles et l'application des canons. Car, ou vous ne croyez pas ou vous croyez. Si vous ne croyez pas, ne demandez pas à l'Eglise ce qu'elle n'accorde qu'aux croyants; si vous croyez, si vous avez la foi, soumettez-vous à ceux qui gouvernent la foi. Est-ce comme citoyen que vous entrez dans l'église? Non, c'est comme chrétien. Est-ce à un fonctionnaire que vous vous adressez? Non, c'est à un prêtre. Est-ce un acte matériel, probatif, authentique, légal que vous de-

18

mandez? Non, c'est une grâce, une prière. Or, qui est
juge unique de savoir si vous avez droit à cette grâce,
à cette prière, si ce n'est le prêtre ou son supérieur
dans l'ordre hiérarchique? Que si vous prétendez
contraindre le prêtre dans une chose toute volontaire,
vous n'aurez pas une véritable prière, mais des mur-
mures des lèvres; vous n'aurez pas les grâces d'un
sacrement, mais le mensonge d'une profanation. »

Dans l'opinion contraire on dit : que les refus publics
de sacrements ne pouvaient être faits qu'à l'égard
des personnes qui sont dans le cas de séparation de
l'Église régulièrement prononcée; que si l'administration des sacrements est du ressort de l'autorité ecclésiastique, la participation aux sacrements est un
droit qui appartient à tous les membres de la communion catholique, ou d'une même communion religieuse; que ce droit ne peut être soumis, dans son
exercice, à des conditions ou à des exigences arbitraires; que le refus de sacrements a toujours été
regardé, en France, comme un délit, parce qu'il dégé-
nère en injure et en scandale public. (Décisions
ministérielles du 29 brumaire an XII, 19 mai et 3 novembre 1806-1808, avril 1812.)

Il nous semble que le ministre du culte a le droit
absolu de refuser les prières et la sépulture ecclésiastique; la thèse contraire est insoutenable.

« L'inhumation du corps, avec plus ou moins de
pompe, disait Turgot, voilà ce qui regarde le magistrat; les prières, les cérémonies, voilà le patrimoine
de l'Église; il faut donc la laisser maîtresse d'en
disposer. »

Le ministre du culte *devrait-il* refuser la sépulture? La question sort du domaine temporel assigné à notre *Manuel*; aussi, nous n'avons pas à la discuter. Toutefois, nous voulons dire quelques mots seulement. Il nous semble, que par le refus des prières aux morts, le ministre du culte juge et condamne ceux qui sont au tribunal de Dieu, qui seul doit les juger, et dont l'infinie miséricorde peut les absoudre. Il nous semble, que le refus pèse cruellement sur la famille, dont les membres peuvent être très-pieux, et que, dès lors, l'innocent souffre pour le coupable. Il nous semble, que la voix du ministre du culte doit s'élever d'autant plus fervente vers Dieu, que le pécheur est plus coupable; qu'abandonner le défunt irréligieux, c'est désespérer de la bonté de Dieu. Il nous semble, que si le ministre du culte *s'est trompé* dans son refus, l'effet du recours aux supérieurs ecclésiastiques arrivera trop tard pour réparer le préjudice causé; que le blâme, la réprimande ou la déclaration d'abus ne répare pas une iniquité; que dès lors il y a danger matériel, dans l'ordre temporel, à user de ce droit absolu que nous n'hésitons pas à reconnaître aux ministres du culte.

Mais qu'arrivera-t-il si le ministre du culte refuse les prières, l'inhumation religieuse, et, en outre, *les portes de l'église*, pour l'introduction du corps du défunt dans le lieu saint? Que devra faire, que pourra faire l'autorité municipale?

C'est la seconde partie de la question principale, qui ne soulève pas moins de dificultés que la première partie.

Le terrain de la controverse est l'article 19 du décret du 12 prairial an XII, ainsi conçu :

« Lorsque le ministre d'un culte, sous quelque
« prétexte que ce soit, se permettra de refuser son
« ministère pour l'inhumation d'un corps, l'autorité
« civile, soit d'office, soit sur la réquisition de la fa-
« mille, commettra un autre ministre du même culte
« pour remplir ses fonctions; dans tous les cas, l'au-
« torité civile est chargée de faire *porter*, *présenter*,
« *déposer* et *inhumer les corps.* »

Voyons d'abord le premier moyen de vider le refus
d'un ministre du culte : *L'autorité civile, c'est-à-dire
le maire, commettra un autre ministre pour remplir ses
fonctions.* Ce ministre sera-t-il forcé d'agir? Si on
répond oui, il était inutile d'aller jusqu'à lui; il eût
été plus facile de *forcer* le premier ministre du culte,
celui qui a refusé d'abord. Si on répond non, il était
inutile d'indiquer un moyen qui n'aboutirait pas, car
il est certain que les ministres du culte, ainsi commis,
refuseront.

« Qu'est-ce, en effet, dit M. de Cormenin, que ce prêtre automate qui arrive au premier coup de sifflet de
l'autorité civile et qui prie par commission? La prière
vient, non d'un bureau de police, mais du ciel. La liberté en vient aussi, et quand on l'aime sincèrement,
on doit la vouloir pour tout le monde. »

Examinons maintenant le second moyen proposé :
*L'autorité civile fera porter, présenter, déposer et inhu-
mer le corps.*

Le maire, en présence du refus du ministre du culte,
d'ouvrir les portes de l'église, peut-il les faire *ouvrir
de force*, soit pour introduire un ministre étranger qui
aurait accepté la commission de procéder à l'inhumation, soit pour *présenter* lui-même le corps, c'est-à-

dire l'introduire dans l'église, et dire ou chanter les prières religieuses ?

Des jurisconsultes éminents sont d'avis que le maire peut faire ouvrir les portes de l'église pour y présenter le corps. Aucun homme sérieux n'est allé jusqu'à soutenir sérieusement, que le maire avait le droit et le devoir de faire office de ministre du culte en récitant ou en chantant les prières religieuses, ou en faisant un usage quelconque des ornements ou insignes religieux.

« Nous sommes trop ami de la raison et de la liberté, dit M. de Cormenin, pour ne pas condamner la sottise d'une pareille violence. Si le maire-prêtre se met à chanter, il peut donc chanter toutes sortes de chants sur toutes sortes d'airs; alors il viole l'article 46 de la loi du 18 germinal an X, qui veut que les églises ne soient consacrées qu'à un seul culte. S'il s'empare des églises pour y travailler des offices à sa manière, alors il viole les articles 28 et 75, qui attribuent aux curés la police et la distribution de leurs églises. Le décret du 3 prairial an XII, dites-vous, prescrit aux maires de *présenter* le corps. C'est bien, si le curé veut le recevoir; mais s'il le refuse, ce serait une dérision de le présenter au dehors, et une profanation de le présenter au dedans.

Vous dites qu'il faut empêcher le trouble; mais si, pour empêcher le trouble, vous vous mettez au-dessus des lois et du droit, il n'y aura bientôt plus ni lois, ni droit pour personne, pour vous, pour nous-mêmes. Car que diriez-vous au prêtre, vous qui forcez la porte de son église, s'il vous arrêtait à la porte de votre cimetière, et s'il défendait

à votre cadavre hérétique de passer? Lui diriez-vous,
avec raison, que vous êtes là dans votre droit, pour
qu'il vous répondît, avec autant de raison, qu'il est
dans le sien...... Quand votre loi a deux sens, l'un
intelligent, l'autre absurde, pourquoi choisissez-vous
l'absurde? Votre prêtre-commis est un intrus; votre
maire-chanteur est un impie; l'un fait plus qu'il ne
devrait faire, l'autre ne sait ce qu'il fait.

Le ministre du culte *doit-il* refuser l'entrée de l'é-
glise? Oui, si le maire se propose de faire une paro-
die des cérémonies religieuses. Non, si le maire, les
parents du défunt et les fidèles se proposent de prier
en silence autour du corps. Pourquoi, en effet, refuser
cette consolation à la famille? Pourquoi arrêter ces
prières qui vont à Dieu?

Toutefois, *son droit* de refus, dans tous les cas, nous
paraît *certain.*

Que doit faire le maire si le ministre du culte refuse
les portes de l'église? Il doit respecter sa volonté, car
il a agi dans les limites du droit religieux, sous sa responsabilité de conscience; il doit faire porter le corps
au cimetière, avec tout le respect qui est dû aux morts,
et faire procéder à l'inhumation; il doit calmer les esprits ignorants ou turbulents, qui s'agiteraient en présence de ce refus de l'autorité ecclésiastique; il doit
rester le magistrat civil, digne, ferme, modéré et con-
ciliant qui veille à la bonne administration de sa commune et aux intérêts de ses administrés, sans froisser
ou méconnaître les droits que le pouvoir ecclésiastique tient de la loi.

JOURS FÉRIÉS.

Les jours fériés sont ceux qui sont désignés pour la célébration des fêtes établies par la loi, qui sont pour le repos des citoyens, et consacrés par les lois canoniques.

L'observation des jours fériés est réglementée par la loi du 18 novembre 1814, que nous reproduisons à la fin de ce volume.

Cette loi est-elle en vigueur? La question est vivement controversée.

Pour soutenir l'abrogation de la loi on invoque : 1° Le principe de la liberté de conscience et de l'égalité de tous les cultes, dans l'ordre temporel, proclamé par la Charte de 1830 et les constitutions; — 2° le rejet par la Chambre des députés, en 1832, d'un projet de loi ayant pour objet l'abrogation de la loi de 1814, par le motif qu'elle avait été abrogée par la Charte de 1830; — 3° l'ordre du jour, prononcé par la Chambre, en 1838, sur une pétition qui réclamait des lois répressives contre la fréquentation des cabarets pendant les offices divins, par le motif que cette prohibition serait contraire à la Charte de 1830; — 4° le silence gardé pendant longtemps par le pouvoir judiciaire et le pouvoir municipal, sur l'inobservationn flagrante de la loi de 1814.

Dans l'opinion contraire on dit : La loi du 18 novembre 1814 n'a point été expressément abrogée; — la proposition faite à la Chambre, en 1832, n'a eu aucun résultat; — l'article 3 de la loi de 1814 ne contient aucune prescription qui soit contraire à la liberté religieuse; — les autres dispositions n'ont rien qui ne puisse se concilier avec notre droit public; — la protection promise à tous les cultes légalement reconnus, n'exclut pas le respect dont la loi civile est partout empreinte, pour le culte professé par la majorité des Français : ainsi, le repos des fonctionnaires est fixé au dimanche; il est interdit, à peine de nullité, de faire des actes d'une procédure civile les jours de fêtes légales; — les prohibitions de la loi de 1814 sont de même nature et ne peuvent être modifiées que par une loi, etc.

Telle est la jurisprudence de la Cour de cassation, consacrée par deux arrêts, l'un du 23 juin 1838, l'autre du 6 octobre 1845.

En fait, la loi du 18 novembre 1814 n'est pas appliquée *comme les autres lois de l'empire*; ses dispositions sont reproduites avec plus ou moins de bonheur, plus ou moins de force, dans des arrêtés de l'autorité administrative; ces arrêtés soulèvent des récriminations, plus ou moins fondées, ce qui est fâcheux. A notre avis, il convient de trancher nettement la question : Si la loi n'est pas abrogée, elle doit être exécutée *partout*, et les arrêtés administratifs sont inutiles; si elle est abrogée, les arrêtés sont illégaux, et on doit les annuler *partout;* si on trouve la loi mauvaise, il faut en faire une autre.

Questions.

La vente et l'étalage à *ais et volets fermés*, est-elle prohibée? Non. (Circulaire du préfet de police de 1815.)

Le travail dans le jardin d'une maison, dont la clôture n'empêche pas le public *de voir*, est-il prohibé ? Oui. (Arrêt de Cassation du 6 juin 1822.)

L'autorité municipale peut-elle dispenser un citoyen de l'exécution de la loi de 1814, pour la vente en boutique? Non. (Cassation, 11 juin 1824).

L'énumération des travaux prohibés par la loi de 1814, est-elle limitative ou énonciative? Elle est limitative. (Cassation, 14 août 1823.)

La prohibition de donner à boire dans les cabarets pendant la messe, s'étend-elle, également, au temps des vêpres? Oui. (Cassation, 11 novembre 1826.)

Peut-on travailler le dimanche à la récolte du foin, sans la permission de l'autorité municipale, par application de l'article 8 de la loi de 1814? Oui. (Cassation, 1er septembre 1827.)

Les infractions à la loi de 1814 sont-elles excusables, pour cause de bonne foi ; — pour défaut d'intention; — parce que le contrevenant a mal compris la loi ; — parce que le travail prohibé était urgent ; — parce qu'on n'a pas eu le temps de demander l'autorisation au maire ; — parce que la loi n'est pas exécutée dans les environs; — parce que la loi n'est pas suffisamment connue? Non. (Cassation, 4 ventôse an VII; 9 février 1815, 13 septembre 1822, 24 fructidor an VII, 23 frimaire an VII.)

Les contraventions peuvent-elles être constatées par les gardes-champêtres et forestiers et les gendarmes? Non. Les maires, adjoints et commissaires de police ont seuls compétence à cet effet. (Art. 4 de la loi.)

Les contraventions peuvent-elles être prouvées par témoins? Oui. (Cassation, 22 octobre 1829.)

Devant quelle juridiction sont traduits les contrevenants ? Devant le juge de paix.

Quels sont les jours de fêtes légales ? 1° Le *dimanche*
(Loi organique, article 57);

2° Les jours de *Noël*, de *l'Assomption*, de *l'Ascension*
et de la *Toussaint*. (Arrêté du 29 germinal an X.)

Le 1er *janvier* est-il un jour de fête légale ? Oui, d'a-
près un avis du conseil d'État, du 13-23 mars 1810.

LÉGAT.

Le légat est un ecclésiastique envoyé en France par
le pape pour y remplir une *mission spéciale* ou extraordinaire ; il prend la qualité de légat à *latere*.

Le légat ne peut, sans l'autorisation du Gouvernement, exercer sur le sol français, ni ailleurs, aucune
fonction relative aux affaires de l'Église gallicane.
Cette autorisation est donnée par décret impérial. La
bulle qui confère des pouvoirs au légat est enregis-
trée au conseil d'État ; alors, seulement, il peut remplir sa mission.

Voici dans quelle forme le cardinal Caprara fut autorisé à remplir, en France, les fonctions, de légat à
latere ; c'est un modèle qui serait suivi dans les circonstances semblables

« Art. 1er. Le cardinal Caprara, envoyé en France
avec le titre de légat à *latere*, est autorisé à exercer les
facultés énoncées dans la bulle donnée à Rome, le
lundi 6 fructidor an IX, à la charge de se conformer
entièrement aux règles et aux usages observés en
France en pareil cas, savoir :

« 1° Il jurera et promettra, en suivant la formule

usitée, de se conformer aux lois de l'État et aux libertés de l'Église gallicane, et de cesser ses fonctions quand il en sera averti par le premier consul de la République;

« 2° Aucun acte de la légation ne pourra être rendu public, ni mis à exécution, sans la permission du Gouvernement;

« 3° Le cardinal-légat ne pourra commettre ni déléguer personne sans là même permission ;

« 4° Il sera obligé de tenir ou de faire tenir régistre de tous les actes de la légation ;

« 5° La légation finie, il remettra ce registre et le sceau de sa légation au conseiller d'État, chargé de toutes les affaires concernant les cultes, qui le déposera aux archives du Gouvernement;

« 6° Il ne pourra, après la fin de sa légation, exercer directement ou indirectement, soit en France, soit hors de France, aucun acte relatif à l'Eglise gallicane.

« Art. 2. La bulle du pape, contenant les pouvoirs du cardinal-légat, sera transcrite en latin et en français, sur les registres du conseil d'État, et mention en sera faite sur l'original, par le secrétaire du conseil d'État; elle sera insérée au *Bulletin des lois*. »

Ces diverses prescriptions sont une application des articles 45, 58, 59 et 60 des libertés de l'Église gallicane.

LIBERTÉ RELIGIEUSE.

Au point de vue temporel, la liberté religieuse se

compose de deux éléments très-distincts : *Liberté de conscience, liberté des cultes.*

La liberté de conscience consiste dans le droit d'émettre ses idées en matière religieuse, de les dire, de les écrire et de les publier, en se conformant aux lois de l'État : elle ne peut être que l'objet de mesures répressives. Toutefois, il a été jugé, qu'en France, la liberté de conscience ne va pas jusqu'à donner le droit à un individu de se mettre en dehors de toute croyance, de se déclarer *sans religion.* (Paris, 27 décembre 1828.) Il est surabondant d'ajouter que l'exercice de la liberté de conscience est restreint dans les limites de la convenance, et ne comporte, dans aucun cas, le droit d'outrage envers la religion et les cultes légalement reconnus.

La liberté des cultes consiste dans le droit qui appartient à toute personne de se livrer aux pratiques extérieures de sa religion; elle se manifeste par *des actes* qui sont de nature à exercer une certaine influence sur la tranquillité publique. Aussi la liberté des cultes est soumise à des mesures préventives et à des lois et règlements, comme tout ce qui, dans l'État, intéresse la tranquillité publique.

Aujourd'hui, on ne soutient plus, que le repos du dimanche, la célébration des fêtes religieuses, le respect pour les objets du culte, sont autant d'atteintes à la liberté religieuse. Ces matières ne donnent donc lieu à aucune discussion pratique d'une certaine valeur.

On avait soutenu, également, qu'en vertu du principe de liberté des cultes, les associations et réunions religieuses n'étaient point soumises aux dispositions des articles 291 et suivants du Code pénal, *actuellement en pleine vigueur*, et pouvaient subsister sans l'autorisation préalable du Gouvernement et la surveillance de l'autorité. Cette thèse, formellement démentie par la loi de 1834, sur les associations en général, est abandonnée. (*Voir* le mot Code pénal.)

LIVRES D'ÉGLISE.

On désigne sous ce nom, les catéchismes, bréviaires, livres d'heures, livres de prières et les autres livres qui servent à l'exercice du culte.

Les livres d'église, les heures et prières ne peuvent être imprimés ou réimprimés, que d'après la permission donnée par les évêques diocésains; cette permission doit être textuellement rapportée et imprimée en tête de chaque exemplaire.

Les imprimeurs et libraires, qui feraient imprimer ou réimprimer des livres d'église, des heures ou prières, sans avoir obtenu cette autorisation, seraient poursuivis, conformément à la loi du 19 juillet 1793. (Décret du 7 germinal an XIII.)

La peine encourue est celle de 100 francs à 2,000 francs d'amende; de plus, les livres imprimés en contravention sont confisqués. (Arrêt de la Cour de cassation, aff. Belain-Leprieur. C. Langlumé.)

On n'est pas d'accord sur l'étendue de ce droit de haute censure épiscopale, accordé aux évêques sur les livres d'église qui s'impriment dans leur diocèse.

Le dernier état de la jurisprudence l'assimile en dehors de son caractère élevé, dans le domaine spiri-

19

tuel, à un véritable droit de propriété, dans le domaine temporel.

La Cour de Paris a décidé, en effet, que les autorisations délivrées par les évêques sont spéciales et ne sauraient profiter qu'aux imprimeurs qui les ont personnellement obtenues; que les imprimeurs, ainsi autorisés, pourraient se pourvoir par la voie civile, à raison du préjudice que leur avait causé la publication de ces mêmes livres d'église par des imprimeurs non autorisés. Cette jurisprudence a été consacrée par un arrêt de la Cour de cassation du 9 juin 1843.

Antérieurement à ces arrêts, on reconnaissait aux évêques le droit absolu d'autoriser ou de prohiber, dans l'étendue de leur diocèse, l'impression de tels ou tels livres d'église, mais on admettait, qu'aussitôt l'autorisation donnée à un imprimeur ou à un libraire, tous les autres éditeurs avaient le droit d'imprimer le livre autorisé, à la charge de ne rien changer dans le texte et de reproduire l'autorisation de l'évêque en tête de chaque exemplaire.

Il reste constant que ce dernier système n'est plus celui de la Cour de cassation.

On a demandé ce qu'il convient de décider relativement aux livres d'église dont l'évêque serait l'auteur. Il est reconnu, en doctrine et en jurisprudence, que les évêques ont un droit de propriété sur toutes les œuvres qu'ils composent; ce droit est réglé par les lois ordinaires sur la propriété littéraire. — Paris, 25 novembre 1842; Gastambide, *De la contrefaçon*; Renouard, *Des droits d'auteur*; Goujet et Merger, *Droit commercial*, v° *Propriété littéraire.*

MARIAGE.

L'engagement dans les ordres sacrés constitue-t-il, dans l'état actuel de la législation, un empêchement au mariage, même à l'égard du prêtre qui a déclaré renoncer au ministère ecclésiastique?

Les règles canoniques prohibent, d'une manière absolue, le mariage des prêtres et de tous les ecclésiastiques engagés dans les ordres sacrés ; dans l'ancien droit, ces prohibitions étaient adoptées, consacrées et maintenues par l'autorité civile.

Les lois nouvelles abolirent les vœux religieux et tous engagements qui seraient contraires aux droits naturels. (Constitution du 3 septembre 1791.) Les décrets des 9 juillet, 12 août et 17 septembre 1793, allèrent plus loin encore, en ordonnant que les évêques qui apporteraient, soit directement, soit indirectement, quelque obstacle au mariage des prêtres, seraient déportés. Sous cette législation, le mariage des prêtres était donc admis par la loi civile.

En est-il de même sous le Concordat de l'an X, qui nous régit actuellement?

En doctrine, la question est fort controversée ; en jurisprudence, elle est résolue.

La majorité des docteurs soutient que le mariage des prêtres n'est point prohibé par nos lois civiles; que l'engagement dans les ordres sacrés n'est point un empêchement prévu par le Code Napoléon; que dès lors l'officier de l'état civil requis de procéder à un semblable mariage doit obéir. La jurisprudence a décidé dans un sens tout contraire. Cependant quelques tribunaux de première instance se sont prononcé

pour la validité du mariage des prêtres. Nous laisse-
rons de côté les trop nombreux arguments invoqués
par les docteurs, pour énoncer les principaux motifs
des jugements et arrêts dont nous avons indiqué le
sens.

Le 26 mai 1831, le Tribunal civil de la Seine se prononça en faveur du mariage des prêtres, « attendu,
« est-il écrit dans le jugement, que la question dont il
« s'agit est essentiellement du domaine de la loi po-
« litique;

« Que la Charte constitutionnelle de 1830 ne recon-
« naît pas la religion catholique apostolique et ro-
« maine comme religion de l'État;

« Qu'ainsi, les canons des conciles ne peuvent être
« exécutés comme loi de l'État, qu'en vertu d'une loi
« spéciale;

« Que l'article 6 du Concordat, relatif au recours
« au conseil d'État, ne s'applique pas à la prohibition
« relative au mariage des prêtres;

« Que par cette énonciation : la religion de la ma-
« jorité des Français, on n'a point entendu attribuer au
« catholicisme aucun des caractères politiques qui
« seraient inconciliables avec notre législation; que la
« défense du mariage des prêtres n'a point été consa-
« crée comme empêchement dans l'ordre civil;

« Que le mariage n'est pas nul aux yeux des lois
« politiques et civiles;

« Que les prêtres s'exposent aux peines prononcées
« par les lois canoniques, et sont tenus de s'abstenir
« de l'exercice du sacerdoce, par suite d'une renon-
« ciation volontaire, ou de la déposition de l'autorité
« ecclésiastique; que cela résulte positivement du

« rapport de l'orateur du Gouvernement sur le Con-
« cordat et le Code civil;

« Qu'il ne peut en être autrement, sous l'empire des
« principes établis par la Charte de 1830, dans un état
« où les décisions ecclésiastiques doivent être sanc-
« tionnées par la loi, où la législation est sécularisée,
« et l'état civil séparé des affaires religieuses;

« Attendu en fait que D.... déclare que sa renon-
« ciation a été admise par l'archevêque de Paris, no-
« tifiée le.... avec l'interdiction de toute fonction
« ecclésiastique; DÉCLARE sa capacité relativement au
« mariage. »

La Cour impériale de Paris a décidé dans le sens
contraire, par arrêt du 14 janvier 1832.

« Considérant, que dans notre ancien droit, est-il
« écrit dans l'arrêt, l'engagement dans les ordres sa-
« crés était un empêchement au mariage; que cet
« empêchement était fondé sur les canons admis en
« France par la puissance ecclésiastique, et sanc-
« tionnés par la jurisprudence civile;

« Que si les lois rendues par nos premières assem-
« blées législatives, ont fait momentanément cesser
« cet empêchement, il a été virtuellement rétabli par
« le Concordat, lequel, notamment dans les articles
« 6 et 26, loi organique, a remis en vigueur, quant à
« cette partie de la discipline, les anciens canons reçus
« en France, et par conséquent ceux relatifs à la col-
« lation des ordres sacrés et à ses effets;

« Considérant que si le Code civil n'a pas rangé
« l'engagement dans les ordres sacrés, au nombre des
« prohibitions de mariage, c'est que ce code, posté-
« rieur au Concordat, qui avait rappelé les règles de

« la matière, ne s'est occupé que des empêchements
« de l'ordre civil ; qu'au surplus, on ne pourrait in-
« duire de son silence l'abrogation des dispositions
« du Concordat;

« Considérant que le Concordat n'a jamais cessé
« d'être observé comme loi de l'État;

« Que l'article 6 de la Charte de 1814 n'avait rien
« ajouté à la force des anciens principes rétablis par
« le Concordat, et que la Charte de 1830, en abrogeant
« cet article 6 et en déclarant que la religion catholi-
« que est la religion de la majorité des Français, n'a
« fait que rappeler les termes mêmes du Concordat et
« n'y a aucunement dérogé ;

« Considérant qu'en cet état de la législation D.....
« est, aux yeux de la loi, frappé d'incapacité, relative-
« ment au mariage; que cette incapacité résulte de
« son engagement dans les ordres sacrés, qui lui ont
« été conférés conformémement au Concordat, sous
« la protection de l'autorité civile, qui lui a imposé
« des obligations et accordé en retour des priviléges
« et immunités, etc.; » INFIRME, etc.

Le 21 février 1833, la Cour de cassation, consacrant
cette jurisprudence de sa haute autorité, a rejeté le
pourvoi relevé contre l'arrêt ci-dessus, par les motifs
suivants :

« Attendu qu'il résulte des articles 6 et 26, loi or-
« ganique du Concordat de l'an X, que les prêtres
« catholiques sont soumis aux canons qui alors
« étaient reçus en France, et par conséquent à ceux
« qui prohibaient le mariage aux ecclésiastiques en-
« gagés dans les ordres sacrés ;

« Attendu que le Code civil et la Charte ne ren-

« ferment aucune dérogation à cette législation spé-
« ciale, l'arrêt attaqué, en interdisant le mariage
« dont il s'agit, n'a violé aucune loi ; — REJETTE. »

La Cour de cassation a persisté dans sa jurisprudence, par un arrêt du 23 février 1847.

Le ministère public à qualité pour requérir d'office
qu'un prêtre soit déclaré incapable de se marier :
par conséquent, il peut former opposition au mariage ; c'est ce qu'a décidé la Cour impériale de Limoges, par arrêt du 17 janvier 1846.

MÉTROPOLE.

On appelle *métropole* une circonscription ecclésiastique qui comprend plusieurs diocèses. Le siége
métropolitain est supérieur aux autres siéges épiscopaux ; le titulaire du siége métropolitain prend le titre
d'archevêque.

MENSES ÉPISCOPALES.

La dotation de l'évêché prend le nom de *mense
épiscopale.* Elle se compose : 1º des biens affectés à
l'évêché par l'État ; 2º de ceux qui lui proviennent
de dons et de legs autorisés ; 3º des biens acquis avec
l'autorisation du Gouvernement ; 4º du traitement de
l'évêque et des indemnités qui lui sont allouées par
l'État ; 5º de l'usufruit du palais épiscopal et du mobilier qui y est placé ; 6º des subventions allouées à
l'évêché par le département.

L'évêque représente l'évêché ; il acquiert et possède les biens de la dotation ; il accepte les dons et

legs et il administre dans les formes déterminées par les lois et règlements.

Les articles 29 et suivants, du décret de 1813, règlent ce qui touche à l'administration de l'évéché pendant l'occupation et pendant la vacance du titre.

(*Voy.* le décret du 6 novembre 1813, à la fin du *Manuel.*)

NONCE.

Le nonce est l'ecclésiastique envoyé par le Saint-Père dans une cour catholique, pour y remplir les fonctions d'ambassadeur.

Ses relations sont les mêmes que celles des autres ambassadeurs; elles s'établissent dans les mêmes formes et s'exercent de la même manière.

Le nonce du pape ne peut, sans l'autorisation du Gouvernement, exercer, sur le sol français ni ailleurs, aucune fonction relative aux affaires de l'Église gallicane. (Art. 2 de la loi organique.)

Cependant, il est accepté que le nonce du pape peut procéder, sans autre autorisation, à l'information qui précède l'institution des évêques et archevêques; c'est la seule exception au principe posé dans la loi organique.

OBLATIONS.

Les évêques rédigent les projets de règlements relatifs aux oblations que les ministres des cultes sont autorisés à recevoir pour l'administration des sacrements.

Les projets de règlements, rédigés par les évêques, ne peuvent être publiés, ni autrement mis à exécution, qu'après avoir été approuvés par le Gouvernement. (Loi organique, article 69.)

Ce sont les oblations proprement dites. Cependant, on doit encore distinguer les oblations *de rigueur*, qui doivent être exigées de tous les fidèles *non indigents*, des oblations de *pompe extérieure*, qui sont facultatives, et exigibles des fidèles qu'autant qu'ils en font la demande formelle. Aussi, les règlements doivent marquer la division de ces deux sortes d'oblations, dans tous les cas où il paraît convenable et possible de les établir.

Les offrandes purement volontaires, faites au prêtre ou à l'autel, au tronc ou à la quête, prennent aussi le nom d'*oblations*.

Le règlement, dressé par l'évêque, doit déterminer les proportions dans lesquelles les oblations sont partagées entre le curé, ses vicaires et les autres officiers ecclésiastiques, sans préjudice des droits des fabriques, tels qu'ils sont fixés par le décret du 30 décembre 1809; il est approuvé par décret impérial, rendu sur le rapport du ministre des cultes et délibéré en conseil d'État.

D'après un avis du conseil d'État, du 9 novembre 1831, aucune disposition étrangère au tarif des oblations et à leur répartition, ne peut être introduite dans ce règlement, spécialement des amendes contre les ecclésiastiques et autres officiers de l'église. En effet, l'amende est une peine de police, qui ne peut être prononcée que par application d'une loi pénale et par l'autorité civile compétente.

Les contestations qui s'élèvent à l'occasion de la perception des oblations autorisées, sont du ressort du juge de paix, pourvu, toutefois, qu'elles rentrent dans les limites de sa compétence ordinaire. Ainsi, ils statuent en dernier ressort sur les demandes qui n'excèdent pas 100 francs, et en premier ressort seulement, sur celles qui sont au-dessus de 100 fr. et qui n'excédent pas 1,500 fr. (Décisions ministérielles des 18 avril et 14 octobre 1807;—loi du 25 mai 1838, article 2.)

OFFRANDES

Voy. OBLATIONS.

PRÉDICATIONS — PRÔNES

On distingue les prédications *solennelles*, ou sermons extraordinaires, et les prédications *ordinaires* ou prônes.

Les premières sont données, généralement, par des prêtres étrangers à l'église, et autorisés spécialement par l'évêque.

Les secondes sont données par le curé ou desservant, ou par les ecclésiastiques attachés à l'église.

Toutes les prédications sont soumises aux mêmes règles du droit civil.

Ainsi : Les ministres du culte ne peuvent se permettre, dans leurs instructions, et à plus forte raison dans leurs prédications solennelles ou ordinaires, aucune inculpation directe ou indirecte, soit contre les personnes, soit contre les autres cultes reconnus par l'État.

Ils ne peuvent faire au prône aucune publication étrangère à l'exercice du culte, si ce n'est celles qui sont autorisées par le Gouvernement. (Loi organique, articles 52 et 53.)

Il a été décidé que les publications de mariage, au prône, ne rentraient point dans les actes étrangers à l'exercice du culte ; il en serait de même de toute annonce qui toucherait à l'administration des sacrements, et même à l'administration générale du culte.

Mais il ne faut pas perdre de vue que l'autorisation de publier au prône un objet étranger à l'exercice du culte, ne doit point émaner seulement de l'autorité *locale*, ni même de l'autorité *départementale*, mais bien *du Gouvernement*; que, dès lors, cette autorisation doit arriver à l'évêque diocésain, qui donne des instructions pour l'exécution, aux curés ou desservants de son diocèse.

PRÉFET APOSTOLIQUE.

Les préfets apostoliques sont des ecclésiastiques qui ont la direction du culte catholique dans les colonies.

Ils sont nommés par l'Empereur et reçoivent l'institution canonique du pape ; ils sont amovibles et révocables.

Leurs attributions sont à peu près les mêmes que celles des évêques, mais ils n'ont pas qualité pour conférer les ordres sacrés ; ils ne peuvent remplir, simultanément avec leurs fonctions, celles de curé.

Les préfets apostoliques reçoivent du Gouvernement un traitement annuel, un supplément de traitement pour frais de bureau et de tournée, un logement en nature et une indemnité pour frais d'établissement;

Il y a un préfet apostolique à la Martinique, à la Guadeloupe, à la Guyane, à Saint-Pierre et Miquelon, aux établissements français de l'Inde, à Bourbon et au Sénégal.

A la Martinique et à la Guadeloupe, il y a, en outre, un vice-préfet apostolique, qui remplit en même temps les fonctions de curé, dans une des principales paroisses. (Ordonnances du 31 octobre 1821 et du 1er décembre 1830.)

PRESBYTÈRE.

On désigne, généralement, sous le nom de *presbytère* le logement affecté au curé ou desservant, dans les cures ou succursales.

En exécution de l'article 72 de la loi organique, les presbytères et les jardins attenants, compris dans la confiscation révolutionnaire des biens ecclésiastiques et restés libres, dans les mains de la nation, ont été rendus aux curés et desservants. Dans les paroisses où il n'existait plus de presbytère libre, la commune a dû pourvoir au logement du curé ou desservant, soit en le lui fournissant en réalité, soit en lui payant une indemnité convenable. On a demandé si cette dernière obligation était à la charge de la commune d'une manière absolue, ou si elle devait seulement y pourvoir en cas d'insuffisance des revenus de la fabrique : la Cour de cassation, par arrêt du 7 janvier 1839, s'est prononcée pour l'affirmative; le conseil d'État, par une décision du 21 août 1839, s'est prononcé dans le sens contraire. Il faut reconnaître que la lettre des articles 72 de la loi organique et 92 du décret du 30 décembre 1809, est tout à fait conforme à la jurisprudence de la Cour de cassation; ce dernier article est d'autant plus décisif, qu'il se trouve, précisément, dans le règlement général des fabriques, et qu'il tend évidemment à les exonérer de cette obligation du logement des curés et desservants en la mettant à la charge des communes. Le cas de secours de la part de la commune, en cas d'insuffisance des revenus de la fabrique, est nettement prévu par d'autres articles du décret, mais sans faire confusion avec les dispositions de l'article 92 précité.

Le curé ou desservant est usufruitier du presbytère et de ses dépendances; il est tenu de se conformer aux obligations ordinaires de l'usufruitier, notammen de pourvoir à toutes les réparations locatives; il doit recevoir son logement en bon état; il n'est pas tenu à faire les réparations restées à la charge de son prédécesseur.

Les grosses réparations des presbytères sont à la charge des fabriques ou de la commune, selon que la propriété appartient à l'une ou à l'autre.

Le curé ou desservant doit fournir son mobilier.

Lorsque le presbytère et ses dépendances sont trop étendus, la commune propriétaire peut-elle obtenir l'autorisation d'en distraire les parties superflues pour un autre usage? Oui.

Dans quelles formes l'autorisation est-elle sollicitée? Le conseil municipal demande la distraction par une délibération; il fait dresser un plan figuratif des lieux, indiquant la partie distraite, la partie laissée au curé, les travaux projetés pour clore et séparer cette dernière partie d'une manière complète. Les deux documents et les autres pièces à l'appui sont adressés au préfet du département, qui en donne communication à l'évêque diocésain; il les transmet ensuite au ministre des cultes avec son avis; l'évêque donne également son avis; dans cet état, l'affaire est soumise au conseil d'État, qui statue. (Décret du 4 nivôse, an XI; ordonnance du 3 mars 1825, art. 1er.)

Quid du maire qui emploierait une partie du presbytère à un usage autre que celui du logement du curé, sans en avoir obtenu l'autorisation comme il vient d'être dit? Il commettrait un excès de pouvoir et s'exposerait à une condamnation à des dommages-intérêts.

Dans quels cas y a-t-il lieu de demander la distraction d'une partie du presbytère? Lorsqu'il y a convenance. Ces sortes de questions doivent être combinées et arrêtées entre le maire et le curé; en cas de désaccord, mieux vaut y renoncer que d'engager une discussion irritante; cependant, si le désaccord était déraisonnable, il devrait être donné à l'affaire toutes les suites qu'elle comporte.

Le curé qui a subi la distraction d'une partie du presbytère peut-il réclamer une indemnité de la part de la commune? Non. (Avis du conseil d'État du 10 décembre 1837.)

Le presbytère est-il soumis à la contribution foncière? Non. (Décision du conseil d'État du 23 avril 1836.)

Le curé ou desservant est-il soumis au paiement des impôts personnel et mobilier et des portes et fenêtres? Oui. (Loi du 21 avril 1832, art. 15; avis du conseil d'État du 1er novembre 1838.)

PRIÈRES PUBLIQUES.

Les prières publiques sont faites pour appeler les bénédictions divines sur le chef de l'État et sur l'État; elles doivent être pratiquées d'une manière uniforme dans toutes les églises de France.

La formule de prière suivante est récitée, à la fin de l'office, dans toutes les églises catholiques de France.

Domine salvum fac, Napoleonem nostrum imperatorem.

C'est l'exécution de l'article 8 du Concordat.

Les curés, aux prônes des messes paroissiales, prient et font prier pour la prospérité de l'Empire et de l'Empereur.

C'est l'exécution de l'article 51 de la loi organique.

Ces deux articles règlent ce qui touche aux prières publiques *ordinaires*.

A l'occasion d'un événement important, le Gouvernement demande souvent des prières publiques *ex-*

traordinaires. (Voir, pour plus amples développements, Cérémonies publiques.

PRÉSÉANCES.

On entend par préséance le droit qui appartient à un fonctionnaire de prendre un rang déterminé dans une cérémonie publique, ou dans une assemblée officielle, et de recevoir certains honneurs civils et militaires.

La première place est à main droite.

En matière de préséance, on ne discute pas, on ne commente pas, on cite. Nous devons donc nous borner à reproduire les dispositions du décret du 24 messidor an XII, relatives aux ministres des cultes. On trouvera ces différents articles à la partie de l'ouvrage réservée aux reproductions.

PRISONS.

Dans chaque prison, le service religieux est fait par un aumônier.

L'aumônier des prisons est nommé par le préfet du département, sur la proposition de l'évêque diocésain.

Il célèbre la messe les dimanches et fêtes dans l'établissement; — il peut choisir parmi les détenus, d'accord avec le chef de la prison, les servants de la chapelle; — il doit faire une instruction religieuse au moins une fois par semaine; — il doit faire le catéchisme aux jeunes détenus qui n'ont point encore fait leur première communion; — il visite les infirmeries

et se rend auprès des malades qui le font demander;
— il fait au moins deux visites par semaine dans toute
la prison; — il doit être informé de chaque décès.
(Règlement du 30 octobre 1841.)

Nous avons indiqué seulement les principales obligations de l'aumônier des prisons; il nous serait impossible d'embrasser le cercle entier de ses fonctions,
dont son zèle religieux et philanthropique agrandit l'é-
tendue au niveau des souffrances qu'il console tous
les jours.

PROCESSIONS.

L'article 45 de la loi organique porte : « Aucune
« cérémonie religieuse n'aura lieu hors des édifices
« consacrés au culte catholique, dans les villes où il
« y a des temples destinés à différents cultes. »

Cet article est applicable aux processions.

. Sous la Restauration, l'exécution de cette disposition de la loi organique demeura suspendue.

Sous le gouvernement de juillet, on en revint à son
exécution, au moins en théorie.

Aujourd'hui, il appartient à l'administration pré-
fectorale de décider, sous sa responsabilité, s'il y a
lieu d'autoriser ou d'interdire, dans l'intérêt de la
tranquillité publique, les processions catholiques,
dans les villes où il existe une église consistoriale.
Elle décide également si la permission ou l'interdiction doit être permanente ou accidentelle.

Le droit d'interdire les processions, dans les villes
où il n'existe pas d'église consistoriale, ou dans celles
où il en existe une, rentre dans les mesures de sûreté et

de police attribuées aux maires, à charge d'en référer à l'autorité supérieure; il rentre, à plus forte raison, dans les mesures de haute surveillance administrative, attribuées au préfet. C'est ce qui a été décidé par arrêt du conseil d'État du 1ᵉʳ mars 1842.

De même, il appartient à l'autorité municipale de prendre toutes les mesures d'ordre et de sûreté pour la sortie des processions, et il est de son devoir de les protéger de la manière la plus efficace.

Ainsi, en pareille matière, il n'y a rien d'absolu ; les décisions sont dictées par des nécessités d'ordre public, toutes du domaine temporel, et le contrôle de l'autorité supérieure garantit la prudence des autorités locales.

QUÊTES.

Tout ce qui concerne les quêtes dans les églises est réglé par l'évêque, sur le rapport des marguilliers, sans préjudice des quêtes pour les pauvres, lesquelles devront toujours avoir lieu dans les églises, toutes les fois que les bureaux de bienfaisance le jugeront convenable. (Art. 75 du décret du 30 décembre 1809.)

On distingue : 1° Les quêtes pour les frais du culte, qui font partie des revenus des fabriques et dont le produit est versé dans leur caisse ; 2° les quêtes pour un motif déterminé, qui peuvent être ordonnées par l'évêque, et dont le produit est affecté à un objet spécial; 3° les quêtes pour les pauvres, qui sont faites par l'initiative des bureaux de bienfaisance.

Pour le règlement des quêtes de la première catégorie, l'évêque reçoit le rapport et l'avis des marguil-

liers, sans être, en aucune manière, obligé de s'y conformer.

Pour le règlement des quêtes de la seconde catégorie, l'évêque ordonne et dispose, sans rapport ni
avis préalable du bureau des marguilliers. Toutefois,
il appartient à l'autorité civile de surveiller et d'empêcher tout ce qui, dans de semblables circonstances,
serait de nature à inquiéter la tranquillité publique.
(Avis du conseil d'État, du 6 juillet 1831.)

Pour les quêtes de la troisième catégorie, les bureaux de bienfaisance se conforment aux règlements
de l'évêque, en ce qui touche à l'exécution de la quête
même.

Dans les trois cas, nous pensons que les personnes
chargées de recueillir la quête dans les églises, doivent être choisies par le curé ou desservant, sous
l'autorité supérieure de l'évêque. Les bureaux de
bienfaisance ont pour leurs pauvres le *droit à la quête*,
dans l'église; on ne peut le leur refuser; mais il est
inadmissible qu'ils puissent introduire dans l'église,
dont le curé ou le desservant a la police intérieure,
une personne qu'il n'agréerait pas; telle n'est point
la portée de l'article 75 du décret de 1809.

Il est vrai qu'un arrêté ministériel du 5 prairial
an XI, porte que les bureaux de bienfaisance sont autorisés à confier la quête, soit aux filles de charité
vouées au service des pauvres, soit à telles autres
dames charitables qu'ils jugeront convenables; cet
arrêté a consacré un usage, mais non un droit absolu, et nous persistons à penser que les personnes
chargées de faire les quêtes pour le bureau de bienfaisance, doivent être agréées par le curé. Le recours

à l'évêque, en cas de conflit ou de refus systématique, aurait pour résultat de mettre un terme aux préten-tions du curé si elles étaient mal fondées.

SACREMENTS.

Les ministres du culte sont seuls dispensateurs des sacrements ; c'est pour eux un droit absolu ; eux seuls doivent être juges de l'accomplissement des conditions exigées des fidèles pour y participer ; dans l'exercice de ce devoir, ils ne relèvent que de leur conscience et de leurs supérieurs ecclésiastiques.

La décision du curé ou desservant peut être sou-mise à l'évêque ; celle de l'évêque au métropolitain, et celle du métropolitain au conseil d'État, s'il y a *abus*.

Il faut remarquer, en effet, que *l'abus* peut résulter des circonstances accessoires, qui ont précédé, ac-compagné ou suivi le refus de sacrements, s'il y a eu outrage, injure ou scandale public. A notre avis, l'autorité civile n'a jamais à juger les *motifs cano-niques* du refus de sacrements, ce qui est du ressort de l'autorité ecclésiastique *seule;* mais elle peut avoir à apprécier et à juger les *circonstances temporelles* de ce refus.

SACRILÉGE.

En droit canon, tout vol soit d'une chose sacrée, dans un lieu sacré ou non, soit d'une chose non sa-crée, dans un lieu sacré, toutes impuretés et crimes commis dans un lieu sacré, étaient considérés comme *des sacriléges.*

Dans l'ancien droit français, était considérée comme

sacrilége, toute profanation des choses saintes, telles que les églises, les cimetières, les vases sacrés, les cérémonies religieuses, etc., etc.

Le sacrilége était puni de peines *arbitraires*. Le sacrilége, joint à la superstition et à l'impiété, était puni de mort.

La loi du 20 avril 1825 fit rentrer dans notre législation les peines du sacrilége; mais elle a été abrogée par la loi du 11 octobre 1830.

SECOURS.

Chaque année il est ouvert un crédit au budget du ministère des cultes pour être distribué en secours. Ces secours s'appliquent : 1° Aux édifices religieux; 2° aux établissements ecclésiastiques; 3° aux ecclésiastiques.

Ont droit à un secours : 1° Les fabriques et communes dont les ressources sont insuffisantes pour subvenir aux grosses réparations des édifices du culte et des presbytères, ou qui votent des fonds pour la construction d'une église; 2° les congrégations de femmes enseignantes ou hospitalières régulièrement autorisées; 3° les établissements destinés aux missions étrangères; 4° les ecclésiastiques sans fonctions depuis la réorganisation du culte, les anciens religieux et les anciennes religieuses; 5° les ministres du culte âgés ou infirmes, qui ont cessé leurs fonctions; 6° les ministres du culte âgés ou infirmes en activité de service.

La somme accordée pour ces secours, dans le budget de 1842, était de 1,070,000 fr. (Vuillefroy, *Traité de*

l'administration du culte catholique, page 476.)—(Voir
le mot RETRAITE).

SÉMINAIRES.

Les évêques peuvent, avec l'autorisation du Gouvernement, établir dans leurs diocèses des séminaires. (Art. 10 de la loi organique.)

Telle est la base de l'organisation de ces établissements d'instruction religieuse supérieure et d'instruction secondaire.

La législation nouvelle sur l'enseignement a sim-
plifié considérablement les dispositions législatives
relatives aux séminaires, en faisant disparaître à peu
près toutes les difficultés soulevées par leur application.

On distingue : 1° les *grands séminaires*, ou séminaires *proprement dits*; 2° les établissements d'instruction secondaire, connus plus généralement sous
le nom de *petits séminaires*.

§ 1er. *Grands séminaires.*

Les édifices appartenant, avant la révolution, aux
grands séminaires, et restés libres, ont été attribués aux
diocèses, par le décret du 20 prairial an X. La loi du
23 ventôse an XII prescrivait un seul grand séminaire
par arrondissement métropolitain; cette prescription
n'a jamais été considérée comme *prohibitive*; un grand
séminaire s'est formé par chaque diocèse, et l'existence de tous ces établissements est aujourd'hui parfaitement légale.

Organisation.

Les évêques sont chargés de l'organisation de leurs séminaires, et les règlements de cette organisation sont soumis à l'approbation de l'Empereur. (Art. 23 de la loi organique.)

Là est le principe, le seul principe dont l'application ne froisse aucune susceptibilité et n'établisse aucune confusion. La loi du 23 ventôse an XII, qui tend à diriger et à juger l'enseignement dans les grands séminaires, n'a jamais pu être raisonnablement appliquée, et reste aujourd'hui tout à fait inapplicable.

Directeurs et professeurs.

Les directeurs et professeurs des grands séminaires sont nommés et révoqués par l'évêque. (Décret du 17 mars 1808.)

L'article 24 de la loi organique qui porte : « Ceux « qui seront choisis pour l'enseignement dans les sé- « minaires, souscriront la déclaration faite par le « clergé en 1682, et publiée par un édit de la même « année; ils se soumettront à y enseigner la doctrine « qui y est contenu, et les évêques adresseront une « expédition en forme de cette soumission au conseiller « d'État chargé de toutes les affaires concernant les « cultes, » est-il applicable, soit en vertu de la loi organique elle-même, soit en] vertu du décret du 26 février 1810? Non. Cette disposition était depuis longtemps tombée en désuétude; elle se trouve virtuellement abrogée par la loi de 1850, qui pose en principe la liberté de l'enseignement, sous la surveillance de l'État.

Il en est de même des dispositions de l'ordonnance du 16 juin 1828, qui imposait aux directeurs et professeurs des séminaires la nécessité de l'affirmation préalable qu'ils n'appartenaient à aucune congrégation religieuse non légalement établie en France.

Il en est de même de toutes autres prohibitions ou prescriptions incompatibles avec le principe de la loi de 1850, sur l'enseignement.

Élèves.

Aujourd'hui, les évêques peuvent recevoir dans leurs grands séminaires les élèves qui leur conviennent, sans qu'ils soient tenus de produire un diplôme de bachelier ès-lettres, conformément au décret du 8 avril 1809. Ce décret est abrogé implicitement par la loi du 15 mars 1850.

Sont considérés comme ayant satisfait à l'appel pour le recrutement de l'armée, et comptés numériquement en déduction du contingent à former :

Les élèves des grands séminaires, *régulièrement autorisés* à continuer leurs études ecclésiastiques, sous *la condition* que s'ils ne sont pas entrés dans les ordres majeurs à *vingt-cinq ans accomplis*, ils seront tenus d'accomplir le temps de service prescrit par la loi. (Loi du 21 mars 1832, article 14.)

Pour obtenir cette dispense provisoire et conditionnelle du service militaire, l'élève du grand séminaire doit fournir l'autorisation qui lui a été accordée par l'évêque de continuer ses études ecclésiastiques ; la signature du prélat est légalisée par le préfet du département. Cette autorisation, ainsi régularisée, est présentée par l'élève, ou par ses parents, lors du *tirage au sort* pour les jeunes gens de son canton, avec réclamation du motif *de déduction ;* il en est fait mention sur la liste du tirage. Lors de *la révision*, l'autorisation est reproduite avec nouvelle réclamation du privilége, et le conseil statue.

Si l'élève n'entre pas dans les ordres sacrés, ou s'il vient à cesser les fonctions de ministre du culte, par démission ou par déposition, il est tenu d'en faire la déclaration dans l'année, au maire de sa commune, de retirer une expédition de sa déclaration et de la soumettre au *visa* du préfet dans le mois qui suit, sous peine d'être poursuivi conformément aux dispositions de l'article 38 de la loi sur le recrutement, et condamné à un emprisonnement d'un mois à un an.

Après cette déclaration, l'ex-élève du séminaire est rétabli sur le contingent de sa classe et incorporé dans l'armée, s'il est propre au service.

Afin de faciliter l'application de cette partie de la loi du 21 mars 1832, l'évêque adresse, chaque année, au ministre des cultes, un tableau comprenant : 1° L'état des élèves auxquels il a été délivré des certificats destinés à les exempter du service militaire ; 2° l'état des élèves qui, ayant été déjà dispensés, n'ont pas ensuite rempli les conditions de la dispense, c'est-à-dire qui ne sont pas entrés dans les ordres majeurs à l'expiration de leur vingt-cinquième année, ou qui ont abandonné avant cet âge les études ecclésiastiques.

Les élèves des grands séminaires sont également

dispensés du service de la garde nationale. (Loi du 22 mars 1831, art. 12.)

Bourses et demi-bourses.

Il est établi, aux frais de l'État, des bourses et demi-bourses dans les grands séminaires. Le crédit ouvert pour cet objet, au budget du ministère des cultes, est de 100,000 fr. environ. Les bourses sont de 400 fr. et les demi-bourses de 200 fr.

Les bourses sont accordées par décret de l'Empereur, sur la présentation de l'évêque. (Décret du 30 septembre 1807, art. 2)

Le tableau de présentation, dressé par l'évêque, comprend un nombre de candidats triple de celui des bourses et demi-bourses à concéder; il indique, pour chaque candidat, les nom, prénoms, âge, lieu et date de naissance, et, dans une colonne séparée, l'aptitude, le mérite, les dispositions personnelles de chacun d'eux, et toutes les circonstances accessoires qui militent en leur faveur.(Décision ministérielle du 21 décembre 1814.)

Aux termes de l'ordonnance du 2 novembre 1835, l'élève boursier jouit du bénéfice de la bourse du jour de son entrée au séminaire.

Tous les trimestres, le montant des bourses du séminaire est mandaté au nom du trésorier, sur un état nominatif certifié par l'évêque, constatant, pour chaque boursier, la date de son entrée au séminaire et la continuation de ses études.

Régie des biens.

Les grands séminaires sont assimilés aux établissements publics autorisés par la loi; ils ont capacité semblable de posséder, d'acquérir à titre onéreux et à titre gratuit, en se conformant aux lois et règlements en vigueur, pour obtenir l'autorisation du Gouvernement. Leurs biens sont régis et administrés comme ceux des autres établissements publics, et suivant les règles particulières prescrites par le décret du 6 novembre 1813, article 62 et suivants, auxquels nous renvoyons, à la fin de ce volume.

Ainsi, il est formé, dans chaque séminaire, un *bureau administrateur*, qui est composé d'un grand vicaire, président en l'absence de l'évêque, du directeur du séminaire, de l'économe et d'un trésorier, nommé par le ministre des cultes, sur l'avis de l'évêque et du préfet.

Le secrétaire de l'évêché est secrétaire du bureau.

Il est établi une armoire ou caisse à trois clefs pour le dépôt des titres, pièces et dossiers; l'une des clefs est entre les mains de l'évêque ou du vicaire général, la seconde entre celles du directeur, et la troisième dans les mains du trésorier.

Il n'est rien retiré de la caisse sans l'avis motivé des trois dépositaires des clefs, approuvé par l'évêque, s'il y a lieu, c'est-à-dire si l'avis est donné par le vicaire général.

Pour le remboursement et le placement des deniers, on suit les mêmes formalités que pour les fabriques. Les biens ruraux ne peuvent être affermés que par adjudication aux enchères, à moins que l'é-

vêque et les membres du bureau jugent plus avantageux de traiter de gré à gré avec les particuliers.
Les baux qui excèdent neuf ans sont passés conformément à l'article 9 du décret du 30 décembre 1809.

Les procès ne peuvent être intentés qu'avec l'autorisation du conseil de préfecture, sur la proposition
de l'évêque, après avis du bureau.

L'économe est chargé des dépenses : celles qui sont
extraordinaires ou imprévues sont autorisées par
l'évêque, après l'avis du bureau.

Le versement des deniers est fait tous les mois,
dans l'armoire ou caisse à trois clefs, par le trésorier,
avec un bordereau établissant des détails de la recette.

Aucun versement ne peut être fait ailleurs que
dans cette caisse.

La caisse acquitte, le 1er de chaque mois, les mandats de la dépense à faire dans le courant du mois. Ces
mandats sont signés par l'économe et visés par l'évêque.

Le trésorier et l'économe de chaque séminaire
rendent leurs comptes au mois de janvier de chaque
année, sans être tenus de nommer les élèves qui auraient eu part aux deniers affectés aux aumônes. Il
suffit que la dépense de ces deniers soit approuvée
par l'évêque.

Les comptes sont visés par l'évêque et transmis au
Ministre des cultes ; s'ils sont approuvés, l'évêque les
arrête définitivement et en donne décharge ; s'ils ne
sont pas approuvés, il y a lieu de justifier la dépense
des articles contestés.

Pour chaque semestre, le bureau transmet au préfet les bordereaux des versements faits par l'économe,
et les mandats des sommes payées ; le préfet en donne

décharge et en adresse les *duplicata* au ministre des cultes, avec des observations.

Voir à la fin du volume, le texte du décret de 1813.

§ 2. *Petits séminaires.*

Aucun établissement d'instruction publique n'a été discuté avec plus d'ardeur, dans son existence même, que les petits séminaires; tantôt vainqueurs, tantôt vaincus, ils sont arrivés jusqu'à la loi de 1850, qui leur a donné le droit de vivre libres et sans entraves, sous la simple surveillance de l'État, sauf l'autorisation du Gouvernement pour les nouveaux établissements à créer.

Ainsi sont abrogés :

1º Le décret du 15 novembre 1811, qui mettait les petits séminaires sous le gouvernement, la direction et l'enseignement de l'Université, qui en limitait le nombre à un par département, qui fermait ceux qui étaient placés dans les villes où il y avait lycée ou collége, qui défendait d'en établir à la campagne, etc., etc., etc. ;

2º L'ordonnance du 5 octobre 1814, qui maintenait encore quelques dispositions restrictives de la liberté d'existence pour les petits séminaires ;

3º Les ordonnances du 16 juin 1828, dont la première exigeait, de la part des directeurs et professeurs des petits séminaires, la déclaration écrite qu'ils ne faisaient partie d'aucune congrégation religieuse non légalement établie en France ;

Dont la seconde limitait le nombre des petits sémi-

naires, le *maximum* des élèves qu'ils pouvaient recevoir, fixait les lieux où ils pouvaient être établis,
le costume des élèves au-dessus de quatorze ans, les
formalités de l'obtention du diplôme de bachelier ès-
lettres, etc., etc.

Aujourd'hui, toute la législation réglementaire des
petits séminaires est dans l'article 70 de la loi du
15 mars 1850, ainsi conçu :

« Les écoles secondaires ecclésiastiques actuelle-
« ment existantes sont maintenues, sous la seule con-
« dition de rester soumises à la surveillance de l'État.
« Il ne pourra en être établi de nouvelles sans l'auto-
« risation du Gouvernement. »

Il faut le dire, le principe de la surveillance de l'É-
tat dans les petits séminaires n'a pas été généralement
accepté par les ministres du culte. La question de
savoir si cette surveillance serait scrupuleusement
exercée par le Gouvernement a été soulevée à l'Assemblée législative, et voici dans quels termes M. le
ministre de l'instruction publique et des cultes a ré-
pondu :

« Nous pensons que l'esprit de la loi, lorsqu'elle
« parle de la surveillance de l'État, emporte cette
« idée, que la surveillance de l'État doit s'exercer à
« l'égard des établissements secondaires ecclésiasti-
« ques, comme à l'égard des établissements libres, en
« ce sens que les termes de l'article 19, qui dit : « que
« l'inspection portera sur l'enseignement, pour véri-
« fier s'il n'est pas contraire à la morale, à la Consti-
« tution et aux lois », s'applique naturellement aux
« écoles secondaires ecclésiastiques.

« Ce n'est pas à dire pour cela que, dans l'applica-

« tion, il ne puisse y avoir certains ménagements,
« certaines réserves dont le Gouvernement sera juge...

« Il est possible qu'il y ait quelques susceptibilités
« excitées ; il est possible que des prélats respectables
« aient pu penser que sous cette inspection, qu'ils
« n'ont pas subie jusqu'à présent, il pourrait se ca-
« cher involontairement quelque atteinte à la foi
« chrétienne...

« Mais nous sommes disposés à croire que, devant
« l'application ferme, impartiale, et, je dois ajouter,
« modérée et bienveillante de la loi, ces scrupules,
« ces ombrages disparaîtront. »

SÉPULTURES.

Sera puni d'un emprisonnement de trois mois à un
an, et de 16 francs à 200 francs d'amende, quiconque
se sera rendu coupable de violation de tombeaux ou
de sépultures, sans préjudice des peines portées contre
les crimes et délits qui seraient joints à celui-ci.
(Art. 360 du Code pénal.)

L'Église prie pour les morts; la loi, qui a protégé
l'homme, ne l'abandonne pas quand il ne reste de lui
qu'une dépouille mortelle. C'est la loi morale et religieuse de toutes les nations.

Dans l'ancien droit, le *violement de sépulture* était
puni de peines arbitraires; ces crimes se commet-
taient : 1º en déterrant des cadavres pour en faire des
sujets d'études anatomiques ou autrement; 2º en les
dépouillant de leurs vêtements pour les voler; 3º en
détruisant leurs tombeaux, épitaphes, ornements, etc.;
4º en empêchant qu'une personne morte ne fût en-

terrée; 5° en frappant, perçant ou coupant quelque membre d'un corps mort. (Morin, v° *Violation de sépulture.*)

Selon Chauveau et Faustin-Hélie, les mêmes faits constituent, aux yeux du législateur moderne, le délit de violation de sépulture, prévu et puni par l'article 360 du Code pénal, ci-dessus cité.

Ainsi la soustraction frauduleuse des suaires et vêtements qui enveloppent les morts, ou des objets renfermés dans les cercueils, commise à l'aide d'escalade et d'effraction, constitue le délit de violation de sépulture. (Cass., 17 mai 1822.)

C'est avec raison que plusieurs auteurs pensent que le délit peut être commis sur le cercueil qui renferme le cadavre, *avant même qu'il soit enseveli.* La Cour de Cassation a consacré cette doctrine, et posé en principe que *tout acte* qui tend directement à violer le respect qui est dû à la cendre des morts, bien qu'aucune atteinte matérielle ne soit portée aux cendres elles-mêmes, tombe sous l'application de la loi pénale. L'*acte* d'avoir frappé avec un bâton sur la tombe d'un mort, ou de s'y être roulé publiquement, en proférant des paroles outrageantes contre sa mémoire, constitue le délit de violation de sépulture. Il en est de même de l'*acte* d'avoir volontairement, et avec une intention outrageante, lancé des pierres contre un cercueil au moment où il venait d'être descendu dans la fosse. (Cass., 22 août 1839 ; Bordeaux, 9 déc. 1830.)

SERMENT.

Le serment est un acte religieux par lequel une personne prend Dieu à témoin de la vérité d'un fait ou de la sincérité d'une promesse.

Avant d'entrer en fonctions, les évêques et archevêques prêtent serment entre les mains de l'Empereur.

Les curés et desservants prêtent serment entre les mains du préfet du département.

L'article 6 du Concordat pose la formule du serment religieux ; elle est ainsi conçue :

«Je jure et promets à Dieu, sur les saints Évangiles, « de garder obéissance et fidélité au gouvernement « établi par la constitution de l'Empire. Je promets « de n'avoir aucune intelligence, de n'assister à au- « cun conseil, de n'entretenir aucune ligue, soit au « dedans, soit au dehors, qui soit contraire à la tran- «quillité publique ; et si, dans mon diocèse, ou ailleurs, « j'apprends qu'il se trame quelque chose au préju- « dice de l'État, je le ferai savoir au Gouvernement.»

SIGNES EXTÉRIEURS.

L'exposition des signes extérieurs du culte catholique est assimilée aux cérémonies religieuses qui ont lieu hors des édifices consacrés au culte. L'art. 45 de la loi organique leur est applicable, en ce qui touche l'autorisation ou l'interdiction de les exposer.

Cependant l'autorité se montre sobre de prohibitions, et on ne comprendrait pas l'interdiction qui s'appliquerait aux signes permanents du culte catholique, c'est-à-dire aux croix, aux petites madones placées aux coins des rues et des carrefours par la piété des fidèles, et aux autres symboles dont la modeste simplicité ne peut soulever l'exaltation des esprits et troubler la tranquillité publique.

TRAITEMENT.

Le Gouvernement doit assurer un traitement convenable aux ministres du culte catholique, nommés et institués conformément aux lois organiques et canoniques. (Article 14 du Concordat.)

Ce traitement a varié sous les divers Gouvernements qui se sont succédé depuis l'an X; il est fixé aujourd'hui de la manière suivante :

Cardinaux. — Les évêques ou archevêques, appelés à la haute dignité de cardinaux, reçoivent un supplément annuel de traitement de 10,000 fr.

Archevêque de Paris. — Le traitement de l'archevêque de Paris est fixé à 50,000 fr.

Archevêques. — Traitement fixe, 15,000 fr.; — indemnité pour frais d'information canonique lors de la nomination, 400 fr.; — indemnité pour frais d'obtention de la bulle d'institution canonique, 5,000 fr.; — frais d'installation, 10,000 fr.

Évêques. — Traitement fixe, 10,000 fr.; — pour frais d'information canonique lors de la nomination, 300 fr.; — pour frais d'obtention de la bulle canonique, 3,333 fr. 35 c.; — pour frais d'installation, 8,000 fr.

Curés de première classe. — Septuagénaires non pensionnés, 1,600 fr. — Septuagénaires pensionnés, 1,500 fr., plus leur pension, dont le cumul est permis jusqu'à la somme de 2,500 fr. (Loi du 15 mai 1818.) — Non septuagénaires pensionnés ou non pensionnés, 1,500 fr.

Curés de deuxième classe. — Septuagénaires pensionnés, 1,200 fr., plus leur pension. — Non septuagénaires pensionnés ou non pensionnés, 1,200 fr.

Desservants. — Sexagénaires, 900 fr. — Septuagénaires, 1,000 fr. — Les autres desservants, 800 fr.

Premier vicaire général de l'archevêché, — 3,000 fr.

Vicaires généraux de l'archevêché, — 2,000 fr.

Vicaires généraux des évêchés, — 2,000 fr.

Chanoines, — 1,500 fr.

Vicaires paroissiaux, — de 300 fr. à 500 fr.

VICAIRES GÉNÉRAUX.

Chaque archevêque peut nommer trois vicaires généraux, dont un avec titre et privilége de premier
vicaire ; chaque évêque peut en nommer deux.

Ils doivent être choisis parmi les prêtres ayant les
qualités requises pour être évêques.

Les archevêques et évêques ne peuvent manifester
la nomination qu'ils ont faite d'un vicaire général, ni
lui donner l'institution canonique avant que la nomination ait été agréée par l'Empereur. On se pourvoit
dans les mêmes formes que celles indiquées au mot
Curé.

Pendant la vacance du siége, les vicaires généraux
ne continuent point leurs fonctions, conformément
aux articles 36 et 38 de la loi organique ; mais il y a
lieu d'appliquer les articles 5 et 6 du décret du 28 mai
1810, qui portent :

« L'article 36 de la loi organique est rapporté.

« En conséquence, pendant les vacances des siéges,
« il sera pourvu, conformément aux lois canoniques,
« au gouvernement des diocèses. Les chapitres pré-
« senteront à notre ministre des cultes les vicaires
« généraux qu'ils auront élus, pour leur nomination
« être reconnue par nous. »

Un vicaire général qui, après trois années consécutives d'exercice, est forcé d'abandonner ses fonctions, par changement d'évêque, pour cause d'âge ou d'infirmités, a droit au premier canonicat vacant dans le chapitre du diocèse. En attendant la vacance, il siége dans le chapitre avec le titre de chanoine honoraire, et il reçoit de l'État un traitement de 1,500 fr.

Les vicaires généraux doivent réunir les autres conditions exigées pour la nomination des ministres du culte catholique.

Les traitements des vicaires généraux sont fixés par l'ordonnance du 20 mai 1818. (*Voy.* TRAITEMENT.)

Vicaires paroissiaux. — Les vicaires paroissiaux sont établis dans les paroisses pour venir en aide aux curés ou desservants, dans l'exercice de leurs fonctions.

L'évêque établit le *vicariat* sur la délibération du bureau des marguilliers et l'avis du conseil municipal de la commune. Il est inutile d'ajouter que le prélat n'est point obligé de se conformer à cette délibération, ou de suivre l'avis donné.

Le vicaire est approuvé par l'évêque et révocable par lui. (Article 31 de la loi organique.)

Si le conseil de fabrique ne peut subvenir aux frais du traitement du vicaire, dont la nécessité a été reconnue par l'évêque, il y a lieu d'avoir recours à la commune, qui doit y pourvoir obligatoirement, dans les limites de ses ressources, et en se conformant aux règles du *minimum* et du *maximum* des traitements affectés aux vicaires. A cet effet, la décision épiscopale est adressée au préfet du département, et il est procédé comme nous avons dit au mot FABRIQUES.

Le traitement des vicaires est de 500. fr au plus et

de 300 fr. au moins (décret du 30 décembre 1809, art. 40), sans y comprendre les allocations gracieuses votées en leur faveur par les conseils municipaux.

D'un autre côté, l'ordonnance du 6 janvier 1830 dispose que dans les communes autres que celles de grande population, il sera alloué par l'État aux vicaires une indemnité de 350 fr. Les communes de grande population sont celles dont la population dépasse 5,000 habitants.

Mais cette allocation n'équivaut point à un traitement fixe, car le chiffre du crédit ouvert est loin de répondre à toutes les exigences du personnel des vicaires; de sorte que l'ordonnance n'est exécutée qu'en partie, en ce sens que les sommes portées au budget sont réparties entre tous les diocèses et restent insuffisantes pour indemniser tous les vicaires en exercice d'une somme de 350 fr. pour chacun. Il résulte donc, en fait et en pratique administrative, que les fabriques ou les communes sont tenues de fournir à leur vicaire un traitement de 300 fr. au moins, si leurs ressources le permettent (circ. minist. 7 mars 1818), et sans se préoccuper de l'ordonnance du 6 janvier 1830.

Le traitement du vicaire court du jour de son installation, constatée par le procès-verbal de l'un des marguilliers; il n'a point droit au logement; mais, s'il n'est point logé chez le curé ou dans une maison appartenant à la commune ou à la fabrique, cette circonstance doit être prise en considération pour la fixation de son traitement.

CHAPITRE VII.

ADMINISTRATION CENTRALE DU CULTE CATHOLIQUE.

Le ministère des Cultes, après avoir été, pendant quelques années, réuni au ministère de la Justice, est actuellement réuni au ministère de l'Instruction publique, et le ministre prend le double titre de ministre de l'Instruction publique et des Cultes.

Le ministère des Cultes est chargé des attributions suivantes :

Préparation et exécution des lois, décrets, règlements et décisions concernant les cultes ; proposition à l'Empereur des nominations aux archevêchés et évêchés de l'Empire, aux canonicats de Saint-Denis et aux bourses des séminaires ; présentation à l'agrément de Sa Majesté des nominations faites par les évêques aux titres ecclésiastiques ; publication des bulles, brefs et rescrits du Saint-Siége ; appel comme d'abus; contentieux des cultes; congrégations religieuses d'hommes et de femmes; autorisation pour l'acceptation des dons et legs faits aux établissements ecclésiastiques; circonscriptions; secours aux communes pour la réparation de leurs églises ou presbytères; administration temporelle des établissements diocésains; travaux pour la construction et la conservation des cathédrales, évêchés et séminaires; comité des inspecteurs généraux des travaux diocésains; commission des arts et édifices religieux; affaires des cultes non catholiques reconnus.

Ces attributions sont réparties entre les divisions et les bureaux du ministère, ainsi qu'il suit :

DIRECTION GÉNÉRALE DE L'ADMINISTRATION DES CULTES.
(Place Vendôme, 13.)

Cabinet du directeur général. — Ouverture et enregistrement des dépêches à l'arrivée, et distribution dans les bureaux; départ des dépêches; personnel des bureaux et règlements d'ordre intérieur ; situation hebdomadaire des travaux de la direction; demandes d'audience ; affaires réservées; commission des arts et édifices religieux.

PREMIÈRE DIVISION. — *Culte catholique.* —*Personnel.*— *Contentieux.*

Premier bureau. — Personnel du clergé et police ecclésiastique; promotion au cardinalat; nomination aux archevêchés, canonicats de Saint-Denis, aux fonctions de trésorier des grands séminaires, aux bourses, dans les mêmes établissements; présentation à l'agrément de l'Empereur des nominations aux titres ecclésiastiques; promotion des curés de deuxième classe à la première; frais d'établissement des cardinaux, archevêques et évêques; traitements des titulaires ecclésiastiques; indemnités pour visites diocésaines; binage en double service; application du décret du 17 novembre 1811, relatif aux curés temporairement éloignés de leur paroisse; secours personnels aux ecclésiastiques et aux anciennes religieuses; répartition du crédit alloué pour secours annuels à des congrégations religieuses; nomination à des bourses fondées dans les pensionnats de quelques communautés de France; administration temporelle du chapitre de Saint-Denis; tenue des registres matricules de tous les titulaires nommés ou agréés par le Gouvernement; états du personnel du clergé et des séminaires; publication des bulles, brefs et rescrits; appels comme d'abus; plaintes et dénonciations contre la conduite des ecclésiastiques; réclamations des ecclésiastiques contre les atteintes portées au libre exercice de leurs fonctions; statuts des chapitres cathédraux; réunion des cures aux chapitres; écoles secondaires ecclésiastiques; exécution, en ce qui concerne l'administration des cultes, du décret du 23 prairial an XII, sur les sépultures; recueil et analyse des votes des conseils généraux intéressant le culte catholique; questions de préséance; honneurs civils et militaires à rendre aux cardinaux, archevêques et évêques; demandes de décorations; légalisation des signatures ecclésiastiques.

Personnel du clergé en Algérie et dans les colonies;

correspondance avec le ministre de la marine et le
supérieur du séminaire du Saint-Esprit pour tout ce
qui concerne les affaires du culte dans les colonies.

Organisation et révocation des conseils de fabrique;
autorisations nécessaires pour placer des monuments
et inscriptions funèbres dans les églises.

Garde du timbre; tenue du registre d'analyse des
rapports renvoyés par le ministre à l'examen du conseil d'État; classement et conservation des archives
et de la bibliothèque; travaux statistiques; dépôt et
expédition des décrets et des décisions de l'Empereur,
des arrêts du ministre, des avis du conseil d'État;
envoi au *Bulletin des Lois.*

Deuxième bureau. — Service paroissial. — Contentieux. — Congrégations religieuses. — Contentieux
des fabriques; emploi ou destination de leurs biens
meubles et immeubles; acquisitions, aliénations,
échanges, emprunts, transactions concernant ces
établissements.

Concessions de bancs, chapelles et tribunes dans
les églises; différends entre les fabriques et les communes; distribution des parties superflues des presbytères; dépenses du culte paroissial; tarif des droits
d'ablution et d'inhumation, pompes funèbres; autorisation pour l'acceptation des dons et legs et offres
de révélation à tous les établissements religieux;
approbation et modification des statuts et autorisation
des congrégations religieuses et établissements qui
en dépendent; actes de vente, d'acquisition, d'é-
change, de constitution de rentes, de transactions,
d'emprunts, de rétrocession, etc., etc., concernant
les congrégations religieuses d'hommes et de femmes,

DEUXIÈME DIVISION. — *Culte catholique.* — *Administration temporelle des intérêts diocésains.* — *Circonscription ecclésiastique.*

Premier bureau.— Administration temporelle des établissements diocésains; acquisitions, échanges, aliénations, emploi de fonds, transactions et autres affaires contentieuses relatives à ces établissements; maisons et caisses de retraite pour les prêtres âgés et infirmes; tarif des droits de secrétariat d'évêchés; compte annuel des séminaires; budget des fabriques des cathrédrales; circonscription des diocèses et des paroisses; création de succursales et de cures de deuxième classe; secours aux communes et aux fabriques pour églises et presbytères.

Deuxième bureau. — Travaux pour la construction ou la conservation des cathédrales, archevêchés, évêchés et séminaires; acquisitions concernant ces édifices; examen et approbation des projets; adjudication des travaux; nomination et personnel des architectes; répartition et emploi des fonds affectés par le budget des cultes aux dépenses diocésaines; ameublement des archevêchés et évêchés; maîtrise et bas-chœur des cathédrales; secours pour acquisition d'ornements; loyer pour évêchés et séminaires.

DIVISION DE LA COMPTABILITÉ CENTRALE.
(Rue de Grenelle-Saint-Germain, 110.)

Deuxième bureau. — Comptabilité centrale des cultes; préparation du budget des cultes; des comptes généraux et des divers documents de comptabilité à publier; instructions et circulaires sur la comptabilité des cultes; états de crédits aux préfets pour l'exécution des décisions ministérielles; ordonnancement des dépenses; envoi des ordonnances au ministère des finances et rapports généraux de comptabilité avec ce ministère; état des appointements et liquidation des pensions des employés de l'administration centrale; vérification et liquidation des comptes adressés par les préfets; vérification des bordereaux de situation mensuelle des préfets et des payeurs; écritures et tenue de livres en partie double; état de situation périodique des dépenses sus-datées et payées; expédition des extraits d'ordonnances et des lettres d'avis de paiement; dépenses matérielles d'administration centrale.

Troisième bureau. — Comptabilité générale des pensions de retraite et des retenues exercées sur les traitements; administration des fondations britanniques; personnel de l'administration centrale.

CIRCONSCRIPTION DES ARCHEVÊCHÉS ET DES ÉVÊCHÉS.

Les 15 archevêchés forment leur circonscription dans les diocèses et départements suivants :

Archevêché de Paris (département de la Seine); Évêché de Chartres (département d'Eure-et-Loir); Évêché de Meaux (département de Seine-et-Marne); Évêché d'Orléans (département du Loiret); Évêché de Blois (département de Loir-et-Cher); Évêché de Versailles (département de Seine-et-Oise).

Archevêché de Cambrai (département du Nord); Évêché d'Arras (département du Pas-de-Calais).

Archevêché de Lyon et de Vienne (département du Rhône et de la Loire); Évêché d'Autun (département de Saône-et-Loire); Évêché de Langres (département de la

Haute-Marne); Évêché de Dijon (département de la Côte-d'Or); Évêché de Saint-Claude (département du Jura); Évêché de Grenoble (département de l'Isère).

Archevêché de Rouen (département de la Seine-Inférieure); Évêché de Bayeux (département du Calvados); Évêché d'Évreux (département de l'Eure); Évêché de Seez (departement de l'Orne); Évêché de Coutances (département de la Manche).

Archevêché de Sens et d'Auxerre (département de l'Yonne); Évêché de Troyes (département de l'Aube); Évêché de Nevers (département de la Nièvre); Évêché de Moulins (département de l'Allier).

Archevêché de Reims (l'arrondissement de Reims et le département des Ardennes); Évêché de Soissons (département de l'Aisne); Évêché de Châlons (département de la Marne, l'arrondissement de Reims excepté); Évêché de Beauvais (département de l'Oise); Évêché d'Amiens (département de la Somme).

Archevêché de Tours (département d'Indre-et-Loire); Évêché du Mans (département de Sarthe et Mayenne); Évêché d'Angers (département de Maine-et-Loire); Évêché de Rennes (département d'Ille-et-Vilaine); Évêché de Nantes (département de la Loire-Inférieure); Évêché de Quimper (département du Finistère); Évêché de Vannes (département du Morbihan); Évêché de Saint-Brieuc (département des Côtes-du-Nord).

Archevêché de Bourges (départements du Cher et de l'Indre); Évêché de Clermont (département du Puy-de-Dôme); Évêché de Limoges (départements de la Haute-Vienne et de la Creuse); Évêché du Puy (département de la Haute-Loire); Évêché de Tulle (département de la Corrèze); Évêché de Saint-Flour (département du Cantal).

Archevêché d'Albi (département du Tarn); Évêché de Rodez (département de l'Aveyron); Évêché de Cahors (département du Lot); Évêché de Mende (département de la Lozère); Évêché de Perpignan (département des Pyrénées-Orientales).

Archevêché de Bordeaux (département de la Gironde); Évêché d'Agen (département de Lot-et-Garonne); Évêché d'Angoulême (département de la Charente); Évêché de Poitiers (départements des Deux-Sèvres et de la Vienne); Évêché de Périgueux (département de la Dordogne); Évêché de La Rochelle (département de la Charente-Inférieure); Évêché de Luçon (département de la Vendée); Évêché des colonies; Évêché de Saint-Denis, de l'île de la Réunion (Afrique); Évêché de la Basse-Terre (Antilles); Évêché de Port-de-France (Antilles).

Archevêché d'Auch (département du Gers); Évêché d'Aire (département des Landes); Évêché de Tarbes (département des Hautes-Pyrénées); Évêché de Bayonne (département des Basses-Pyrénées).

Archevêché de Toulouse et Narbonne (département de la Haute-Garonne); Évêché de Montauban (département de Tarn-et-Garonne); Évêché de Pamiers (département de l'Ariége); Évêché de Carcassonne (département de l'Aude).

Archevêché d'Aix, Arles et Embrun (département des Bouches-du-Rhône, à l'exception de l'arrondissement de Marseille); Évêché de Marseille (l'arrondissement de ce nom); Évêché de Fréjus (département

21*

du Var); Évêché de Digne (département des Basses-Alpes); Évêché de Gap (département des Hautes-Alpes); Évêché d'Ajaccio (Corse); Évêché d'Alger, (Afrique).

Archevêché de Besançon (départements du Doubs et de la Haute-Saône); Évêché de Strasbourg (départements du Bas-Rhin et du Haut-Rhin); Évêché de Metz (département de la Moselle); Évêché de Verdun (département de la Meuse); Évêché de Belley (département de l'Ain); Évêché de Saint-Dié (département des Vosges); Évêché de Nancy (département de la Meurthe).

Archevêché d'Avignon (département de Vaucluse); Évêche de Nimes (département du Gard); Évêché de Valence (département de la Drôme); Évêché de Viviers (département de l'Ardèche); Évêché de Montpellier (département de l'Hérault).

Les affaires du culte sont traitées dans les départements par les prélats, chefs des diocèses, d'après le tableau suivant :

Ain (Évêché de Belley). — Aisne (Évêché de Soissons).—Allier (Évêché de Moulins).—Alpes (Basses-) (Évêché de Digne).—Alpes (Hautes-) Évêché de Gap). — Ardèche (Évêché de Viviers). — Ardennes (Archevêché de Reims). — Ariége (Évêché de Pamiers). — Aube (Évêché de Troyes).—Aude (Évêché de Carcassonne). — Aveyron (Évêché de Rhodez). — Bouches-du-Rhône (l'arrondissement de Marseille; l'Évêque de Marseille); les autres arrondissements de l'archevêché d'Aix.—Calvados (Évêché de Bayeux). — Cantal (Évêché de Saint-Flour) — Charente Évêché d'Angoulême).—Charente-Inférieure (Évêché de La Rochelle). —Cher (Archevêché de Bourges). — Corrèze (Évêché de Tulle). — Corse (Évêché d'Ajaccio). — Côte-d'Or (Évêché de Dijon). —Côtes-du-Nord (Évêché de Saint-Brieuc). — Creuse (Évêché de Limoges). — Dordogne (Évêché de Périgueux). — Doubs (Archevêché de Besançon). — Drôme (Évêché de Valence). — Eure (Évêché d'Évreux). — Eure-et-Loir (Évêché de Chartres). — Finistère (Évêché de Quimper). — Gard (Évêché de Nimes).—Garonne (Haute-). Archevêché de Toulouse. — Gers (Archevêché d'Auch). — Gironde (Archevêché de Bordeaux). — Hérault (Évêché de Montpellier). — Ille-et-Vilaine (Évêché de Rennes). — Indre (Archevêché de Bourges). — Indre-et-Loire (Archevêché de Tours). — Isère (Évêché de Grenoble). — Jura (Évêché de Saint-Claude). — Landes (Évêché d'Aire). — Loir-et-Cher (Évêché de Blois). — Loire (Archevêché de Lyon).—Loire (Haute-) Évêché du Puy).—Loire-Inférieure (Évêché de Nantes). —Loiret (Évêché d'Orléans). — Lot (Évêché de Cahors).— Lot-et-Garonne (Évêché d'Agen). — Lozère (Évêché de Mende). — Maine-et-Loire (Évêché d'Angers).—Manche (Évêché de Coutances). — Marne (Évêché de Châlons-sur-Marne ; par l'arrondissement de Reims, l'archevêché de Reims). —Marne (Haute-), Évêché de Langres).—Mayenne (Évêché du Mans).—Meurthe (Évêché de Nancy). — Meuse (Évêché de Verdun).—Morbihan (Évêché de Vannes). Moselle (Évêché de Metz).—Nièvre (Évêché de Nevers). — Nord (Archevêché de Cambrai). — Oise (Évêché de Beauvais). — Orne (Évêché de Séez). — Pas-de-Calais (Évêché d'Arras). — Puy-de-Dôme (Évêché de Clermont). — Pyrénées (Basses-) Évêché de Bayonne).—

Pyrénées (Hautes-) Évêché de Tarbes). — Pyrénées-Orientales (Évêché de Perpignan). — Rhin (Haut et Bas-) Évêché de Strasbourg). — Rhône (Archevêché de Lyon).— Saône (Haute-) Archevêché de Besançon). Saône-et-Loire (Évêché d'Autun). — Sarthe (Évêché du Mans).— Seine (Archevêché de Paris).—Seine-Inférieure (Archevêché de Rouen). — Seine-et-Marne (Évêché de Meaux). — Seine-et-Oise (Évêché de Versailles).—Sèvres (Deux-) Évêché de Poitiers)—Somme (Évêché d'Amiens). — Tarn (Archevêché d'Albi). — Tarn-et-Garonne (Évêché de Montauban). — Var (Évêché de Fréjus). —Vaucluse (Archevêché d'Avignon).—Vendée (Évêché de Luçon).— Vienne (Évêché de Poitiers). —Vienne (Haute-) Évêché de Limoges).—Vosges (Évêché de Saint-Dié). — Yonne (Archevêché de Sens).

TEXTE DES LOIS, DÉCRETS ET ORDONNANCES REPRODUITS DANS CE VOLUME.

Concordat

ENTRE S. S. PIE VII ET LE GOUVERNEMENT FRANÇAIS (1801).

Le Gouvernement de la République reconnaît que la religion catholique, apostolique et romaine est la religion de la majorité des citoyens français.

Sa Sainteté reconnaît également que cette même religion a retiré et attend, encore en ce moment, le plus grand bien et le plus grand éclat de l'établissement du culte catholique en France, et de la profession particulière qu'en font les consuls de la République.

En conséquence, d'après cette reconnaissance mutuelle, tant pour le bien de la religion que pour le maintien de sa tranquillité intérieure, ils sont convenus de ce qui suit :

Art. 1er. La religion catholique, apostolique et romaine sera librement exercée en France : son culte sera public, en se conformant aux règlements de police que le Gouvernement jugera nécessaires pour la tranquillité publique.

Art. 2. Il sera fait, par le Saint-Siége, de concert avec le Gouvernement, une nouvelle circonscription des diocèses français.

Art. 3. Sa Sainteté déclarera aux titulaires des évêchés français, qu'elle attend d'eux avec une ferme confiance, pour le bien de la paix et de l'unité, toute espèce de sacrifices, même celui de leurs siéges. D'après cette exhortation, s'ils se refusaient à ce sacrifice commandé pour le bien de l'Église (refus néanmoins auquel Sa Sainteté ne s'attend pas), il sera pourvu par de nouveaux titulaires au gouvernement des évêchés de la circonscription nouvelle de la manière suivante :

Art. 4. Le premier consul de la République nommera, dans les trois mois qui suivront la publication de la bulle, aux archevêchés et évêchés de la circonscription nouvelle. Sa Sainteté conférera l'institution canonique suivant les formes établies par rapport à la France, avant le changement du Gouvernement.

Art. 5. Les nominations aux évêchés qui vaqueront dans la suite, seront également faites par le premier consul, et l'institution canonique sera donnée par le Saint-Siége, en conformité de l'article précédent.

Art. 6. Les évêques, avant d'entrer en fonctions, prêteront directement, entre les mains du premier consul, le serment de fidélité qui était en usage avant le changement de gouvernement, exprimé dans les termes suivants :

« Je jure et promets à Dieu, sur les saints Évangiles, de
« garder obéissance et fidélité au gouvernement établi par la
« constitution de la République française. Je promets aussi de
« n'avoir aucune intelligence, de n'assister à aucun conseil, de
« n'entretenir aucune ligue, soit au dedans, soit au dehors, qui
« soit contraire à la tranquillité publique ; et si, dans mon
« diocèse ou ailleurs, j'apprends qu'il se trame quelque chose
« au préjudice de l'État, je le ferai savoir au Gouvernement. »

Art. 7. Les ecclésiastiques du second ordre prêteront le même serment entre les mains des autorités civiles désignées par le Gouvernement.

Art. 8. La formule de prière suivante sera récitée à la fin de l'office divin, dans toutes les églises catholiques de France :

> Domine, salvam fac Rempublicam,
> Domine, salvos fac Consules.

Art. 9. Les évêques feront une nouvelle circonscription des paroisses de leurs diocèses, qui n'aura d'effet que d'après le consentement du Gouvernement.

Art. 10. Les évêques nommeront aux cures. Leur choix ne pourra tomber que sur les personnes agréées par le Gouvernement.

Art. 11. Les évêques pourront avoir un chapitre dans leur cathédrale, et un séminaire pour leur diocèse, sans que le Gouvernement s'oblige à les doter.

Art. 12. Toutes les églises métropolitaines, cathédrales, paroissiales et autres, non aliénées, nécessaires au culte, seront remises à la disposition des évêques.

Art. 13. Sa Sainteté, pour le bien de la paix et l'heureux rétablissement de la religion catholique, déclare que ni elle ni ses successeurs ne troubleront, en aucune manière, les acquéreurs des biens ecclésiastiques aliénés, et qu'en conséquence, la propriété de ces mêmes biens, les droits et revenus y attachés, demeureront incommutables entre leurs mains ou celles de leurs ayant-cause.

Art. 14. Le Gouvernement assurera un traitement convenable aux évêques et aux curés dont les diocèses et les cures seront compris dans la circonscription nouvelle.

Art. 15. Le Gouvernement prendra également des mesures pour que les catholiques français puissent, s'ils le veulent, faire en faveur de l'Eglise des fondations.

Art. 16. Sa Sainteté reconnaît, dans le premier consul de la République française, les mêmes droits et prérogatives dont jouissait près d'elle l'ancien Gouvernement.

Art. 17. Il est convenu entre les parties contractantes que, dans le cas où quelqu'un des successeurs du premier consul actuel ne serait pas catholique, les droits et prérogatives mentionnés dans l'article ci-dessus, et la nomination aux évêchés, seront réglés, par rapport à lui, par une nouvelle convention.

Les ratifications seront échangées à Paris dans l'espace de quarante jours.

Fait à Paris, le 26 messidor an IX.

> Signé : Joseph BONAPARTE, H. CONSALVI ; JOSEPH, Arch.; CORINTHI, CRETET, F.-G. CASELLI, BERNIER.

Loi du 18 germinal an X.

(8 AVRIL 1802).

TITRE PREMIER.

Du régime de l'Église dans ses rapports généraux avec les droits et la police de l'État.

Art. 1er. Aucune bulle, bref, rescrit, décret, mandat, provision, signature servant de provision, ni autres expéditions de la cour de Rome, même ne concernant que les particuliers, ne pourront être reçus, publiés, imprimés, ni autrement mis à exécution sans l'autorisation du Gouvernement.

Art. 2. Aucun individu se disant nonce, légat, vicaire ou commissaire apostolique, ou se prévalant de toute autre dénomination, ne pourra, sans la même autorisation, exercer sur le sol français ni ailleurs aucune fonction relative aux affaires de l'Église gallicane.

Art. 3. Les décrets des synodes étrangers, même ceux des conciles généraux, ne pourront être publiés en France avant que le Gouvernement en ait examiné la forme, leur conformité avec les lois, droits et franchises de la République française, et tout ce qui, dans leur publication, pourrait altérer ou intéresser la tranquillité publique.

Art. 4. Aucun concile national ou métropolitain, aucun synode diocésain, aucune assemblée délibérante, n'aura lieu sans la permission expresse du Gouvernement.

Art. 5. Toutes les fonctions ecclésiastiques seront gratuites, sauf les oblations qui seront autorisées et fixées par les règlements.

Art. 6. Il y aura recours au conseil d'État dans tous les cas d'abus de la part des supérieurs et autres personnes ecclésiastiques.

Les cas d'abus sont l'usurpation ou l'excès de pouvoir, la contravention aux lois et règlements du royaume, l'infraction des règles consacrées par les canons reçus en France, l'attentat aux libertés, franchises et coutumes de l'Église gallicane, et toute entreprise ou tout ‘procédé qui, dans l'exercice du culte, peut compromettre l'honneur des citoyens, troubler arbitrairement leur conscience, dégénérer contre eux en oppression ou en injure, ou en scandale public.

Art. 7. Il y aura pareillement recours au conseil d'État, s'il est porté atteinte à l'exercice public du culte et à la liberté que les lois et les règlements garantissent à ses ministres.

Art. 8. Le recours compètera à toute personne intéressée. A défaut de plainte particulière, il sera exercé d'office par les préfets.

Le fonctionnaire public, l'ecclésiastique ou la personne qui voudra exercer ce recours, adressera un mémoire détaillé et signé au conseiller d'État chargé de toutes les affaires concernant les cultes (aujourd'hui au ministre de la justice et des cultes), lequel sera tenu de prendre, dans le plus court délai, tous les renseignements convenables; et sur son rapport, l'affaire sera suivie et définitivement terminée dans la forme administrative, ou renvoyée, selon l'exigence des cas, aux autorités compétentes.

TITRE II.

Des Ministres.

SECTION PREMIÈRE. — Dispositions générales.

Art. 9. Le culte catholique continuera d'être exercé sous la direction des archevêques et des évêques dans leurs diocèses, et sous celle des curés dans leurs paroisses.

Art. 10. Tout privilége portant exemption ou attribution de la juridiction épiscopale est aboli.

Art. 11. Les archevêques et évêques pourront, avec l'autorisation du Gouvernement, établir dans leurs diocèses des chapitres cathédraux et des séminaires : tous autres établissements ecclésiastiques sont supprimés.

Art. 12. Il sera libre aux archevêques et évêques d'ajouter à leur nom le titre de *citoyen* ou celui de *monsieur*; toutes autres qualifications sont interdites.

SECTION DEUXIÈME. — Des archevêques et métropolitains.

Art. 13. Les archevêques consacreront et installeront leurs suffragants : en cas d'empêchement, ou de refus de leur part,

iis seront suppléés par le plus ancien évêque de l'arrondissement métropolitain.

Art. 14. Ils veilleront au maintien de la foi et de la discipline dans les diocèses dépendant de leur métropole.

Art. 15. Ils connaîtront des réclamations et des plaintes portées contre la conduite et les décisions des évêques suffragants.

SECTION TROISIÈME. — *Des évêques, des vicaires généraux et des*
séminaires.

Art. 16. On ne pourra être nommé évêque avant l'âge de
trente ans, et si on n'est originaire français.

Art. 17. Avant l'expédition de l'arrêté de nomination, celui
ou ceux qui seront proposés seront tenus de rapporter une attestation de bonne vie et mœurs expédiée par l'évêque dans le
diocèse duquel ils auront exercé les fonctions du ministère ecclésiastique, et ils seront examinés sur leur doctrine par un
évêque et deux prêtres qui seront commis par le premier consul, lesquels adresseront le résultat de leur examen au conseil
d'État chargé de toutes les affaires concernant les cultes.

Art. 18. Le prêtre nommé par le premier consul fera ses
diligences pour rapporter l'institution du pape.

Il ne pourra exercer aucune fonction avant que la bulle portant son institution ait reçu l'attache du Gouvernement, et
qu'il ait prêté en personne le serment prescrit par la convention passée entre le Gouvernement et le Saint-Siége.

Ce serment sera prêté au premier consul. Il en sera donné
procès-verbal par le secrétaire d'État.

Art. 19. Les évêques nommeront et installeront les curés;
néanmoins ils ne manifesteront leur nomination et ils ne donneront l'institution canonique qu'après que cette nomination
aura été agréée par le premier consul.

Art. 20. Ils seront tenus de résider dans leurs diocèses. Ils
ne pourront en sortir qu'avec la permission du premier consul.

Art. 21. Chaque évêque pourra nommer des vicaires généraux, et chaque archevêque pourra en nommer trois : ils les choisiront parmi les prêtres ayant les qualités requises pour être évêques.

Art. 22. Ils visiteront annuellement et en personne une partie de leur diocèse, et dans l'espace de cinq ans le diocèse entier.

En cas d'empêchement légitime, la visite sera faite par un vicaire général.

Art. 23. Les évêques seront chargés de l'organisation de leurs séminaires, et les règlements de cette organisation seront soumis à l'approbation du premier consul.

Art. 24. Ceux qui seront choisis pour l'enseignement dans les séminaires, souscriront la déclaration faite par le clergé de France en 1682, et publiée par un édit de la même année; ils se soumettront à y enseigner la doctrine qui y est contenue, et les évêques adresseront une expédition en forme de cette soumission au conseiller d'État chargé de toutes les affaires concernant les cultes.

Art. 25. Les évêques enverront, toutes les années, à ce conseiller d'État, les noms des personnes qui étudieront dans les séminaires, et qui se destineront à l'état ecclésiastique.

Art. 26. Ils ne pourront ordonner aucun ecclésiastique, s'il ne justifie d'une propriété produisant au moins un revenu annuel de trois cents francs, s'il n'a atteint l'âge de vingt-cinq ans, et s'il ne réunit les qualités requises par les canons reçus en France.

Les évêques ne feront aucune ordination avant que le nombre des personnes à ordonner ait été soumis au Gouvernement et par lui agréé.

SECTION QUATRIÈME. — Des curés.

Art. 27. Les curés ne pourront entrer en fonctions qu'après avoir prêté entre les mains du préfet le serment prescrit par la convention passée entre le Gouvernement et le Saint-Siége.

Il sera dressé procès-verbal de cette prestation par le secrétaire général de la préfecture, et copie collationnée leur en
sera délivrée.

Art. 28. Ils seront mis en possession par le curé ou le prêtre que l'évêque désignera.

Art. 29. Ils seront tenus de résider dans leurs paroisses.

Art. 30. Les curés seront immédiatement soumis aux évêques dans l'exercice de leurs fonctions.

Art. 31. Les vicaires et desservants exerceront leur ministère sous la surveillance et la direction des curés.

Ils seront approuvés par l'évêque et révocables par lui.

Art. 32. Aucun étranger ne pourra être employé dans les
fonctions du ministère ecclésiastique sans la permission du
Gouvernement.

Art. 33. Toute fonction est interdite à tout ecclésiastique,
même français, qui n'appartient à aucun diocèse.

Art. 34. Un prêtre ne pourra quitter son diocèse pour aller
desservir dans un autre, sans la permission de son évêque.

SECTION CINQUIÈME. — *Des chapitres cathédraux et du gouvernement des
diocèses pendant la vacance du siége.*

Art. 35. Les archevêques et évêques qui voudront user de
la faculté qui leur est donnée d'établir des chapitres, ne pourront le faire sans avoir rapporté l'autorisation du Gouvernement, tant pour l'établissement lui-même, que pour le nombre
et le choix des ecclésiastiques destinés à le former.

Art. 36. Pendant la vacance des siéges, il sera pourvu par
le métropolitain, et, à son défaut, par le plus ancien des évêques suffragants, au gouvernement des diocèses.

Les vicaires généraux de ces diocèses continueront leurs
fonctions, même après la mort de l'évêque, jusqu'à remplacement.

Art. 37. Les métropolitains, les chapitres cathédraux seront
tenus, sans délai, de donner avis au Gouvernement de la va-

cance des siéges, et des mesures qui auront été prises pour le gouvernement des diocèses vacants.

Art. 38. Les vicaires généraux qui gouverneront pendant la vacance, ainsi que les métropolitains ou capitulaires, ne se permettront aucune innovation dans les usages et coutumes des diocèses.

TITRE III.

Du culte.

Art. 39 Il n'y aura qu'une liturgie et un cathécisme pour toutes les églises catholiques de France.

Art. 40. Aucun curé ne pourra ordonner des prières publiques extraordinaires dans sa paroisse sans la permission spéciale de l'évêque.

Art. 41. Aucune fête, à l'exception du dimanche, ne pourra être établie sans la permission du Gouvernement.

Art. 42. Les ecclésiastiques useront, dans les cérémonies religieuses, des habits et ornements convenables à leur titre; ils ne pourront, dans aucun cas ni sous aucun prétexte, prendre la couleur et les marques distinctives réservées aux évêques.

Art. 43. Tous les ecclésiastiques seront habillés à la française et en noir.

Les évêques pourront joindre à ce costume la croix pectorale et les bas violets.

Art. 44. Les chapelles domestiques, les oratoires particuliers ne pourront être établis sans une permission expresse du Gouvernement, accordée sur la demande de l'évêque.

Art. 45. Aucune cérémonie religieuse n'aura lieu hors des édifices consacrés au culte catholique, dans les villes où il y a des temples destinés à différents cultes.

Art. 46. Le même temple ne pourra être consacré qu'à un même culte.

Art. 47. Il y aura dans les cathédrales et paroisses une place distinguée pour les individus catholiques qui remplissent les fonctions civiles et militaires.

Art. 48. L'évêque se concertera avec le préfet pour régler la manière d'appeler les fidèles au service divin par le son des cloches. On ne pourra les sonner pour toute autre cause sans la permission de la police locale.

Art. 49. Lorsque le Gouvernement ordonnera des prières publiques, les évêques se concerteront avec le préfet et le commandant militaire du lieu, pour le jour, l'heure et le mode d'exécution de ces ordonnances.

Art. 50. Les prédications solennelles appelées *sermons* et celles connues sous le nom de *stations* de l'avant et du carême, ne seront faites que par des prêtres qui en auront obtenu une autorisation spéciale de l'évêque.

Art. 51. Les curés, aux prônes des messes paroissiales, prieront et feront prier pour la prospérité de la République française et pour les consuls.

Art. 52. Ils ne se permettront, dans leurs instructions, aucune inculpation directe ou indirecte, soit contre les personnes, soit contre les autres cultes autorisés dans l'État.

Art. 53. Ils ne feront au prône aucune publication étrangère à l'exercice du culte, si ce n'est celles qui seront ordonnées par le Gouvernement.

Art. 54. Ils ne donneront la bénédiction nuptiale qu'à ceux qui certifieront, en bonne et due forme, avoir contracté mariage devant l'officier civil.

Art. 55. Les registres tenus par les ministres du culte n'étant et ne pouvant être relatifs qu'à l'administration des sacrements, ne pourront, dans aucun cas, suppléer les registres ordonnés par la loi pour constater l'état civil des Français.

Art. 56. Dans tous les actes ecclésiastiques et religieux, on sera obligé de se servir du calendrier d'équinoxe établi par les lois de la République. Néanmoins on désignera les jours par les noms qu'ils avaient dans le calendrier des solstices.

Art. 57. Le repos des fonctionnaires sera fixé au dimanche.

TITRE IV.

De la circonscription des archevêchés, des évêchés et des paroisses, des édifices destinés au culte, et du traitement des ministres.

SECTION PREMIÈRE. — *De la circonscription des archevêchés et des évêchés.*

Art. 58. Il y aura en France dix archevêchés ou métropoles et cinquante évêchés.

Art. 59. La circonscription des métropoles et des diocèses sera faite conformément au tableau ci-joint.

SECTION DEUXIÈME. — *De la circonscription des paroisses.*

Art. 60 Il y aura au moins une paroisse par justice de paix.

Il sera en outre établi autant de succursales que le besoin pourra l'exiger.

Art. 61. Chaque évêque, de concert avec le préfet, réglera le nombre et l'étendue de ces succursales. Les plans arrêtés seront soumis au Gouvernement, et ne pourront être mis à exécution sans son autorisation.

Art. 62. Aucune partie du territoire français ne pourra être érigée en cures ou succursales sans l'autorisation expresse du Gouvernement.

Art. 63. Les prêtres desservant les succursales sont nommés par les évêques.

SECTION TROISIÈME. — *Du traitement des ministres.*

Art. 64. Le traitement des archevêques sera de 15,000 fr.

Art. 65. Le traitement des évêques sera de 10,000 fr.

Art. 66. Les curés seront distribués en deux classes. Le ement des curés de la première classe sera porté à ,000 fr.; celui des curés de la seconde classe à 1,000 fr.

Art. 67. Les pensions dont ils jouissent, en exécution des lois de l'Assemblée constituante, seront précomptées sur leur traitement.

Les conseils généraux des grandes communes pourront, sur leurs biens ruraux ou sur leurs octrois, leur accorder une augmentation de traitement si les circonstances l'exigent.

Art. 68. Les vicaires et desservants seront choisis parmi les ecclésiastiques pensionnés en exécution des lois de l'Assemblée constituante.

Le montant de ces pensions et le produit des oblations formeront leur traitement.

Art. 69. Les évêques rédigeront les projets de règlements relatifs aux oblations que les ministres du culte sont autorisés à recevoir pour l'administration des sacrements. Les projets de règlements rédigés par les évêques ne pourront être publiés, ni autrement mis à exécution, qu'après avoir été approuvés par le Gouvernement.

Art. 70. Tout ecclésiastique pensionnaire de l'État sera privé de sa pension, s'il refuse, sans cause légitime, les fonctions qui pourront lui être confiées.

Art. 71. Les conseils généraux des départements seront autorisés à procurer aux archevêques et évêques un logement convenable.

Art. 72. Les presbytères et les jardins attenants non aliénés seront rendus aux curés et aux desservants des succursales. A défaut de ces presbytères, les conseils généraux des communes sont autorisés à leur procurer un logement et un jardin.

Art. 73. Les fondations qui ont pour objet l'entretien des ministres et l'exercice du culte, ne pourront consister qu'en rentes constituées sur l'État. Elles seront acceptées par l'évêque diocésain, et ne pourront être exécutées qu'avec l'autorisation du Gouvernement.

Art. 74. Les immeubles, autres que les édifices destinés au logement et les jardins attenants, ne pourront être affectés à des titres ecclésiastiques, ni possédés par les ministres du culte, à raison de leurs fonctions.

SECTION QUATRIÈME. — *Des édifices destinés au culte.*

Art. 75. Les édifices anciennement destinés au culte catholique, actuellement dans les mains de la nation, à raison d'un édifice par cure et par succursale, seront mis à la disposition des évêques par arrêtés du préfet du département. Une expédition des arrêtés sera adressée au ministre des cultes.

Art. 76. Il sera établi des fabriques pour veiller à l'entretien et à la conservation des temples, à l'administration des aumônes.

Art. 77. Dans les paroisses où il n'y aura point d'édifice disponible pour le culte, l'évêque se concertera avec le préfet pour la désignation d'un édifice convenable.

Décret du 30 mai 1806,

ATTRIBUANT LES ÉGLISES ET PRESBYTÈRES SUPPRIMÉS AUX FABRIQUES DES ÉGLISES DANS L'ARRONDISSEMENT DESQUELLES ILS SE TROUVENT.

Art. 1er. Les églises et presbytères qui, par suite de l'organisation ecclésiastique, seront supprimés font partie des biens restitués aux fabriques, et sont réunis à celles des cures et succursales dans l'arrondissement desquelles ils sont situés: ils pourront être échangés, loués ou aliénés au profit des églises et des presbytères des chefs-lieux.

Art. 2. Ces échanges ou aliénations n'auront lieu qu'en vertu de nos décrets.

Art. 3. Les baux à loyer devront être approuvés par les préfets.

Art. 4. Le produit des locations ou aliénations des églises, et les revenus des biens pris en échange, seront employés, soit à l'acquisition des presbytères, ou de toute autre manière, aux dépenses du logement des curés et desservants dans les chefs-lieux des cures ou succursales où il n'existe pas de presbytère.

Art. 5. Les réparations à faire aux églises et aux presbytères seront constatées par des devis estimatifs ordonnés par les préfets à la diligence des marguilliers nommés en vertu de l'arrêté du 7 thermidor an XI.

Art. 6. Les préfets enverront à nos ministres de l'intérieur et des cultes l'état estimatif des églises et presbytères supprimés dans chaque arrondissement de cure ou succursale, en même temps que l'état des réparations à faire aux églises et presbytères conservés.

Décret du 31 juillet 1806.

Les biens des fabriques des églises supprimées, quand même ils seraient situés dans des communes étrangères, appartiennent aux fabriques des églises auxquelles les églises supprimées sont réunies.

Décret du 7 mars 808,

RELATIF AUX CIMETIÈRES.

Art. 1er. Nul ne pourra, sans autorisation, élever aucune habitation, ni creuser aucun puits, à moins de 100 mètres des nouveaux cimetières, transférés hors des communes en vertu des règlements.

Art. 2. Les bâtiments existants ne pourront également être restaurés ni augmentés sans autorisation.

Les puits pourront, après visite contradictoire d'experts, être comblés, en vertu de l'ordonnance du préfet du département, sur la police locale.

Décret du 28 février 1810,

RELATIF AUX LOIS ORGANIQUES DU CONCORDAT.

Art. 1er. Les brefs de la pénitencerie, pour le for intérieur seulement, pourront être exécutés sans aucune autorisation.

Art. 2. La disposition de l'art. 26 des lois organiques, portant que les évêques ne pourront ordonner aucun ecclésiastique, s'il n'a atteint l'âge de vingt-cinq ans, est également rapportée.

Art. 4. En conséquence, les évêques peuvent ordonner tout ecclésiastique âgé de vingt-deux ans accomplis; mais aucun ecclésiastique, ayant plus de vingt-deux ans et moins de vingt-cinq, ne pourra être admis dans les ordres sacrés qu'après avoir justifié du consentement de ses parents, ainsi que cela est prescrit par les lois civiles pour le mariage, des fils âgés de moins de vingt-cinq ans accomplis. La disposition de l'article 36 des lois organiques, portant que les vicaires généraux des diocèses vacants continueront leurs fonctions, même après la mort de l'évêque, jusqu'à remplacement, est rapportée. En conséquence, pendant les vacances des siéges, il sera pourvu, conformément aux lois canoniques, au gouvernement des diocèses. Les chapitres présenteront à notre ministre des cultes les vicaires généraux qu'ils auront élus, pour leur nomination être reconnue par nous.

Décret du 18 février 1809,

RELATIF AUX CONGRÉGATIONS OU MAISONS HOSPITALIÈRES DE FEMMES.

Art. 1er. Les congrégations ou maisons hospitalières de femmes, savoir : celles dont l'institution a pour but de desservir les hospices de notre empire, d'y servir les infirmes, les malades et les enfants abandonnés, ou de porter aux pauvres des soins, des secours, des remèdes à domicile, sont placées sous la protection de Madame, etc.

Art. 2. Les statuts de chaque congrégation ou maison séparée seront approuvés par nous, et insérés au *Bulletin des*

Lois, pour être reconnus et avoir force d'institution publique.

Art. 3. Toute congrégation d'hospitalières, dont les statuts n'auront pas été approuvés et publiés avant le 1er janvier 1810, sera dissoute.

Art. 4. Le nombre des maisons, le costume et les autres privilèges qu'il est dans notre intention d'accorder aux congrégations hospitalières, seront spécifiés dans des brevets d'institution.

Art. 5. Toutes les fois que des administrations des hospices ou des communes voudraient étendre les bienfaits de cette institution aux hôpitaux de leurs communes ou arrondissements, les demandes seront adressées par les préfets au ministre des cultes, qui, de concert avec les supérieurs des congrégations, donnera des ordres pour l'établissement des nouvelles maisons, quand cela sera nécessaire; le ministre des cultes soumettra l'institution des nouvelles maisons à notre approbation.

§. 2. *Noviciats et vœux.*

Art. 6. Les congrégations hospitalières auront des noviciats, en se conformant aux règles établies à ce sujet par leurs statuts.

Art. 7. Les élèves ou novices ne pourront contracter des vœux si elles n'ont seize ans accomplis. Les vœux des novices âgées de moins de vingt et un ans ne pourront être que pour un an. Les novices seront tenues de présenter les consentements demandés pour contracter mariage, par les art. 148, 149, 150, 159 et 160 du Cœd civil.

Art. 8. A vingt et un ans, ces novices pourront s'engager pour cinq ans. Ledit engagement devra être fait en présence de l'évêque ou d'un ecclésiastique délégué par l'évêque, et de l'officier civil, qui dressera l'acte et le consignera sur un registre double, dont un exemplaire sera déposé dans les mains du supérieur, et l'autre à la municipalité, et, pour Paris, à la Préfecture de police.

§. 3.

Art. 9. Chaque hospitalière conservera l'entière propriété de ses biens et revenus, et le droit de les administrer et d'en disposer, conformément au Code civil.

Art 10. Elle ne pourra, par acte entre vifs, ni y renoncer au profit de sa famille, ni en disposer, soit au profit de la congrégation, soit en faveur de qui que ce soit.

Art. 11. Il ne sera perçu pour l'enregistrement des actes de donation, legs ou acquisition, légalement faits en faveur des congrégations hospitalières, qu'un droit fixe de 1 franc.

Art. 12. Les donations seront acceptées par la supérieure de la maison, quand la donation sera faite à une maison spéciale, et par la supérieure générale quand là donation sera faite par la congrégation.

Art. 13. Dans tous les cas, les actes de donation ou legs doivent, pour la demande d'autorisation afin d'être acceptés, être remis à l'évêque du lieu du domicile du donateur ou testateur, pour qu'il les transmette, avec son avis, au ministre des cultes.

Art. 14. Les donations, revenus et biens des congrégations religieuses, de quelque nature qu'ils soient, seront possédés et régis conformément au Code civil, et ils ne pourront être administrés que conformément à ce Code et aux lois et aux règlements sur les établissements de bienfaisance.

Art. 15. Le compte des revenus de chaque congrégation ou maison séparée sera remis, chaque année, au ministre des cultes.

Art. 16. Les dames hospitalières seront, pour le service des malades ou des pauvres, tenues de se conformer, dans les hôpitaux ou dans les autres établissements d'humanité, aux règlements de l'administration. Celles qui se trouveront hors de service par leur âge ou par leurs infirmités, seront entretenues

22*

aux dépens de l'hospice dans lequel elles seront tombées malades ou dans lequel elles auront vieilli.

Art. 17. Chaque maison, et même celle du chef-lieu, s'il y en a, sera, quant au spirituel, soumise à l'évêque diocésain, qui la visitera et réglera exclusivement.

Art. 18. Il sera rendu compte à l'évêque de toute peine de discipline, autorisée par les statuts, qui aurait été infligée.

Art. 19. Les congrégations hospitalières, comme toutes les autres maisons de l'État, seront soumises à la police des maires, des préfets et officiers de justice.

Art. 20. Toutes les fois qu'une sœur hospitalière aurait à porter des plaintes sur des faits contre lesquels la loi prononce des peines de police correctionnelle, ou autres plus graves, la plainte sera renvoyée devant les juges ordinaires.

Décret réglementaire général des fabriques

DU 30 DÉCEMBRE 1809.

CHAPITRE PREMIER.

De l'administration des fabriques.

Art. 1er. Les fabriques dont l'article 76 de la loi du 18 germinal an X a ordonné l'établissement, sont chargées de veiller à l'entretien et à la conservation des temples, d'administrer les aumônes et les biens, rentes et perceptions autorisées par les lois et règlements, les sommes supplémentaires fournies par les communes, et généralement tous les fonds qui sont affectés à l'exercice du culte; enfin, d'assurer cet exercice et le maintien de sa dignité dans les églises auxquelles elles sont attachées, soit en réglant les dépenses qui y sont nécessaires, soit en assurant les moyens d'y pourvoir.

Art. 2. Chaque fabrique sera composée d'un conseil et d'un bureau de marguilliers.

SECTION PREMIÈRE.— *Du conseil.*

Art. 3. Dans les paroisses où la population sera de cinq mille âmes ou au-dessus, le conseil sera composé de neuf conseillers de fabrique; dans toutes les autres paroisses, il devra l'être de cinq; ils seront pris parmi les notables; ils devront être catholiques et domiciliés dans la paroisse.

Art. 4. De plus, seront de droit membres du conseil :

1o Le curé ou desservant, qui y aura la première place, et pourra s'y faire remplacer par un de ses vicaires ;

2o Le maire de la commune du chef-lieu de la cure ou succursale ; il pourra s'y faire remplacer par l'un de ses adjoints. Si le maire n'est pas catholique, il devra se substituer un adjoint qui le soit, ou, à défaut, un membre du conseil municipal catholique. Le maire sera placé à la gauche, et le curé ou desservant à la droite du président.

Art. 5. Dans les villes où il y aura plusieurs paroisses ou succursales, le maire sera de droit membre du conseil de chaque fabrique; il pourra s'y faire remplacer, comme il est dit dans l'article précédent.

Art. 6. Dans les paroisses ou succursales dans lesquelles le conseil de fabrique sera composé de neuf membres, non compris les membres de droit, cinq des conseillers seront, pour la première fois, à la nomination de l'évêque, et quatre à celle du préfet; dans celle où il ne sera composé que de cinq membres, l'évêque en nommera trois, et le préfet deux. Ils entreront en fonctions le premier dimanche du mois d'avril prochain.

Art. 7. Le conseil de fabrique se renouvellera partiellement tous les ans, savoir : à l'expiration des trois premières années, dans les paroisses où il est composé de neuf membres, sans y comprendre les membres de droit, par la sortie de cinq membres, qui, pour la première fois, seront désignés par le sort, et des quatre plus anciens après les six ans révolus ; pour les fabriques dont le conseil est composé de cinq membres, non compris les membres de droit, par la sortie de trois membres désignés par la voie du sort après les trois premières années, et des deux autres après les six ans révolus. Dans la suite, ce seront toujours les plus anciens en exercice qui devront sortir.

Art. 8. Les conseillers qui devront remplacer les membres sortants seront élus par les membres restants.

Lorsque le remplacement ne sera pas fait à l'époque fixée, l'évêque ordonnera qu'il y soit procédé dans le délai d'un mois ; passé lequel délai, il y nommera lui-même, et pour cette fois seulement.

Les membres sortants pourront être réélus.

Art. 9. Le conseil nommera, au scrutin, son secrétaire et son président ; ils seront renouvelés le premier dimanche d'avril de chaque année, et pourront être réélus. Le président aura, en cas de partage, voix prépondérante.

Le conseil ne pourra délibérer que lorsqu'il y aura plus de la moitié des membres présents à l'assemblée, et tous les membres présents signeront la délibération, qui sera arrêtée à la pluralité des voix.

§ 2. *Des séances du conseil.*

Art. 10. Le conseil s'assemblera le premier dimanche du mois d'avril, de juillet, d'octobre et de janvier, à l'issue de la grand'messe ou des vêpres, dans l'église, dans un lieu attenant à l'église, ou dans le presbytère.

L'avertissement de chacune de ses séances sera publié le dimanche précédent, au prône de la grand'messe.

Le conseil pourra, de plus, s'assembler extraordinairement, sur l'autorisation de l'évêque ou du préfet, lorsque l'urgence des affaires ou de quelques dépenses imprévues l'exigera.

§ 3. *Des fonctions du conseil.*

Art. 11. Aussitôt que le conseil aura été formé, il choisira au scrutin, parmi ses membres, ceux qui, comme marguilliers, entreront dans la composition du bureau ; et, à l'avenir, dans celle de ses sessions qui répondra à l'expiration du temps fixé par le présent règlement pour l'exercice des fonctions de marguilliers, il fera également, au scrutin, élection de celui de ses membres qui remplacera le marguillier sortant.

Art. 12. Seront soumis à la délibération du conseil :

1° Le budget de la fabrique ;

2° Le compte annuel de son trésorier ;

3° L'emploi des fonds excédant les dépenses, du montant des legs et donations, et le remploi des capitaux remboursés ;

4° Toutes les dépenses extraordinaires au delà de 50 francs dans les paroisses au-dessous de mille âmes, et de 100 francs dans les paroisses d'une plus grande population ;

5° Les procès à entreprendre ou à soutenir, les baux emphytéotiques ou à longues années, les aliénations ou échanges, et généralement tous les objets excédant les bornes de l'administration ordinaire des biens des mineurs.

SECTION DEUXIÈME. — *Du bureau des marguilliers.*

§ 1er. *De la composition du bureau des marguilliers.*

Art. 13. Le bureau des marguilliers se composera :

1° Du curé ou desservant de la paroisse ou succursale, qui en sera membre perpétuel et de droit ;

2° De trois membres du conseil de fabrique.

Le curé ou desservant aura la première place, et pourra se faire remplacer par un de ses vicaires.

Art. 14. Ne pourront être en même temps membres du bureau les parents ou alliés jusques et y compris le degré d'oncle et de neveu.

Art. 15. Au premier dimanche d'avril de chaque année, l'un des marguilliers cessera d'être membre du bureau, et sera remplacé.

Art. 16. Des trois marguilliers qui seront, pour la première fois, nommés par le conseil, deux sortiront successivement par la voie du sort, à la fin de la première et de la seconde année, et le troisième sortira de droit la troisième année révolue.

Art. 17. Dans la suite, ce seront toujours les marguilliers les plus anciens en exercice qui devront sortir.

Art. 18. Lorsque l'élection ne sera pas faite à l'époque fixée, il y sera pourvu par l'évêque.

Art. 19. Ils nommeront entre eux un président, un secrétaire et un trésorier.

Art. 20. Les membres du bureau ne pourront délibérer, s'ils ne sont au moins au nombre de trois.

En cas de partage, le président aura voix prépondérante.

Toutes les délibérations seront signées par les membres présents.

Art 21. Dans les paroisses où il y avait ordinairement des marguilliers d'honneur, il pourra en être choisi deux, par le conseil, parmi les principaux fonctionnaires publics domiciliés dans la paroisse. Ces marguilliers, et tous les membres du conseil, auront une place distinguée dans l'église; ce sera *le banc de l'œuvre :* il sera placé devant la chaire, autant que faire se pourra. Le curé ou desservant aura, dans ce banc, la première place toutes les fois qu'il s'y trouvera pendant la prédication.

§ 2. Des séances du bureau des marguilliers.

Art. 22. Le bureau s'assemblera tous les mois, à l'issue de la messe paroissiale, au lieu indiqué pour la tenue des séances du conseil.

Art. 23. Dans les cas extraordinaires, le bureau sera convoqué, soit d'office par le président, soit sur la demande du curé ou desservant.

§ 3. Fonctions du bureau.

Art. 24. Le bureau des marguilliers dressera le budget de la fabrique et préparera les affaires qui doivent être portées au conseil; il sera chargé de l'exécution des délibérations du conseil et de l'administration journalière du temporel de la paroisse.

Art. 25. Le trésorier est chargé de procurer la rentrée de toutes les sommes dues à la fabrique, soit comme faisant partie de son revenu annuel, soit à tout autre titre.

Art. 26. Les marguilliers sont chargés de veiller à ce que toutes les fondations soient fidèlement acquittées et exécutées suivant l'intention des fondateurs, sans que les sommes puissent être employées à d'autres charges.

Un extrait du sommier des titres concernant les fondations qui doivent être desservies pendant le cours d'un trimestre sera affiché dans la sacristie au commencement de chaque trimestre, avec les noms du fondateur et de l'ecclésiastique qui acquittera chaque fondation.

Il sera aussi rendu compte à la fin de chaque trimestre, par le curé ou desservant, au bureau des marguilliers, des fondations acquittées pendant le cours du trimestre.

Art. 27. Les marguilliers fourniront l'huile, le pain, le vin, l'encens, la cire, et généralement tous les objets de consommation nécessaires à l'exercice du culte; ils pourvoiront également aux réparations et achats des ornements, meubles et ustensiles de l'église et de la sacristie.

Art. 28. Tous les marchés seront arrêtés par le bureau des marguilliers, et signés par le président, ainsi que les mandats.

Art. 29. Le curé ou desservant se conformera aux règlements de l'évêque pour tout ce qui concerne le service divin, les prières et les instructions, et l'acquittement des charges pieuses imposées par les bienfaiteurs, sauf les réductions qui seraient faites par l'évêque, conformément aux règles canoniques, lorsque le défaut de proportion des libéralités et des charges qui en sont la condition l'exigera.

Art. 30. Le curé ou desservant agréera les prêtres habitués, et leur assignera leurs fonctions.

Dans les paroisses où il en sera établi, il désignera le sacristain-prêtre, le chantre-prêtre et les enfants de chœur.

Le placement des bancs ou chaises dans l'église ne pourra être fait que du consentement du curé ou desservant, sauf le recours à l'évêque.

Art. 31. Les annuels auxquels les fondateurs ont attaché des honoraires, et généralement tous les annuels emportant une rétribution quelconque, seront donnés de préférence aux vicaires, et ne pourront être acquittés qu'à leur défaut par les prêtres habitués ou autres ecclésiastiques, à moins qu'il n'en ait été autrement ordonné par les fondateurs.

Art. 3.2 Les prédicateurs seront nommés par les marguilliers, à la puralité des suffrages, sur la présentation faite par le curé ou desservant, et à la charge par lesdits prédicateurs d'obtenir l'autorisation de l'ordinaire.

Art. 33. La nomination et la révocation de l'organiste, des sonneurs, des bedeaux, suisses ou autres serviteurs de l'église, appartiennent aux marguilliers, sur la proposition du curé ou desservant.

Art. 34. Sera tenu le trésorier de présenter, tous les trois mois, au bureau des marguilliers, un bordereau signé de lui, et certifié véritable, de la situation active et passive de la fabrique pendant les trois mois précédents : ces bordereaux seront signés de ceux qui auront assisté à l'assemblée, et déposés dans la caisse ou armoire de la fabrique, pour être représentés lors de la reddition du compte annuel.

Le bureau déterminera, dans la même séance, la somme nécessaire pour les dépenses du trimestre suivant.

Art. 35. Toute la dépense de l'église et les frais de sacristie seront faits par le trésorier, et en conséquence il ne sera rien fourni par aucun marchand ou artisan sans un mandat du trésorier, au pied duquel le sacristain, ou toute autre personne apte à recevoir la livraison, certifiera que le contenu audit mandat a été rempli.

CHAPITRE II.

Des revenus, des charges, du budget de la fabrique.

SECTION PREMIÈRE. — *Des revenus de la fabrique.*

Art. 36. Les revenus de chaque fabrique se forment :

1o Du produit des biens et rentes restitués aux fabriques, des biens des confréries, et généralement de ceux qui auraient été affectés aux fabriques par nos divers décrets ;

2o Du produit des biens, rentes et fondations qu'elles ont été ou pourront être par nous autorisées à accepter ;

3o Du produit des biens et rentes cédés au domaine, dont nous les avons autorisées, ou dont nous les autoriserons à se mettre en possession ;

4o Du produit spontané des terrains servant de cimetières ;

5o Du prix de la location des chaises ;

6o De la concession des bancs placés dans l'église ;

7o Des quêtes faites pour les frais du culte ;

8o De tout ce qui sera trouvé dans les troncs placés pour le même objet ;

9o Des oblations faites à la fabrique ;

10° Des droits que, suivant les règlements épiscopaux approuvés par nous, les fabriques perçoivent, et de celui qui leur revient sur le produit des frais d'inhumation ;

11° Du supplément donné par la commune, le cas échéant.

SECTION DEUXIÈME. — *Des charges de la fabrique.*

§ 1er. *Des charges en général.*

Art. 37. Les charges de la fabrique sont :

1° De fournir aux frais nécessaires du culte, savoir : les ornements, les vases sacrés, le linge, le luminaire, le pain, le vin, l'encens, le paiement des vicaires, des sacristains, chantres et organistes, sonneurs, suisses, bedeaux et autres employés au service de l'église, selon la convenance et les besoins des lieux ;

2° De payer l'honoraire des prédicateurs de l'avent, du carême et autres solennités ;

3° De pourvoir à la décoration et aux dépenses relatives à l'embellissement intérieur de l'église ;

4° De veiller à l'entretien des églises, presbytères et cimetières, et, en cas d'insuffisance des revenus de la fabrique, de faire toutes diligences nécessaires pour qu'il soit pourvu aux réparations et reconstructions, ainsi que tout est réglé au § 3.

§ 2. *De l'établissement et du paiement des vicaires.*

Art. 38. Le nombre de prêtres et de vicaires habitués à chaque église sera fixé par l'évêque, après que les marguilliers en auront délibéré, et que le conseil municipal de la commune aura donné son avis.

Art. 39. Si, dans le cas de la nécessité d'un vicaire reconnue par l'évêque, la fabrique n'est pas en état de payer le traitement, la décision épiscopale devra être adressée au préfet ; et il sera procédé ainsi qu'il est expliqué à l'article 49, concernant les autres dépenses de la célébration du culte, pour lesquelles les communes suppléent à l'insuffisance des fabriques.

Art. 40 Le traitement des vicaires sera de 500 francs au plus, et de 300 francs au moins.

§ 3. *Des réparations.*

Art. 41. Les marguilliers et spécialement le trésorier seront tenus de veiller à ce que toutes les réparations soient bien et promptement faites. Ils auront soin de visiter les bâtiments avec les gens de l'art, au commencement du printemps et de l'automne.

Ils pourvoiront sur-le-champ, et par économie, aux réparations locatives ou autres qui n'excéderont pas la proportion indiquée en l'article 12, et sans préjudice toutefois des dépenses réglées pour le culte.

Art. 42. Lorsque les réparations excéderont la somme ci-dessus indiquée, le bureau sera tenu d'en faire rapport au conseil, qui pourra ordonner toutes les réparations qui ne s'élèveraient pas à plus de 100 francs dans les communes au-dessous de mille âmes, et de 200 francs dans celles d'une plus grande population.

Néanmoins ledit conseil ne pourra, même sur le revenu libre de la fabrique, ordonner les réparations qui excéderaient la quotité ci-dessus énoncée, qu'en chargeant le bureau de faire dresser un devis estimatif, et de procéder à l'adjudication au rabais ou par soumission, après trois affiches renouvelées de huitaine en huitaine.

Art. 43. Si la dépense ordinaire arrêtée par le budget ne laisse pas de fonds disponibles, ou n'en laisse pas de suffisants pour les réparations, le bureau en fera son rapport au conseil, et celui-ci prendra une délibération tendant à ce qu'il soit pourvu dans les formes prescrites au chapitre IV du présent règlement : cette délibération sera envoyée par le président au préfet.

Art. 44. Lors de la prise de possession de chaque curé ou desservant, il sera dressé, aux frais de la commune et à la diligence du maire, un état de situation du presbytère et de ses dépendances. Le curé ou desservant ne sera tenu que des simples réparations locatives et des dégradations survenues par sa faute. Le curé ou desservant sortant, ou ses héritiers ou ayant-cause, seront tenus desdites réparations locatives et dégradations.

§ 4. *Du budget de la fabrique.*

Art. 45. Il sera présenté, chaque année, au bureau, par le curé ou desservant, un état par aperçu des dépenses nécessaires à l'exercice du culte, soit pour les objets de consommation, soit pour réparations et entretien d'ornements, meubles et ustensiles d'église.

Cet état, après avoir été, article par article, approuvé par le bureau, sera porté en bloc, sous la désignation de *dépenses intérieures*, dans le projet du budget général : le détail de ces dépenses sera annexé audit projet.

Art. 46. Ce budget établira la recette et la dépense de l'église. Les articles de dépenses seront classés dans l'ordre suivant :

1º Les frais ordinaires de la célébration du culte ;

2º Les frais de réparation des ornements, meubles et ustensiles d'église ;

3º Les gages des officiers et serviteurs de l'église ;

4º Les frais de réparations locatives.

La portion des revenus qui restera après cette dépense acquittée servira au traitement des vicaires légitimement établis, et l'excédant, s'il y en a, sera affecté aux grosses réparations des édifices affectés au service du culte.

Art. 47. Le budget sera soumis au conseil de la fabrique dans la séance du mois d'avril de chaque année ; il sera envoyé, avec l'état des dépenses de la célébration du culte, à l'évêque diocésain, pour avoir sur le tout son approbation.

Art. 48. Dans le cas où les revenus de la fabrique couvriraient les dépenses portées au budget, le budget pourra, sans autres formalités, recevoir sa pleine et entière exécution.

Art. 49. Si les revenus sont insuffisants pour acquitter, soit les frais indispensables du culte, soit les dépenses nécessaires pour le maintien de sa dignité, soit les gages des officiers et serviteurs de l'église, soit les réparations des bâtiments, ou pour fournir à la subsistance de ceux des ministres que l'État ne salarie pas, le budget contiendra l'aperçu des fonds qui devront être demandés aux paroissiens pour y pourvoir, ainsi qu'il est réglé dans le chapitre IV.

CHAPITRE III.

SECTION PREMIÈRE. — *De la régle des biens de la fabrique.*

Art. 50. Chaque fabrique aura une caisse ou armoire fermant à trois clefs, dont une restera entre les mains du trésorier, l'autre dans celles du curé ou desservant, et la troisième dans celles du président du bureau.

Art. 51. Seront déposés dans cette caisse tous les deniers appartenant à la fabrique, ainsi que les clefs des troncs de l'église.

Art. 52. Nulle somme ne pourra être extraite de la caisse sans autorisation du bureau et sans un récépissé qui y restera déposé.

Art. 53. Si le trésorier n'a pas dans les mains la somme fixée à chaque trimestre par le bureau, pour la dépense courante, ce qui manquera sera extrait de la caisse, comme aussi ce qu'il se trouverait avoir d'excédant sera versé dans cette caisse.

Art. 54. Seront aussi déposés dans une caisse ou armoire les papiers, titres et documents concernant les revenus et affaires de la fabrique, et notamment les comptes avec les pièces justificatives, les registres de délibérations, autres que le registre courant, le sommier des titres et les inventaires ou récollements dont il est mention aux deux articles qui suivent.

Art. 55. Il sera fait incessamment, et sans frais, deux inventaires, l'un des ornements, linges, vases sacrés, argenterie, ustensiles, et en général de tout le mobilier de l'église, l'autre, des titres, papiers et renseignements, avec mention des biens contenus dans chaque titre, du revenu qu'ils produisent, de la fondation à la charge de laquelle les biens ont été donnés à la fabrique. Un double inventaire du mobilier sera remis au curé ou desservant.

Il sera fait, tous les ans, un récollement desdits inventaires, afin d'y porter les additions, réformes ou autres changements: ces inventaires et récollements seront signés par le curé ou desservant et par le président du bureau.

Art. 56. Le secrétaire du bureau transcrira, par suite de numéros et par ordre de dates, sur un registre sommier :

1º Les actes de fondation et généralement tous les titres de propriété;

2º Les baux à ferme ou à loyer.

La transcription sera entre deux marges, qui serviront pour y porter, dans l'un les revenus, et dans l'autre les chargés.

Chaque pièce sera signée et certifiée conforme à l'original par le curé ou desservant et par le président du bureau.

Art. 57. Nul titre ni pièce ne pourra être extrait de la caisse sans un récépissé qui fera mention de la pièce retirée, de la délibération du bureau par laquelle cette extraction aura été autorisée, de la qualité de celui qui s'en chargera et signera le récépissé, de la raison pour laquelle elle aura été tirée de ladite caisse ou armoire; et si c'est pour un procès, le tribunal et le nom de l'avoué seront désignés.

Ce récépissé, ainsi que la décharge au temps de la remise, seront inscrits sur le sommier ou registre des titres.

Art. 58. Tout notaire devant lequel il aura été passé un acte contenant donation entre vifs ou disposition testamentaire au profit d'une fabrique, sera tenu d'en donner avis au curé ou desservant.

Art. 59. Tout acte contenant des dons ou legs à une fabrique sera remis au trésorier, qui en fera son rapport à la prochaine séance du bureau. Cet acte sera ensuite adressé par le trésorier, avec les observations du bureau, à l'archevêque ou évêque diocésain, pour que celui-ci donne sa délibération s'il convient ou non d'accepter.

Le tout sera envoyé au ministre des cultes, sur le rapport duquel la fabrique sera, s'il y a lieu, autorisée à accepter ; l'acte d'acceptation, dans lequel il sera fait mention de l'autorisation, sera signé par le trésorier au nom de la fabrique.

Art. 60. Les maisons et biens ruraux appartenant à la fabrique seront affermés, régis et administrés par le bureau des marguilliers, dans la forme déterminée pour les biens communaux.

Art. 61. Aucun des membres du bureau des marguilliers ne peut se porter, soit pour adjudicataire, soit même pour associé de l'adjudicataire, des ventes, marchés de réparations, constructions, reconstruction ou baux des biens de la fabrique.

Art. 62. Ne pourront les biens immeubles de l'église être vendus, aliénés, échangés, ni même loués pour un terme plus long que neuf ans, sans une délibération du conseil, l'avis de l'évêque diocésain, et notre autorisation.

Art. 63. Les deniers provenant de donations ou legs dont l'emploi ne serait pas déterminé par la fondation, les remboursements de rentes, le prix des ventes ou sortes d'échanges, les revenus excédant l'acquit des charges ordinaires, seront employés dans les formes déterminées par l'avis du conseil d'État approuvé par nous le 21 décembre 1808.

Dans le cas où la somme serait insuffisante, elle restera en caisse, si on prévoit que, dans les six mois suivants, il rentrera des fonds disponibles, afin de compléter la somme nécessaire pour cette espèce d'emploi : sinon, le conseil délibérera sur l'emploi à faire, et le préfet ordonnera celui qui paraîtra le plus avantageux.

Art. 64. Le prix des chaises sera réglé, pour les différents offices, par délibération du bureau, approuvé par le conseil : cette délibération sera affichée dans l'église.

Art. 65. Il est expressément défendu de rien percevoir pour l'entrée de l'église, ni de percevoir, dans l'église, plus que le prix des chaises, sous quelque prétexte que ce soit.

Il sera même réservé, dans toutes les églises, une place où les fidèles qui ne louent pas de chaises ni de bancs, puissent commodément assister au service divin et entendre les instructions.

Art. 66. Le bureau des marguilliers pourra être autorisé par le conseil, soit à régir la location des bancs et chaises, soit à la mettre en ferme.

Art. 67. Quand la location des chaises sera mise en ferme, l'adjudication aura lieu après trois affiches de huitaine en huitaine : les enchères seront reçues au bureau de la fabrique par soumission, et l'adjudication sera faite au plus offrant, en présence des marguilliers ; de tout quoi il sera fait mention dans le bail, auquel sera annexée la délibération qui aura fixé le prix des chaises.

Art. 68. Aucune concession de bancs ou de places dans l'église ne pourra être faite, soit par bail pour une prestation annuelle, soit au prix d'un capital ou d'un immeuble, soit pour un temps plus long que la vie de ceux qui l'auront obtenue, sauf l'exception ci-après.

Art. 69. La demande de concession sera présentée au bureau, qui, préalablement, la fera publier par trois dimanches, et afficher à la porte de l'église pendant un mois, afin que chacun puisse obtenir la préférence par une offre plus avantageuse.

S'il s'agit d'une concession pour un immeuble, le bureau le fera évaluer en capital et en revenu, pour être, cette évaluation, comprise dans les affiches et publications.

Art. 70. Après ces formalités remplies, le bureau fera son rapport au conseil.

S'il s'agit d'une concession par bail pour une prestation annuelle, et que le conseil soit d'avis de faire cette concession, sa délibération sera un titre suffisant.

Art. 71. S'il s'agit d'une concession pour un immeuble, il faudra, sur la délibération du conseil, obtenir notre autorisation dans la même forme que pour les dons et legs. Dans le cas où il s'agirait d'une valeur mobilière, notre autorisation sera nécessaire, lorsqu'elle s'élèvera à la même quotité pour laquelle les communes et les hospices sont obligés de l'obtenir.

Art. 72. Celui qui aurait entièrement bâti une église pourra retenir la propriété d'un banc ou d'une chapelle pour lui et sa famille, tant qu'elle existera.

Tout donateur ou bienfaiteur d'une église pourra obtenir la même concession, sur l'avis du conseil de fabrique, approuvé par l'évêque et par le ministre de la justice et des cultes.

Art. 73. Nul cénotaphe, nulles inscriptions, nuls monuments funèbres ou autres, de quelque genre que ce soit, ne pourront être placés dans les églises, que sur la proposition de l'évêque diocésain et la permission de notre ministre de la justice et des cultes.

Art. 74. Le montant des fonds perçus pour le compte de la fabrique, à quelque titre que ce soit, sera, à fur et mesure de la rentrée, inscrit avec la date du jour et du mois, sur un registre coté et paraphé qui demeurera entre les mains du trésorier.

Art. 75. Tout ce qui concerne les quêtes dans les églises sera réglé par l'évêque, sur le rapport des marguilliers, sans préjudice des quêtes pour les pauvres, lesquelles devront toujours avoir lieu dans les églises, toutes les fois que les bureaux de bienfaisance le jugeront convenable.

Art. 76. Le trésorier portera parmi les recettes en nature les cierges offerts sur les pains bénits, ou délivrés pour les an-

23*

nuels, et ceux qui, dans les enterrements et services funèbres, appartiennent à la fabrique.

Art. 77. Ne pourront les marguilliers entreprendre aucun procès, ni défendre, sans une autorisation du conseil de préfecture, auquel sera adressée la délibération qui devra être prise à ce sujet par le conseil et le bureau réunis.

Art. 78. Toutefois le trésorier sera tenu de faire tous actes conservatoires pour le maintien des droits de la fabrique, et toutes diligences pour le recouvrement de ses revenus.

Art. 79. Les procès seront soutenus ou nom de la fabrique, et les diligences faites à la requête du trésorier, qui donnera connaissance de ces procédures au bureau.

Art. 80. Toutes contestations relatives à la propriété des biens, et toutes poursuites à fin de recouvrement des revenus seront portées devant les juges ordinaires.

Art. 81. Les registres des fabriques seront sur papier non timbré. Les dons et legs qui leur seraient faits ne supporteront que le droit fixe de 1 franc.

SECTION DEUXIÈME. — *Des comptes.*

Art. 82. Le compte à rendre chaque année par le trésorier sera divisé en deux chapitres, l'un de recettes, et l'autre de dépenses.

Le chapitre de recettes sera divisé en trois sections : la première, pour la recette ordinaire ; la deuxième, pour la recette extraordinaire, et la troisième, pour la partie des recouvrements ordinaires ou extraordinaires qui n'auraient pas encore été faits.

Le reliquat d'un compte formera toujours le premier article du compte suivant. Le chapitre de dépenses sera aussi divisé en dépenses ordinaires, dépenses extraordinaires, et dépenses tant ordinaires qu'extraordinaires non encore acquittées.

Art. 83. A chacun des articles de recettes, soit des rentes

soit des loyers ou autres revenus, il sera fait mention des
débiteurs, fermiers ou locataires, des noms et situations de la
maison et héritage, de la qualité de la rente foncière ou con-
stituée, de la date du dernier titre-nouvel ou du dernier bail,
et des notaires qui les auront reçus; ensemble de la fondation à laquelle la rente est affectée, si elle est connue.

Art. 84. Lorsque, soit par le décès du débiteur, soit par le
partage de la maison ou de l'héritage qui est grevé d'une
rente, cette rente se trouve due par plusieurs débiteurs, il ne
sera néanmoins porté qu'un seul article de recette, dans lequel
il sera fait mention de tous les débiteurs, et sauf l'exercice
de l'action solidaire, s'il y a lieu.

Art. 85. Le trésorier sera tenu de présenter son compte annuel au bureau des marguilliers dans la séance du premier dimanche du mois de mars.

Le compte, avec les pièces justificatives, leur sera communiqué sur le récépissé de l'un d'eux. Il feront au conseil, dans
la séance du dimanche de Quasimodo, le rapport du compte : il
sera examiné, clos et arrêté dans cette séance, qui sera,
pour cet effet, prorogée au dimanche suivant, si besoin est.

Art. 86. S'il arrive quelques débats sur un ou plusieurs
articles du compte, le compte n'en sera pas moins clos, sous
la réserve des articles contestés.

Art. 87. L'évêque pourra nommer un commissaire pour
assister, en son nom, au compte annuel; mais, si ce commissaire est un autre qu'un grand vicaire, il ne pourra rien
ordonner sur le compte, mais seulement dresser procès-verbal
sur l'état de la fabrique et sur les fournitures et réparations à
faire à l'église.

Dans tous les cas, les archevêques et évêques en cours de
visite, ou leurs vicaires généraux, pourront se faire représenter tous les comptes, registres et inventaires, et vérifier l'état
de la caisse.

Art. 88. Lorsque le compte sera arrêté, le reliquat sera remis au trésorier en exercice, qui sera tenu de s'en charger en

recette. Il lui sera en même temps remis un état de ce que la fabrique a à recevoir par baux à ferme, une copie du tarif des droits casuels, un tableau par approximation des dépenses, celui des reprises à faire, celui des charges et fournitures non acquittées.

Il sera, dans la même séance, dressé sur le registre des délibérations, acte de ces remises, et copie en sera délivrée, en bonne forme, au trésorier sortant, pour lui servir de décharge.

Art. 89. Le compte annuel sera en double copie, dont l'une sera déposée dans la caisse ou armoire à trois clefs, l'autre à la mairie.

Art. 90. Faute par le trésorier de présenter son compte à l'époque fixée, et d'en payer le reliquat, celui qui lui succédera sera tenu de faire, dans le mois au plus tard, les diligences nécessaires pour l'y contraindre, et, à son défaut, le procureur du roi, soit d'office, soit sur l'avis qui lui en sera donné par l'un des membres du bureau ou du conseil, soit sur l'ordonnance rendue par l'évêque en cours de visite, sera tenu de poursuivre le comptable devant le tribunal de première instance, et le fera condamner à payer le reliquat, à faire régler les articles débattus, ou à rendre son compte, s'il ne l'a été, le tout dans un délai qui sera fixé; sinon, et ledit temps passé, à payer provisoirement au profit de la fabrique la somme égale à la moitié de la recette ordinaire de l'année précédente, sauf les poursuites ultérieures.

Art. 91. Il sera pourvu, dans chaque paroisse, à ce que les comptes qui n'ont pas été rendus le soient dans la forme prescrite par le présent règlement, et six mois au plus tard après la publication.

CHAPITRE IV.

Des charges des communes relativement au culte.

Art. 92. Les charges des communes relativement au culte sont:

1º De suppléer à l'insuffisance des revenus de la fabrique pour les charges portées en l'article 37;

2º De fournir au curé ou desservant un presbytère, ou, à défaut de presbytère, un logement, ou, à défaut de presbytère et de logement, une indemnité pécuniaire;

3º De fournir aux grosses réparations des édifices consacrés au culte.

Art. 93. Dans le cas où les communes sont obligées de suppléer à l'insuffisance des revenus des fabriques pour ces deux premiers chefs, le budget de la fabrique sera porté au conseil municipal dûment convoqué à cet effet, pour y être délibéré ce qu'il appartiendra. La délibération du conseil municipal devra être adressée au préfet, qui le communiquera à l'évêque diocésain, pour avoir son avis. Dans le cas où l'évêque et le préfet seraient d'avis différents, il pourra en être référé, soit par l'un, soit par l'autre, à notre ministre de la justice et des cultes.

Art. 94. S'il s'agit de réparation des bâtiments, de quelque nature qu'elles soient, et que la dépense ordinaire, arrêtée par le budget, ne laisse pas de fonds disponibles, ou n'en laisse pas de suffisants pour ces réparations, le bureau en fera son rapport au conseil, et celui-ci prendra une délibération tendant à ce qu'il y soit pourvu par la commune : cette délibération sera envoyée par le trésorier au préfet.

Art. 95. Le préfet nommera les gens de l'art par lesquels, en présence de l'un des membres du conseil municipal et de l'un des marguilliers, il sera dressé, le plus promptement qu'il sera possible, un devis estimatif des réparations. Le préfet soumettra ce devis au conseil municipal, et, sur son avis, ordonnera, s'il y a lieu, que ces réparations soient faites aux frais de la commune, et en conséquence qu'il soit procédé par le conseil municipal, en la forme accoutumée, à l'adjudication au rabais.

Art. 96. Si le conseil municipal est d'avis de demander une réduction sur quelques articles de dépense de la célébration du culte, et dans le cas où il ne reconnaîtrait pas la nécessité de l'établissement d'un vicaire, sa délibération en portera les motifs.

Toutes les pièces seront adressées à l'évêque, qui prononcera.

Art. 97. Dans le cas où l'évêque prononcerait contre l'avis du conseil municipal, ce conseil pourra s'adresser au préfet, et celui-ci enverra, s'il y a lieu, toutes les pièces au ministre des cultes, pour être par nous, sur son rapport, statué en notre conseil d'État ce qu'il appartiendra.

Art. 98. S'il s'agit de dépenses pour réparations ou reconstructions qui auront été constatées conformément à l'art. 95, le préfet ordonnera que ces réparations soient payées sur les revenus communaux, et en conséquence qu'il soit procédé par le conseil municipal, en la forme accoutumée, à l'adjudication au rabais.

Art. 99. Si les revenus communaux sont suffisants, le conseil délibérera sur les moyens de subvenir à cette dépense, selon les règles prescrites par la loi.

Art. 100. Néanmoins, dans le cas où il serait reconnu que les habitants d'une paroisse sont dans l'impuissance de fournir aux réparations, même par levée extraordinaire, on se pourvoira devant nos ministres de l'intérieur et de la justice et des cultes, sur le rapport desquels il sera fourni à cette paroisse tel secours qui sera par eux déterminé, et qui sera pris sur le fonds commun établi par la loi du 15 septembre 1807, relative au budget de l'État.

Art. 101. Dans tous les cas où il y aura lieu au recours d'une fabrique sur une commune, le préfet fera un nouvel examen du budget de la commune, et décidera si la dépense demandée pour le culte peut être prise sur les revenus de la commune, ou jusqu'à concurrence de quelle somme; sauf notre approbation pour les communes dont les revenus excèdent 20,000 francs.

Art. 102. Dans le cas où il y a lieu à convocation du conseil municipal, si le territoire de la paroisse comprend plusieurs communes, le conseil de chaque commune sera convoqué et délibérera séparément,

Art. 103. Aucune imposition extraordinaire sur les communes ne pourra être levée pour les frais du culte, qu'après l'accomplissement préalable des formalités prescrites par la loi.

CHAPITRE V.

Des églises cathédrales, des maisons épiscopales et des séminaires.

Art. 104. Les fabriques des églises métropolitaines et cathédrales continueront à être composées et administrées conformément aux règlements épiscopaux qui ont été réglés par nous,

Art. 105. Toutes les dispositions concernant les fabriques paroissiales sont applicables, en tant qu'elles concernent leur administration intérieure, aux fabriques des cathédrales.

Art. 106. Les départements compris dans un diocèse sont tenus envers la fabrique de la cathédrale aux mêmes obligations que les communes envers leurs fabriques paroissiales,

Art. 107. Lorsqu'il surviendra de grosses réparations ou des reconstructions à faire aux églises cathédrales, aux palais épiscopaux et aux séminaires diocésains, l'évêque en donnera l'avis officiel au préfet du département dans lequel est le chef-lieu de l'évêché; il donnera en même temps un état sommaire des revenus qui restent libres après les dépenses ordinaires de la célébration du culte.

Art. 108. Le préfet ordonnera que, suivant les formes établies pour les travaux publics, en présence d'une personne à ce commise par l'évêque, il soit dressé un devis estimatif des ouvrages à faire.

Art. 109. Ce rapport sera communiqué à l'évêque, qui l'enverra au préfet avec ses observations.

Ces pièces seront ensuite transmises par le préfet, avec son avis, à notre ministre de l'intérieur; il en donnera connaissance à notre ministre des affaires ecclésiastiques.

Art. 110. Si les réparations sont à la fois nécessaires et urgentes, notre ministre de l'intérieur ordonnera qu'elles soient provisoirement faites sur les premiers deniers dont les préfets pourront disposer, sauf le remboursement avec les fonds qui seront faits pour cet objet par le conseil général du département, auquel il sera donné communication du budget de la fabrique de la cathédrale, et qui pourra user de la faculté accordée aux conseils municipaux par l'article 96.

Art. 111. S'il y a dans le même évêché plusieurs départements, la répartition entre eux se fera dans les proportions ordinaires, si ce n'est que le département où sera le chef-lieu du diocèse paiera un dixième de plus.

Art. 112. Dans les départements où les cathédrales ont des fabriques ayant des revenus, dont une partie est assignée à les réparer, cette assignation continuera d'avoir lieu; et seront, au surplus, les réparations faites conformément à ce qui est prescrit ci-dessus.

Art. 113. Les fondations, donations ou legs faits aux églises cathédrales seront acceptés, ainsi que ceux faits au séminaire, par l'évêque diocésain; sauf notre autorisation donnée en conseil d'État, sur le rapport du ministre des affaires ecclésiastiques.

Art. 114. Les ministres de l'intérieur et des affaires ecclésiastiques sont chargés, chacun en ce qui le concerne, de l'exécution du présent décret.

Décret du 22 décembre 1812,

RELATIF AUX CHAPELLES ET AUX ORATOIRES.

Art. 1er. Les chapelles domestiques et oratoires particuliers dont il est fait mention en l'article 44 de la loi du 8 avril 1802, et qui n'ont pas encore été autorisés par un décret, aux termes dudit article, ne seront autorisés que conformément aux dispositions suivantes :

Art. 2. Les demandes d'oratoires particuliers pour les hospices, les prisons, les maisons de détention et de travail, les écoles secondaires ecclésiastiques, les congrégations religieuses, les lycées et les collèges, et des chapelles oratoires domestiques, à la ville ou à la campagne, pour les individus ou les grands établissements de fabriques et manufactures, seront accordées par nous, en notre conseil, sur la demande des évêques. A ces demandes seront jointes les délibérations prises, à cet effet, par les administrateurs des établissements publics, et l'avis des maires et des préfets.

Art. 3. Les pensionnats pour les jeunes filles et pour les jeunes garçons pourront également, et dans les mêmes formes, obtenir un oratoire particulier, lorsqu'il s'y trouvera un nombre suffisant d'élèves (30), et qu'il y aura d'autres motifs déterminants.

Art. 4. Les évêques ne consacreront les chapelles ou oratoires que sur la représentation de notre décret.

Art. 5. Aucune chapelle ou oratoire ne pourra exister dans les villes que pour causes graves, et pour la durée de la vie de la personne qui en aura obtenu la permission.

Art. 6. Les particuliers qui auront des chapelles à la campagne ne pourront y faire célébrer l'office que par des prêtres autorisés par l'évêque, qui n'accordera la permission qu'autant qu'il jugera pouvoir le faire sans nuire au service curial de son diocèse.

Art. 7. Les chapelains des chapelles rurales ne pourront administrer les sacrements qu'autant qu'ils auront les pouvoirs spéciaux de l'évêque, et sous l'autorité et la surveillance du curé.

Art. 8. Tous les oratoires ou chapelles où le propriétaire voudrait faire exercer le culte, et pour lesquels il ne présenterait pas, dans le délai de six mois, l'autorisation énoncée dans l'article 1er, seront fermés, à la diligence de nos procureurs près nos cours et tribunaux, et des préfets, maires et autres officiers de police.

Avis du conseil d'État, du 6 novembre 1813,

RELATIF AUX DEMANDES EN CRÉATION DE CHAPELLES.

Le conseil d'État est d'avis, qu'indépendamment des documents exigés jusqu'à ce jour, toute demande en création de chapelle doit être accompagnée : 1º d'un certificat de l'ingénieur du département, constatant la distance de la commune demandante à l'église paroissiale ou succursale, et les difficultés que l'état des lieux pouvait apporter aux communications dans le mauvais temps ; 2º d'un certificat du directeur des contributions, constatant le montant du principal des contributions foncières et mobilières des domiciliés catholiques de la commune réclamante, abstraction faite des accessoires desdites contributions ; 3º et d'un état de la population certifié par le préfet.

Ordonnance du 21 janvier 1825,

SUR LE RENOUVELLEMENT DES FABRIQUES.

Vu le décret du 30 décembre 1800, contenant règlement général sur les fabriques des églises ;

Considérant que, dans la plupart des conseils des fabriques des églises de notre royaume, les renouvellements prescrits par les articles 7 et 8 dudit décret n'ont pas été faits aux époques déterminées ;

Voulant que des dispositions relatives à cette partie de l'administration temporelle des paroisses puissent donner les moyens de remédier aux inconvénients que l'expérience a signalés ;

Notre conseil d'État entendu, nous avons ordonné et ordonnons ce qui suit :

Art. 1er. Dans toutes les paroisses ayant le titre de *cure-succursale* ou *chapelle vicariale*, dans lesquelles le conseil de fabrique n'a pas été régulièrement renouvelé, ainsi que le prescrivent les articles 7 et 8 du décret du 30 décembre 1809, il sera immédiatement procédé à une nouvelle nomination des fabriciens, *de la manière voulue par l'article 6 du même décret.*

Art. 2. A l'avenir, la séance du conseil de fabrique, qui, aux termes de l'article 10 du règlement général, doit avoir lieu le premier dimanche du mois d'avril, se tiendra le dimanche de Quasimodo.

Dans cette séance devront être faites, tous les trois ans, les élections ordinaires prescrites par le décret du 30 décembre 1809.

Art. 3. Dans le cas de vacance par mort ou démission, l'élection en remplacement devra être faite dans la première séance ordinaire du conseil de fabrique qui suivra la vacance.

Les nouveaux fabriciens ne seront élus que pour le temps d'exercice qui resterait à courir à ceux qu'ils sont destinés à remplacer.

Art. 4. Si, un mois après les époques indiquées dans les deux articles précédents, le conseil de fabrique n'a pas procédé aux élections, l'évêque diocésain nommera lui-même.

Art. 5. Sur la demande des évêques et l'avis des préfets, notre ministre secrétaire d'État au département des affaires ecclésiastiques et de l'instruction publique pourra révoquer un conseil de fabrique pour défaut de présentation du budget ou de reddition de comptes, lorsque ce conseil, requis de remplir ce devoir, aura refusé ou négligé de le faire, ou pour toute autre cause grave.

Il sera, dans ce cas, pourvu à une nouvelle formation de ce conseil de la manière prescrite par l'article 6 du décret du 30 décembre 1809.

Art. 6. L'évêque et le préfet devront réciproquement se prévenir des autorisations d'assemblées extraordinaires qu'aux termes de l'article 10 du décret du 30 décembre 1809, ils accorderaient aux conseils de fabrique, et des objets qui devront être traités dans ces assemblées extraordinaires.

Art. 7. Dans les communes rurales, la nomination et la révocation des chantres, sonneurs et sacristains seront faites par le curé, desservant ou vicaire; leur traitement continuera à être réglé par le conseil de fabrique et payé par qui de droit.

Art. 8. Le règlement général des fabriques, du 30 décembre 1809, continuera d'être exécuté en tout ce qui n'est pas contraire à la présente ordonnance.

Circulaire interprétative de cette ordonnance.

Monseigneur,

J'ai l'honneur de vous transmettre une ampliation de l'ordonnance royale du 12 janvier 1825, qui a modifié plusieurs dispositions du décret du 30 décembre 1809, sur les fabriques.

Des conseils de fabrique avaient négligé de se renouveler : l'article 1er donne les moyens de remédier à cette négligence.

L'article 2 remet au dimanche de Quasimodo la séance du conseil dans laquelle les élections devront être faites, afin de mieux fixer l'attention par une date remarquable, et prévenir que le conseil de fabrique puisse, par inadvertance, laisser passer l'époque après laquelle le droit d'élection ne lui appartiendrait plus, ainsi que le prescrit l'article 4.

L'article 5, qui a pour objet de déterminer les formes à suivre pour la révocation d'un conseil de fabrique, lorsqu'elle sera jugée nécessaire, remplit une lacune qui existait dans le décret du 30 décembre 1809.

Au nombre des causes de révocation se trouve le défaut de reddition de compte et de présentation du budget, ce qui

donne à MM. les évêques le pouvoir de surveiller plus spécialement encore cette partie importante d'administration. Je ne
doute pas, Monseigneur, que vous ne vous en occupiez avec
intérêt.

Il convenait de prescrire des avertissements mutuels à
l'égard de l'autorisation d'assembler extraordinairement les
conseils; l'article 6 est relatif à cet objet.

Il paraissait également indispensable de modifier le droit
ancien en ce qui concerne la nomination des sacristains, chantres et sonneurs dans les communes rurales, afin de soustraire
le curé à une dépendance qui tendait à diminuer la considération dont il doit jouir. L'article 7 lui donne plein pouvoir à
cet égard.

Enfin, l'article 8 veut que les autres dispositions du règlement général des fabriques du, 30 décembre 1809, continuent à
être exécutées, jusqu'à ce qu'il y soit légalement dérogé.

Les détails de ce règlement sont, au surplus, tirés des anciens
règlements de fabrique.

Ils ont été adaptés le mieux possible à l'état des choses, et
ils donnent même aux évêques, dans certains cas, un droit
d'initiative, de surveillance et d'intervention qui était autre-
trefois exercé exclusivement par les assemblées générales de
paroisses, les sénéchaux et baillis ou par les marguilliers.

Si l'expérience démontrait que d'autres modifications importantes fussent nécessaires, je les soumettrais à Sa Majesté ; mais
je pense que la plupart des difficultés que pourrait présenter
actuellement l'exécution du règlement du 30 décembre 1809,
seraient l'objet de questions que je déciderais conformément à
la jurisprudence établie et au droit ancien.

Vous me trouverez toujours disposé, Monseigneur, à répondre aux observations que vous auriez à m'adresser à cet
égard.

J'invite M. le préfet d..... à se concerter avec vous relativement aux mesures à prendre pour l'exécution de l'ordonnance ci-jointe, dont je vous prie de vouloir bien m'accuser réception.

Je désire vivement que vous trouviez dans les dispositions de cette ordonnance un nouveau moyen de maintenir l'harmonie qui doit exister entre les administrateurs du temporel de l'église et leur curé, et la preuve de mon empressement à saisir toutes les occasions favorables pour obtenir les améliorations généralement désirées.

Ordonnance du 6 décembre 1843,

RELATIVE AUX CIMETIÈRES.

TITRE PREMIER.

De la translation des cimetières.

Art. 1er. Les dispositions des titres I et II du décret du 13 prairial an XII, qui prescrivent la translation des cimetières hors des villes et bourgs, pourront être appliquées à toutes les communes du royaume.

Art. 2. La translation du cimetière, lorsqu'elle deviendra nécessaire, sera ordonnée par un arrêté du préfet, le conseil municipal entendu. — Le préfet déterminera également le nouvel emplacement du cimetière sur l'avis du conseil municipal et après enquête de *commodo et incommodo.*

TITRE II.

Des concessions de terrains dans les cimetières, pour fondations de sépultures privées.

Art. 3. Les concessions de terrains dans les cimetières communaux pour fondation de sépultures privées seront, à l'avenir, divisées en trois classes : — 1° concessions perpétuelles ;

— 2º concessions trentenaires ; — 3º concessions temporaires. Aucune concession ne peut avoir lieu qu'au moyen d'un versement d'un capital, dont deux tiers au profit de la commune et un tiers au profit des pauvres ou des établissements de bienfaisance. — Les concessions trentenaires seront renouvelables indéfiniment à l'expiration de chaque période de trente ans, moyennant une nouvelle redevance qui ne pourra dépasser le taux de la première. — A défaut du paiement de cette nouvelle redevance, le terrain concédé fera retour à la commune ; mais il ne pourra être repris par elle que deux années révolues après l'expiration de la période pour laquelle il avait été concédé, et dans l'intervalle de ces deux années les concessionnaires ou leurs ayant-cause pourront user de leur droit de renouvellement. — Les concessions temporaires seront faites pour quinze ans au plus et ne pourront être renouvelées.

Art. 4. En cas de translation du cimetière, les concessionnaires ont droit d'obtenir dans le nouveau cimetière un emplacement égal en superficie au terrain qui leur avait été concédé, et les restes qui y avaient été inhumés seront transportés aux frais de la commune.

TITRE III.

De la police des cimetières.

Art. 6. Aucune inscription ne pourra être placée sur les pierres tumulaires ou monuments funèbres sans avoir été préalablement soumise à l'autorisation du maire.

TITRE IV.

Dispositions transitoires.

Art. 7. Des tarifs présentant des prix gradués pour les trois classes de concessions énoncées en l'art. 3 seront proposés par les conseils municipaux des communes et approuvés par les préfets. — Les tarifs des communes dont les revenus dépassent 100,000 francs seront soumis à notre approbation.

Art. 8. Les dispositions du présent règlement ne sont pas applicables à la ville de Paris.

Par arrêté du 18 décembre 1843, le ministre des finances a décidé que les monuments abandonnés par les familles, après l'expiration des concessions, appartiendraient aux communes; celles-ci ne peuvent s'en mettre en possession qu'après avoir deux fois mis en demeure les familles par un avis public. (Circ. du ministre de l'intérieur, 30 décembre.) Ces monuments ne peuvent être employés que pour l'amélioration des cimetières. *Ibidem.*

En cas de translation, l'administration doit faire non-seulement celle du corps, mais aussi celle des matériaux des tombes, sans toutefois aucune pompe funèbre. La famille doit être prévenue. Cette translation, selon la circulaire, peut être faite malgré les concessionnaires, même pour les concessions perpétuelles antérieures. Les tarifs doivent être admis comme les présentent les communes. *Ibidem.*

Loi du 24 mai 1825,

RELATIVE A L'AUTORISATION ET A L'EXISTENCE LÉGALE DES CONGRÉGATIONS ET COMMUNAUTÉS RELIGIEUSES DE FEMMES.

Art. 1er. A l'avenir aucune congrégation religieuse de femmes ne pourra être autorisée, et, une fois autorisée, ne pourra former d'établissements que dans les formes et sous les conditions prescrites dans les articles suivants.

Art. 2. Aucune congrégation religieuse de femmes ne sera autorisée qu'après que ces statuts, dûment approuvés par l'évêque diocésain, auront été vérifiés et enregistrés au conseil d'État, en la forme requise pour les bulles d'institution canonique. Ces statuts ne pourront être approuvés et enregistrés ls ne contiennent la clause que la congrégation est soumise ns les choses spirituelles à la juridiction de l'Ordinaire.

Après la vérification et l'enregistrement, l'autorisation sera cordée par une loi à celles de ces congrégations qui n'exis- ient pas au 1er janvier 1825. A l'égard de celles de ces ngrégations qui existaient antérieurement au 1er jan- er 1825, l'autorisation sera accordée par une ordonnance 1 roi.

Art. 3. *Il ne sera formé aucun établissement* d'une congré- ation religieuse de femmes déjà autorisée, s'il n'a été préa- iblement informé sur la convenance et les inconvénients de établissement, et si l'on ne produit à l'appui de la demande 3 consentement de l'évêque diocésain, et l'avis du conseil nunicipal de la commune où l'établissement devra être ormé.

L'autorisation spéciale de former l'établissement sera accor- iée par ordonnance du roi, laquelle sera insérée dans la quin- aine au *Bulletin des Lois.*

Art. 4. Les établissements dûment autorisés pourront, avec 'autorisation spéciale du roi :

1o Accepter les biens meubles et immeubles qui leur au- aient été donnés par acte entre vifs ou par acte de dernière volonté, à titre particulier seulement ;

2o Acquérir à titre onéreux des biens immeubles ou des rentes ;

3o Aliéner les biens immeubles ou les rentes dont ils se- raient propriétaires.

Art. 5. Nulle personne faisant partie d'un établissement au- torisé ne pourra disposer par acte entre vifs ou par testa- ment, soit en faveur de cet établissement, soit au profit de l'un de ses membres, au delà du quart de ses biens, à moins que le don ou legs n'excède pas la somme de 10,000 fr.

Cette prohibition cessera d'avoir son effet relativement aux membres de l'établissement, si la légataire ou donataire était héritière en ligne directe de la testatrice ou donatrice.

Le présent article ne recevra son exécution, pour les communautés déjà autorisées, que six mois après la publication de la présente loi, et pour celles qui seraient autorisées à l'avenir, six mois après l'autorisation accordée.

Art. 6. L'autorisation des congrégations religieuses de femmes ne pourra être révoquée que par une loi.

L'autorisation des maisons particulières dépendant de ces congrégations, ne pourra être révoquée qu'après l'avis de l'évêque diocésain, et avec les autres formes prescrites par l'art. 3 de la présente loi.

Art. 7. En cas d'extinction d'une congrégation ou maison religieuse de femmes, ou de révocation de l'autorisation qui lui aurait été accordée, les biens acquis par donation entre vifs, ou par disposition à cause de mort, feront retour aux donateurs ou à leurs parents au degré successible, ainsi qu'à ceux des testateurs au même degré.

Quant aux biens qui ne feraient pas retour, ou qui auraient été acquis à titre onéreux, ils seront attribués et répartis, moitié aux établissements ecclésiastiques, moitié aux hospices des départements dans lesquels seraient situés les établissements éteints.

La transmission sera opérée avec les charges et obligations imposées aux précédents possesseurs.

Dans le cas de révocation prévu par le premier paragraphe, les membres de la congrégation ou maison religieuse de femmes auront droit à une pension alimentaire qui sera prélevée : 1o sur les biens acquis à titre onéreux; 2o subsidiairement, sur les biens acquis à titre gratuit, lesquels, dans ce cas, ne feront retour aux familles des donateurs ou testateurs qu'après l'extinction desdites pensions.

Art. 8. Toutes les dispositions de la présente loi, autres que celles qui sont relatives à l'autorisation, sont applicables aux congrégations et maisons religieuses de femmes, autorisées antérieurement à la publication de la loi du 2 janvier 1817.

La présente loi, discutée, délibérée et adoptée par la chambre des pairs et par celle des députés, et sanctionnée par nous aujourd'hui, sera exécutée comme loi de l'État: voulons, en conséquence, qu'elle soit gardée et observée dans tout notre royaume, terres et pays de notre obéissance.

Instruction ministérielle sur l'exécution de cette loi.

Art. 1er. Toute congrégation ou maison particulière *définitivement* autorisée par la loi du 2 janvier 1817, soit par décret, soit par ordonnance royale, demeure reconnue, et n'est obligée en aucune manière de demander une nouvelle autorisation.

Art. 2. Parmi les congrégations, il en est qui existaient de fait avant le 1er janvier 1825, et qui, sans être autorisées, ont pu librement se former et se propager; maintenant, pour qu'elles puissent avoir une existence légale et jouir des avantages qui y sont attachés, comme la faculté de recevoir, d'acquérir et de posséder, il faut qu'une demande en autorisation, accompagnée de leurs statuts, revêtus de l'approbation de l'évêque diocésain, soit transmise au ministre des affaires ecclésiastiques et de l'instruction publique, si toutefois elle n'a été déjà adressée au Gouvernement dans l'intervalle du 2 janvier 1817 au 1er janvier 1825.

Art. 3. La communication des règlements particuliers sur la discipline intérieure des maisons, tels que ceux qui fixent les heures, la nature et la durée des exercices religieux, n'est pas nécessaire; il suffit de faire connaître les statuts, c'est-à-dire les points fondamentaux qui déterminent le but, le régime général de la congrégation.

Art. 4. Après que les formalités prescrites par l'article 2 de la présente loi auront été remplies, ces congrégations et maisons particulières, aux termes du même article, pourraient être autorisées par une ordonnance royale.

Art. 5. Une congrégation se compose ou d'établissements qui reconnaissent une supérieure générale, comme celle des filles de Saint-Vincent-de-Paul, ou d'établissements qui ne reconnaissent qu'une supérieure locale, et qui sont indépendants les uns des autres, encore qu'ils soient soumis aux mêmes règles et statuts, comme la congrégation des religieuses Ursulines.

Art. 6. Pour les unes comme pour les autres de ces congrégations, lorsque les statuts qui les régissent auront été vérifiés et enregistrés une première fois, il suffira, dans la demande en autorisation de chaque établissement, de déclarer que ces statuts sont adoptés et suivis par les religieuses qui la composent, et l'autorisation pourra être accordée d'après le consentement de l'évêque diocésain et l'avis des conseils municipaux.

Art. 7. Les sœurs d'école et de charité, placées dans un local fourni par une commune ou dans un hospice, *ne seront censées former un établissement susceptible d'être autorisé par le roi*, qu'autant que l'engagement de la congrégation avec la commune ou l'hospice *serait à perpétuité*.

Art. 8. La supérieure générale d'une congrégation conserve une action immédiate sur tous les sujets qui en dépendent: elle a le droit de les déplacer, de les transférer d'un établissement dans un autre, de surveiller le régime intérieur et l'administration. Mais chaque établissement n'en demeure pas moins soumis, dans les choses spirituelles, à l'évêque diocésain; cette reconnaissance de l'autorité spirituelle des Ordinaires doit toujours être exprimée dans les statuts.

Art. 9. Nul établissement autorisé comme faisant partie d'une congrégation à supérieure générale, ne peut s'en séparer, soit pour s'affilier à une autre congrégation, soit pour former une maison à supérieure locale indépendante, sans perdre, par cela seul, les effets de son autorisation.

Art. 10. Tout acte émané du Saint-Siége, portant approbation d'un institut religieux, ne pourrait avoir d'effet qu'autant qu'il aurait été vérifié dans les formes voulues pour la publication des bulles d'institution canonique.

Art. 11. Nul doute que les communautés religieuses ne puissent déclarer, dans leurs statuts, que les membres qui les composent se lient par des vœux; mais, la loi civile ne prêtant son appui et sa force qu'à des vœux qui n'excéderaient pas *cinq ans*, des statuts qui exprimeraient à perpétuité des vœux *ne recevraient pas d'approbation légale.*

Art. 12. La loi n'interdit point aux religieuses la libre jouissance de leurs biens patrimoniaux et autres qu'elles possèdent, ou qui pourraient leur échoir : ici leurs droits sont ceux du reste des Français. Elles peuvent même disposer de leurs biens, soit par donation, soit par testament : il n'est dérogé à leur égard au droit commun que dans les cas déterminés par l'article 5 de la loi.

Art. 13. Mais, comme il était notoire que les propriétés de beaucoup d'établissements, même leur habitation avec ses dépendances, avaient été acceptées ou acquises par l'un ou quelques-uns de leurs membres, la loi a voulu empêcher le tort que ces établissements pourraient souffrir de l'exécution immédiate de cet article 5. En conséquence, si une religieuse veut disposer en faveur de sa communauté, elle reste dans le droit commun pendant six mois, à dater du 2 juin 1825, jour de la promulgation de la loi, s'il s'agit d'établissements déjà autorisés définitivement; et pendant six mois, à dater du jour de l'autorisation définitive, s'il s'agit d'établissements qui, existants de fait au 1er janvier 1825, pourront être autorisés à l'avenir.

Art. 14. Les religieuses doivent bien se pénétrer de cette disposition si favorable à leur communauté, et ne pas négliger d'en profiter en temps utile; il suffira pour cela que la donation et la demande en autorisation pour accepter soient faites dans les délais fixés par la loi. Mais, comme ces délais sont de rigueur, une fois qu'ils seraient passés, il ne serait plus permis, ni possible, d'empêcher l'exécution des dispositions textuelles de cette loi.

Art. 15. Les actes de donation doivent contenir l'énoncia-

24*

tion des sommes dues et hypothéquées sur les biens cédés, pour que la transmission de ces dettes soit comprise dans l'ordonnance qui autorisera l'acceptation de la donation.

Art. 16. Tous dons et legs qui seraient faits à l'avenir à des établissements de religieuses doivent être acceptés par la supérieure générale des congrégations dont ils font partie, ou par la supérieure locale des maisons qui ne reconnaissent pas la supérieure générale, à la charge, dans l'un et l'autre cas, de donner aux libéralités la destination voulue par les donateurs ou testateurs.

Art. 17. La demande en autorisation d'accepter sera transmise au ministre, revêtue de l'avis de l'évêque dans le diocèse duquel se trouve l'établissement donataire ou légataire; elle sera communiquée au préfet, pour qu'il fournisse ses renseignements sur les réclamations qui pourraient être faites.

Art. 18. Les dispositions des lois et règlements qui prescrivent les formalités à remplir par les établissements d'utilité publique, pour acquisitions, aliénations, et en général pour l'administration des biens, sont applicables aux actes de cette nature concernant les congrégations et communautés, qui seront représentées, suivant les cas, par la supérieure générale ou par la supérieure locale.

Art. 19. Conformément aux dispositions de la loi du 16 juin 1825, il ne doit être perçu, pour l'enregistrement des actes d'acquisition, de donation ou de legs au profit des congrégations et communautés définitivement autorisées, que le droit fixe de 10 francs.

Art. 20. Conformément aux dispositions de l'article 6 de l'ordonnance du 2 avril 1817, les acquisitions et emplois en rentes constituées sur l'État ou sur les villes ne sont point assujettis à la nécessité d'une autorisation spéciale, mais les rentes ainsi acquises seront immobilisées, et ne pourront être aliénées sans la permission du roi.

Art. 21. Les préfets, ainsi qu'il est prescrit par la même ordonnance du 2 avril 1817, autoriseront l'acceptation de tout don et legs en argent ou effets mobiliers dont la valeur n'excèdera pas 300 francs.

Art. 22. Les registres de chaque établissement où seront inscrits tous les actes, délibérations, comptes en recette et dépense, quoique sur papier non timbré, seront cotés et paraphés par la supérieure et tenus sans lacune.

Ordonnance du Roi du 14 janvier 1831,

RELATIVE AUX DONATIONS ET LEGS, ACQUISITIONS ET ALIÉNATIONS DE BIENS, CONCERNANT LES ÉTABLISSEMENTS ECCLÉSIASTIQUES ET LES COMMUNAUTÉS RELIGIEUSES DE FEMMES.

Art. 1er. L'article 6 de l'ordonnance royale du 2 avril 1817 est rapporté. En conséquence, aucun transfert ni transcription de rentes sur l'État, au profit d'un établissement ecclésiastique ou d'une communauté, ne sera effectué qu'autant qu'il aura été autorisé par une ordonnance royale dont l'établissement intéressé présentera, par l'intermédiaire de son agent de change, expédition en due forme au directeur du grand-livre de la dette publique.

Art. 2. Aucun notaire ne pourra passer acte de vente, d'acquisition, d'échange, de transaction, au nom desdits établissements, s'il n'est justifié de l'ordonnance royale portant autorisation de l'acte, et qui devra y être entièrement insérée.

Art. 3. Nulle acceptation de legs au profit des mêmes établissements ne sera présentée à notre autorisation sans que les héritiers connus du testament ne soient appelés par acte extrajudiciaire, pour prendre connaissance du testament, donner leur consentement à son exécution, ou produire leurs moyens d'opposition. S'il n'y a pas d'héritiers connus, extrait du testament sera affiché de huitaine en huitaine, et à trois reprises consécutives, au chef-lieu de la mairie du domicile du testateur, et inséré dans le journal judiciaire du département, avec invitation aux héritiers d'adresser au préfet, dans le même délai, les réclamations qu'ils auront à présenter.

Art. 4. Ne pourront être présentées à notre autorisation les donations qui seraient faites à des établissements ecclésiastiques ou religieux, *avec réserve d'usufruit en faveur du donateur.*

Art. 5. L'état de l'actif et du passif, ainsi que des revenus et des charges des établissements légataires ou donataires, vérifié et certifié par le préfet, sera produit à l'appui de leur demande en autorisation d'accepter les dons et legs qui leur seraient faits.

Art. 6. Les dispositions de la présente ordonnance sont applicables aux autorisations à donner par le préfet, en vertu de l'article 1er de l'ordonnance du 2 avril 1817.

Décret

SUR LES SÉPULTURES, LIEUX QUI LEUR SONT CONSACRÉS, POMPES FUNÈBRES, DU 22 PRAIRIAL AN XII (12 JUIN 1804.)

Art. 1er. Aucune inhumation n'aura lieu dans les églises, temples, synagogues, hôpitaux, chapelles publiques, et généralement dans aucun des édifices clos et fermés où les citoyens se réunissent pour la célébration de leurs cultes, ni dans l'enceinte des villes et bourgs.

Art. 2. Il y aura, hors de chacune de ces villes ou bourgs, à la distance de trente-cinq à quarante mètres au moins de leur enceinte, des terrains spécialement consacrés à l'inhumation des morts. *(Voyez* décret du 7 mars 1808.)

Art. 3. Les terrains les plus élevés et exposés au nord seront choisis de préférence ; ils seront clos de murs de deux mètres au moins d'élévation. On y fera des plantations, en prenant les précautions convenables pour ne point gêner la circulation de l'air.

Art. 4. Chaque inhumation aura lieu dans une fosse séparée ; chaque fosse qui sera ouverte aura un mètre cinq décimètres à deux mètres de profondeur, sur huit décimètres de largeur, et sera ensuite remplie de terre bien foulée.

Art. 5. Les fosses seront distantes les unes des autres de trois à quatre décimètres sur les côtés, et de trois à cinq décimètres à la tête et aux pieds.

Art. 6. Pour éviter le danger qu'entraîne le renouvellement trop rapproché des fosses, l'ouverture des fosses pour de nouvelles sépultures n'aura lieu que de cinq années en cinq années ; en conséquence, les terrains destinés à former les lieux de sépulture seront cinq fois plus étendus que l'espace nécessaire pour y déposer le nombre présumé des morts qui peuvent y être enterrés chaque année.

Art. 7. Les communes qui seront obligées, en vertu des articles 1er et 2, d'abandonner les cimetières actuels et de s'en procurer de nouveaux hors de l'enceinte de leurs habitations, pourront, sans autre autorisation que celle qui leur est accordée, par la déclaration du 10 mars 1776, acquérir les terrains qui leur seront nécessaires, en remplissant les formes voulues par l'arrêté du 7 germinal an IX.

Art. 8. Aussitôt que les nouveaux emplacements seront disposés à recevoir les inhumations, les cimetières existants seront fermés et resteront dans l'état où ils se trouveront, sans que l'on en puisse faire usage pendant cinq ans.

Art. 9. A partir de cette époque, les terrains servant maintenant de cimetières pourront être affermés par les communes auxquelles ils appartiennent, mais à condition qu'ils ne seront qu'ensemencés ou plantés, sans qu'il puisse y être fait aucune fouille ou fondation pour des constructions de bâtiments, jusqu'à ce qu'il en soit autrement ordonné.

Art. 10. Lorsque l'étendue des lieux consacrés aux inhumations le permettra, il pourra y être fait des concessions de terrains aux personnes qui désireront y posséder une place distincte et séparée pour y fonder leur sépulture et celle de leurs parents ou successeurs, et y construire des caveaux, monuments ou tombeaux.

Art. 11. Les concessions ne seront néanmoins accordées qu'à ceux qui offriront de faire des fondations ou donations en faveur des pauvres et des hôpitaux, indépendamment d'une somme qui sera donnée à la commune, et lorsque ces fondations ou donations auront été autorisées par le Gouvernement dans les formes accoutumées, sur l'avis des conseils municipaux et la proposition des préfets.

Art. 12. Il n'est point dérogé, par les deux articles précédents, aux droits qu'a chaque particulier, sans besoin d'autorisation, de faire placer sur la fosse de son parent, de son ami, une pierre sépulcrale ou autre signe indicatif de sépulture, ainsi qu'il a été pratiqué jusqu'à présent.

Art. 13. Les maires pourront également, sur l'avis des administrations des hôpitaux, permettre que l'on construise dans l'enceinte de ces hôpitaux des monuments pour les fondateurs et bienfaiteurs de ces établissements, lorsqu'ils en auront déposé le désir dans leurs actes de donation, de fondation ou de dernière volonté.

Art. 14. Toute personne pourra être enterrée sur sa propriété, pourvu que ladite propriété soit hors et à la distance prescrite de l'enceinte des villes et bourgs.

Art. 15. Dans les communes où l'on professe plusieurs cultes, chaque culte doit avoir un lieu d'inhumation particulier; et dans le cas où il n'y aurait qu'un seul cimetière, on le partagera par des murs, haies ou fossés, en autant de parties qu'il y a de cultes différents, avec une entrée particulière pour chacune, et en proportionnant cet espace au nombre d'habitants de chaque culte.

Art. 16. Les lieux de sépulture, soit qu'ils appartiennent aux communes, soit qu'ils appartiennent aux particuliers, seront soumis à l'autorité, police et surveillance des administrations municipales.

Art. 17. Les autorités locales sont spécialement chargées de maintenir l'exécution des lois et règlements qui prohibent les exhumations non autorisées, et d'empêcher qu'il ne se commette dans les lieux de sépulture aucun désordre, ou qu'on s'y permette aucun acte contraire au respect dû à la mémoire des morts.

Art. 18. Les cérémonies précédemment usitées pour les convois, suivant les différents cultes, seront rétablies, et il sera libre aux familles d'en régler la dépense selon leurs moyens et leurs facultés : mais hors de l'enceinte des églises et des lieux de sépulture, les cérémonies religieuses ne seront permises que dans les communes où l'on ne professe qu'un seul culte, conformément à l'article 15 de la loi du 18 germinal an X.

Art. 19. Lorsque le ministre d'un *culte*, sous quelque prétexte que ce soit, se permettra de *refuser son ministère* pour l'inhumation d'un corps, l'autorité civile, *soit d'office, soit sur la réquisition de la famille*, commettra un autre ministre du même culte pour remplir ces fonctions; dans tous les cas, l'autorité civile est chargée de faire porter, présenter, déposer et inhumer le corps.

Art. 20. Les frais et rétributions à payer aux ministres des cultes et autres individus attachés aux églises et temples, tant pour leur assistance aux convois que pour les services requis par les familles, seront réglés par le Gouvernement, sur l'avis des évêques, des consistoires et des préfets, et sur la proposition du ministre de la justice et des cultes. Il ne sera rien alloué pour leur assistance à l'inhumation des individus inscrits au rôle des indigents.

Art. 21. Le mode le plus convenable pour le transport des corps sera réglé suivant les localités, par les maires, sauf l'approbation des préfets.

Art. 22. Les fabriques des églises et les consistoires jouiront seuls du droit de fournir les voitures, tentures, ornements, et de faire généralement toutes les fournitures quelconques nécessaires pour les enterrements, et pour la décence ou la pompe des funérailles.

Les fabriques et consistoires pourront faire exercer ou affermer ce droit, d'après l'appprobation des autorités civiles sous la surveillance desquelles ils sont placés. (*Voyez* décret du 30 décembre 1809, art. 36, § 10.)

Art. 23. L'emploi des sommes provenant de l'exercice ou de l'affermage de ce droit sera consacré à l'entretien des églises, des lieux d'inhumation, et au paiement des desservants; cet emploi sera réglé et réparti sur la proposition du ministre de la justice et des cultes, et d'après l'avis des évêques et des préfets.

Art. 24. Il est expressément défendu à toutes personnes, quelles que soient leurs fonctions, d'exercer le droit susmentionné, sous telle peine qu'il appartiendra, sans préjudice des droits résultant des marchés existants, et qui ont été passés entre quelques entrepreneurs et les préfets, ou autres autorités civiles, relativement aux convois et pompes funèbres.

Art. 25. Les frais à payer par les successions des personnes décédées, pour les billets d'enterrement, le prix des tentures, les bières et le transport des corps, seront fixés par un tarif proposé par les administrations municipales, et arrêté par les préfets.

Art. 26. Dans les villages et autres lieux où le droit précité ne pourra être exercé par les fabriques, les autorités locales y pourvoiront, sauf l'approbation des préfets. (*Voyez* les décrets du 18 mai 1806 et 7 mars 1808.)

Décret du 6 novembre 1813,

SUR LA CONSERVATION ET L'ADMINISTRATION DES BIENS QUE POSSÈDE LE CLERGÉ.

Des biens des cures.

Art. 1er. Dans toutes les paroisses, dont les curés ou desservants possèdent, à ce titre, des biens fonds ou des rentes, la fabrique établie près chaque paroisse est chargée de veiller à la conservation desdits biens.

Art. 2. Seront déposés dans une caisse ou armoire à trois clefs de la fabrique, tout papier, titre et document concernant ces biens. Ce dépôt sera effectué dans les six mois, à compter de la publication du présent décret. Toutefois, les titres déposés près des chancelleries, évêchés ou archevêchés, seront tous portés aux archives des préfectures respectives, sans récépissé, et moyennant une copie authentique, qui en sera délivrée par les préfectures à l'évêché.

Art. 3. Seront aussi déposés dans cette caisse ou armoire les comptes, les registres, les sommiers et les inventaires ; le tout ainsi qu'il est statué par l'article 54 du règlement des fabriques.

Art. 4. Nulle pièce ne pourra être retirée de ce dépôt que sur un avis motivé, signé par le titulaire.

Art. 5. Il sera procédé aux inventaires des titres, registres et papiers, à leur récollement et à la formation d'un registre sommier, conformément aux articles 55 et 56 du même règlement.

Art. 6. Les titulaires exercent les droits d'usufruit; ils en supportent les charges; le tout ainsi qu'il est établie par le Code civil et conformément aux explications et modifications ci-après.

Art. 7. Le procès-verbal de leur prise de possession, dressé par le juge de paix, portera la promesse par eux souscrite de jouir des biens en bons pères de famille, de les entretenir avec soin, et de s'opposer à toute usurpation ou détérioration.

Art. 8. Sont défendues aux titulaires et déclarées nulles toutes aliénations, échanges, stipulations d'hypothèques, concessions de servitudes, et, en général, toute disposition opérant un changement dans la nature desdits biens, ou une diminution dans leurs produits, à moins que ces actes ne soient autorisés dans la forme accoutumée.

Art. 9. Les titulaires ne pourront faire de baux excédant neuf ans que par forme d'adjudication aux enchères et après que l'utilité en aura été déclarée par deux experts, qui visiteront les lieux et feront leur rapport ; ces experts seront nommés par le sous-préfet, s'il s'agit de biens de cures, et par le préfet, s'il s'agit de biens d'évêchés, de chapitres et de séminaires. Ces baux ne continueront, à l'égard des successions des titulaires, que de la manière prescrite par l'article 429 du Code civil.

Art. 10. Il est défendu de stipuler des *pots de vin* pour les baux des biens ecclésiastiques.

Le successeur du titulaire qui aura pris un pot de vin aura la faculté de demander l'annulation du bail, à compter de son entrée en jouissance, ou d'exercer son recours en indemnité, soit contre les héritiers ou représentants du titulaire, soit contre le fermier.

Art. 11. Les remboursements des capitaux faisant partie des dotations du clergé, seront faits conformément à notre décret du 16 juillet 1810 et à l'avis du conseil d'État du 21 décembre 1808.

Si les capitaux dépendent d'une cure, ils seront versés dans la caisse de la fabrique par le débiteur, qui ne sera libéré qu'au moyen de la décharge signée des trois dépositaires des clefs.

Art. 12. Les titulaires ayant des bois dans leur dotation en jouiront conformément à l'article 590 du Code civil, si ce sont des bois taillis.

Quant aux arbres futaies réunis en bois ou épars, ils devront se conformer à ce qui est ordonné pour les bois des communes.

Art. 13. Les titulaires seront tenus de toutes les réparations des biens dont ils jouissent, sauf, à l'égard des presbytères, la disposition ci-après, article 21.

S'il s'agit de grosses réparations, et qu'il y ait dans la caisse à trois clefs des fonds provenant de la cure, ils y seront employés.

S'il n'y a point de fonds dans cette caisse, le titulaire sera tenu de les fournir jusqu'à concurrence du tiers du revenu foncier de la cure, indépendamment des autres réparations dont il est chargé.

Quant à l'excédant du tiers du revenu, le titulaire pourra être par nous autorisé, en la forme accoutumée, soit à un emprunt avec hypothèque, soit même à l'aliénation d'une partie des biens.

Le décret d'autorisation d'emprunt fixera les époques de remboursement à faire sur les revenus, de manière qu'il en reste toujours les deux tiers aux curés.

En tous cas, il sera suppléé par le trésor royal à ce qui manquerait pour que le revenu restant au curé égale le taux ordinaire des congrues.

Art. 14. Les poursuites à fin de recouvrement des revenus seront faites par les titulaires, à leurs frais et risques.

Ils ne pourront néanmoins, soit plaider en demandant ou en défendant, soit même se désister, lorsqu'il s'agira des droits fonciers de la cure, sans l'autorisation du conseil de préfecture, auquel sera envoyé l'avis du conseil de la fabrique.

Art. 15. Les frais des procès seront à la charge des curés, de la même manière que les dépenses pour les réparations.

Art. 16. En cas de décès du titulaire d'une cure, le juge de paix sera tenu d'apposer le scellé d'office, sans rétribution pour lui ni son greffier, ni autres frais, si ce n'est le seul remboursement du papier timbré.

Art. 17. Les scellés seront levés, soit à la requête des héritiers, en présence du trésorier de la fabrique, soit à la requête du trésorier de la fabrique, en y appelant les héritiers.

Art. 18. Il sera procédé, par le juge de paix, en présence des héritiers et du trésorier, au récollement du précédent in-

ventaire, contenant l'état de la partie du mobilier et des ustensiles dépendants de la cure, ainsi que des titres et papiers la
concernant.

Art. 19. Expédition de l'acte de récollement sera délivrée au
trésorier par le juge de paix, avec la remise des titres et papiers dépendants de la cure.

Art. 20. Il sera aussi fait à chaque mutation de titulaire,
par le trésorier de la fabrique, un récollement de l'inventaire
des titres et de tous les instruments aratoires, de tous les
ustensiles ou meubles d'attache, soit pour l'habitation, soit
pour l'exploitation des biens.

Art. 21. Le trésorier de la fabrique poursuivra les héritiers
pour qu'ils mettent les biens de la cure dans l'état de réparation où ils doivent les rendre.

Les curés ne sont tenus, à l'égard des presbytères, qu'aux
réparations locatives, les autres étant à la charge de la commune.

Art. 22. Dans le cas où le trésorier aurait négligé d'exercer
ses poursuites à l'époque où le nouveau titulaire entrera en
possession, celui-ci sera tenu d'agir lui-même contre les héritiers, ou de faire une sommation au trésorier de la fabrique
de remplir à cet égard ses obligations. Cette sommation devra être dénoncée par le titulaire au procureur du roi, afin
que celui-ci contraigne le trésorier de la fabrique d'agir, ou
que lui-même il fasse d'office les poursuites, aux risques et
périls des paroissiens.

Art. 23. Les archevêques et évêques s'informeront, dans le
cours de leurs visites, non-seulement de l'état de l'église et
du presbytère, mais encore de celui des biens de la cure, afin
de rendre au besoin des ordonnances, à l'effet de poursuivre,
soit le précédent titulaire, soit le nouveau. Une expédition de
l'ordonnance restera aux mains du trésorier pour l'exécuter,
et une autre expédition sera adressée au procureur du roi, à
l'effet de contraindre, en cas de besoin, le trésorier par le
moyen ci-dessus.

Art. 24. Dans tous les cas de vacance d'une cure, les revenus de l'année courante appartiendront à l'ancien titulaire depuis le jour de sa nomination.

Les revenus qui auront eu cours du jour de l'ouverture de la vacance jusqu'au jour de la nomination, seront mis en réserve dans la caisse à trois clefs, pour subvenir aux grosses réparations qui surviendront dans les bâtiments appartenant à la dotation, conformément à l'art. 13.

Art. 25. Le produit des revenus pendant l'année de la vacance sera constaté par les comptes que rendront le trésorier pour le temps de la vacance, et le nouveau titulaire pour le reste de l'année. Ces comptes porteront ce qui aurait été reçu par le précédent titulaire pour la même année, sauf reprise contre sa succession, s'il y a lieu.

Art. 26. Les contestations sur les comptes ou répartitions de revenus, dans les cas indiqués aux articles précédents, seront décidées par le conseil de préfecture.

Art. 27. Dans le cas où il y aurait lieu à remplacer provisoirement un curé ou desservant qui se trouverait éloigné du service, ou par suspension par peine canonique, ou par maladie, ou par voie de police, il sera pourvu à l'indemnité du remplaçant provisoire, conformément au décret du 17 novembre 1811.

Cette disposition s'appliquera aux cures ou succursales dont le traitement est, en tout ou en partie, payé par le trésor royal.

Art. 28. Pendant le temps que, pour les causes ci-dessus, le curé ou desservant sera éloigné de la paroisse, le trésorier de la fabrique remplira, à l'égard des biens, les fonctions qui sont attribuées au titulaire par les articles 6 et 13 ci-dessus.

Les articles 29 à 61 traitent des rentes épiscopales et des biens des chapitres cathédraux et collégiaux.

Art. 62. Il sera formé, pour l'administration des biens du

séminaire de chaque diocèse, un bureau composé de l'un des vicaires généraux, qui présidera en l'absence de l'évêque, du directeur et de l'économe du séminaire, et d'un quatrième membre remplissant les fonctions du trésorier, qui sera nommé par le ministre des cultes, sur l'avis de l'évêque et du préfet.

Il n'y aura aucune rétribution attachée aux fonctions de trésorier.

Art. 63. Le secrétaire de l'archevêché ou évêché sera en même temps secrétaire de ce bureau.

Art. 64. Le bureau d'administration du séminaire principal aura en même temps l'administration des autres écoles ecclésiastiques du diocèse.

Art. 65. Il y aura aussi, pour le dépôt des titres, papiers et renseignements, des comptes, des registres, des sommiers, des inventaires, conformément à l'article 54 du règlement des fabriques, une caisse ou armoires à trois clefs qui seront entre les mains des trois membres du bureau.

Art. 66. Ce qui aura été ainsi déposé ne pourra être retiré que sur l'avis motivé des trois dépositaires des clefs, et approuvé par l'archevêque ou évêque : l'avis ainsi approuvé restera dans le même dépôt.

Art. 67. Tout notaire devant lequel il aura été passé un acte contenant donation entre vifs ou disposition testamentaire au profit d'un séminaire ou d'une école secondaire ecclésiastique, sera tenu d'en instruire l'évêque qui devra envoyer les pièces, avec son avis, à notre ministre des cultes, afin que, s'il y a lieu, l'autorisation pour l'acceptation soit donnée en la forme accoutumée.

Ces dons et legs ne seront assujettis qu'au droit fixe de 1 franc. (*Ils paient aujourd'hui le droit proportionnel.*)

Art. 68. Les remboursements et les placements des deniers provenant des dons ou legs aux séminaires ou aux écoles secondaires, seront faits conformément aux décrets et décisions ci-dessus cités.

Art. 69. Les maisons et bien ruraux des séminaires et des écoles secondaires ecclésiastiques, ne pourront être loués ou affermés que par adjudication aux enchères, à moins que l'archevêque ou évêque et les membres du bureau ne soient d'avis de traiter de gré à gré, aux conditions dont le projet signé d'eux sera remis au trésorier et ensuite déposé dans la caisse à trois clefs. Il en sera fait mention dans l'acte.

Pour les baux excédant neuf ans les formalités prescrites par l'article 9 ci-dessus devront être remplies.

Art. 70. Nul procès ne pourra être intenté, soit en demandant, soit en défendant, sans l'autorisation du conseil de préfecture, sur la proposition de l'archevêque ou évêque, après avoir pris l'avis du bureau d'administration.

Art. 71. L'économe sera chargé de toutes les dépenses : celles qui seraient extraordinaires ou imprévues devront être autorisées par l'archevêque ou évêque, après avoir pris l'avis du bureau ; cette autorisation sera annexée au compte.

Art. 72. Il sera toujours pourvu aux besoins du séminaire principal, de préférence aux autres écoles ecclésiastiques, à moins qu'il n'y ait, soit par l'institution de ces écoles secondaires, soit par des dons ou legs postérieurs, des revenus qui leur auraient été spécialement affectés.

Art. 73. Tous deniers destinés aux dépenses des séminaires, et provenant soit des revenus de biens fonds ou de rentes, soit des remboursements, soit des recours du Gouvernement, soit des libéralités des fidèles, et en général quelle que soit leur origine, seront, à raison de leur destination pour un service public, versés dans une caisse à trois clefs, établie dans un lieu sûr au séminaire : une de ces clefs sera entre les mains de l'évêque ou de son vicaire général, l'autre entre celles du directeur du séminaire, et la troisième dans celles du trésorier.

Art. 74. Ce versement sera fait le premier de chaque mois par le trésorier, suivant un état ou bordereau qui comprendra la recette du mois précédent, avec indication d'où provient chaque somme, sans néanmoins qu'à l'égard de celles qui auront été données, il soit besoin d'y mettre les noms des donateurs.

Art. 75. Le trésorier ne pourra faire, même sous prétexte de dépense urgente, aucun versement que dans ladite caisse à trois clefs.

Art. 76. Quiconque aurait reçu pour le séminaire une somme qu'il n'aurait pas versée dans les trois mois entre les mains du trésorier, et le trésorier lui-même qui n'aurait pas, dans le mois, fait les versements à la caisse à trois clefs, seront poursuivis conformément aux lois concernant le recouvrement des deniers publics.

Art. 77. La caisse acquittera, le premier jour de chaque mois, les mandats de la dépense à faire dans le courant du mois, lesdits mandats signés par l'économe et visés par l'évêque; en tête de ces mandats seront les bordereaux indiquant sommairement les objets de la dépense.

Art 78. La commission administrative du séminaire transmettra, au commencement de chaque semestre, les bordereaux de versement par les économes et les mandats des sommes payées. Le préfet en donnera décharge, et en adressera les *duplicata* au ministre des cultes avec ses observations.

Art. 79. Le trésorier et l'économe de chaque séminaire rendront, au mois de janvier, leurs comptes en recette et en dépense, sans être tenus de nommer les élèves qui auraient eu part aux deniers affectés aux aumônes : l'approbation donnée par l'évêque à ces sortes de dépenses leur tiendra lieu de pièces justificatives.

Art. 80. Les comptes seront visés par l'évêque qui les transmettra au ministre des cultes; et si aucun motif ne s'oppose à l'approbation, le ministre les renverra à l'évêque qui les arrêtera définitivement et en donnera décharge.

Loi du 18 novembre 1814,

RELATIVE A LA CÉLÉBRATION DES FÊTES ET DIMANCHES.

Art. 1er. Les travaux ordinaires seront interrompus les dimanches et jours de fêtes reconnus par la loi de l'État.

Art. 2. En conséquence, il est défendu, lesdits jours : 1o aux marchands, d'étaler et de vendre, les ais et volets des boutiques ouverts; 2o aux colporteurs et étalagistes, de colporter et d'exposer en vente leurs marchandises dans les rues et places publiques; 3o aux artisans et ouvriers, de travailler extérieurement et d'ouvrir leurs ateliers; 4o aux chartiers et voituriers employés à des services locaux, de faire des chargements dans les lieux publics de leur domicile.

Art. 3. Dans les villes dont la population est au-dessous de cinq mille âmes, ainsi que dans les bourgs et villages, il est défendu aux cabaretiers, marchands de vins, débitants de boissons, traiteurs, limonadiers, maîtres de paume et de billard, de tenir leurs maisons ouvertes et d'y donner à boire et à jouer lesdits jours pendant le temps de l'office.

Art. 4. Les contraventions aux dispositions ci-dessus seront constatées par procès-verbaux des maires et adjoints, ou des commissaires de police.

Art. 5. Elles seront jugées par les tribunaux de police simple et punies d'une amende qui, pour la première fois, ne pourra excéder 5 fr.

Art. 6. En cas de récidive, les contrevenants pourront être condamnés au *maximum* des peines de police.

Art. 7. Les défenses précédentes ne sont pas applicables : 1o aux marchands de comestibles de toute nature, sauf cependant l'exécution de l'art. 3; 2o à tout ce qui tient au service de santé; 3o aux postes, messageries et voitures publiques; 4o aux voituriers de commerce par terre et par eau, et aux voyageurs; 5o aux usines dont le service ne pourrait être interrompu sans dommage; 6o aux ventes usitées dans les foires et

25*

fêtes dites *patronales*, et au débit des menues marchandises dans les communes rurales, hors le temps du service divin ; 7° aux chargements de navires marchands et autres bâtiments de commerce maritime.

Art. 8. Sont également exceptés des défenses ci-dessus, les meuniers et les ouvriers employés : 1° à la moisson et autres récoltes; 2° aux travaux urgents de l'agriculture; aux constructions et réparations motivées par un péril imminent; à la charge, dans ces deux derniers cas, d'en demander la permission à l'autorité municipale.

Art. 9. L'autorité administrative pourra étendre les exceptions ci-dessus aux usages locaux.

Art. 10. Les lois et règlements de police intérieure, relatifs à l'observation des dimanches et fêtes, sont et demeurent abrogés.

Décret du 18 mai 1806,

CONCERNANT LE SERVICE DANS LES ÉGLISES ET LES CONVOIS FUNÈBRES.

Art. 1er. Les églises sont ouvertes gratuitement au public. En conséquence, il est expressément défendu de rien percevoir dans les églises et à leur entrée de plus que le prix des chaises, sous quelque prétexte que ce soit.

Art. 2. Les fabriques pourront louer des bancs et des chaises suivant le tarif qui a été ou sera arrêté, et les chapelles de gré à gré.

Art. 3. Le tarif du prix des chaises sera arrêté par l'évêque et le préfet; et cette fixation sera toujours la même, quelles que soient les cérémonies qui auront lieu dans l'église.

Art. 4. Dans toutes les églises, les curés, desservants et vicaires feront gratuitement le service exigé pour les morts indigents; l'indigence sera constatée par un certificat de la municipalité.

Art. 5. Si l'église est tendue pour recevoir un convoi funèbre et qu'on présente ensuite le corps d'un indigent, il est défendu de détendre jusqu'à ce que le service de ce mort soit fini.

Art. 6. Les règlements dressés et ceux qui le seront à l'avenir par les évêques, sur cette matière, seront soumis par notre ministre des cultes, à notre approbation.

Art. 7. Les fabriques feront par elles-mêmes, ou feront faire par entreprise aux enchères, toutes les fournitures nécessaires au service des morts dans l'intérieur de l'église, et toutes celles qui sont relatives à la pompe des convois, sans préjudicier aux droits des entrepreneurs qui ont des marchés existants. Elles dresseront, à cet effet, des tarifs et des tableaux gradués par classe ; ils seront communiqués aux conseils municipaux et aux préfets, pour y donner leur avis, et seront soumis par le ministre des cultes, pour chaque ville, à l'approbation de l'Empereur. Le ministre de l'intérieur leur transmettra pareillement, à cet égard, les avis des conseils municipaux et des préfets.

Art. 8. Dans les grandes villes, toutes les fabriques se réuniront pour ne former qu'une seule entreprise.

Art. 9. Dans les communes où il n'existe pas d'entreprise et de marché pour les sépultures, le mode du transport des corps sera réglé par les préfets et les conseils municipaux. Le transport des indigents sera fait gratuitement.

Art. 10. Dans les communes populeuses, où l'éloignement des cimetières rend le transport coûteux, et où il est fait avec des voitures, les autorités municipales, de concert avec les fabriques, feront adjuger aux enchères l'entreprise de ce transport, des travaux nécessaires à l'inhumation et de l'entretien des cimetières.

Art. 11. Le transport des morts indigents sera fait décemment et gratuitement ; tout autre transport sera assujetti à un tarif fixe ; les familles qui voudront quelque pompe traiteront avec l'entrepreneur, suivant un tarif qui sera dressé à cet effet. Les règlements et marchés qui fixeront cette taxe et le tarif, seront délibérés par les conseils municipaux, et soumis ensuite, avec l'avis du préfet, par notre ministre de l'intérieur, à notre approbation.

Art. 12. Il est interdit, dans ces règlements et marchés, d'exiger aucune surtaxe pour les présentations et stations à l'église, toute personne ayant également le droit d'y être présentée.

Art. 13. Il est défendu d'établir aucun dépositaire dans l'enceinte des villes.

Art. 14 Les fournitures précitées par l'article 11, dans les villes où les fabriques ne fournissent pas elles-mêmes, seront données ou en régie intéressée, ou en entreprise, à un seul régisseur ou entrepreneur. Le cahier des charges sera proposé par le conseil municipal, d'après l'avis de l'évêque, et arrêté définitivement par le préfet.

Art. 15. Les adjudications seront faites selon le mode établi par les lois et règlements, pour tous les travaux publics. En cas de contestations entre les autorités civiles, les entrepreneurs et les fabriques, sur les marchés existants, il y sera statué sur les rapports des ministres de l'intérieur et des cultes.

Décret du 17 novembre 1811,

RELATIF AU REMPLACEMENT DES TITULAIRES DE CURES EN CAS D'ABSENCE OU DE MALADIE.

Art. 1er. Dans le cas où un titulaire se trouverait éloigné temporairement de sa paroisse, un ecclésiastique sera nommé par l'évêque pour le remplacer provisoirement; et cet ecclésiastique recevra, outre le casuel auquel le curé ou desservant aurait eu droit, une indemnité.

Art. 2. Si le titulaire est éloigné pour cause de mauvaise conduite, l'indemnité du remplaçant provisoire sera prise sur le revenu du titulaire, soit en argent, soit en biens fonds.

Art. 3. Si le revenu est en argent, l'indemnité du remplaçant sera, savoir : dans une succursale de 250 fr. par an, au prorata du temps de remplacement; dans une de deuxième classe, de 600 francs; et, dans une cure de première classe, de 1,000 francs. Cette indemnité sera prélevée, au besoin, en partie ou en totalité, sur la pension ecclésiastique du titulaire.

Art. 4. Si le titulaire est doté, partie en biens fonds, par exception à la loi de germinal an X, partie en supplément pécuniaire, pour lui compléter un revenu de 500 fr., l'indemnité du remplaçant sera de 250 fr., à prendre d'abord sur le supplément pécuniaire, et, en cas d'insuffisance, sur les revenus ou biens fonds.

Art. 5. Si le titulaire ayant moins de 500 fr. de revenu ou biens fonds, jouit d'une pension ecclésiastique au moyen de laquelle il n'a point à recevoir de supplément, l'indemnité de 250 fr. du remplaçant sera d'abord prise sur la pension, et, au besoin, sur les biens fonds.

Art. 6. Si le titulaire jouit d'un revenu de 500 fr. entièrement en biens fonds, l'indemnité du remplaçant sera également de 250 fr., à prendre entièrement sur les revenus.

Art. 7. Si le revenu du titulaire en biens fonds excède 500 fr., l'indemnité du remplaçant sera de 300 fr., lorsque ce revenu sera de 500 à 700 fr.; et des deux tiers du revenu au-dessus de 500 fr.

Art. 8. Dans le cas d'absence pour cause de maladie, il sera conservé au titulaire de succursale et de cure de deuxième classe, et, dans les cures dotées en biens fonds, à tous les curés dont la dotation n'excéderait pas 1,200 fr., un revenu jusqu'à concurrence de 700 fr.

Art. 9. Le surplus de l'indemnité du remplaçant, ou la totalité de l'indemnité, si le revenu n'est pas de 700 fr., sera, comme le paiement des vicaires, à la charge de la fabrique de la paroisse, et, en cas d'insuffisance du revenu de la fabrique, à la charge de la commune, conformément au décret du 30 décembre 1809, concernant les fabriques.

Art. 10. Cette indemnité, à la charge de la commune ou de la fabrique, est fixée : dans les succursales, à 250 fr. ; dans les cures de deuxième classe, à 400 fr. ; dans les cures dont le revenu, soit entièrement en biens fonds, soit avec un supplément pécuniaire, s'élève à 500 fr., à 250 fr. ; lorsque le revenu en biens fonds s'élève de 500 fr. à 700 fr., à 300 fr. ; de 700 à 1,000 fr., à 350 fr. ; et de 1,000 fr. à 1,200 fr., à 300 fr.

Art. 11. Lorsque le titulaire, absent pour cause de maladie, est curé de première classe, ou que le revenu de sa cure, en biens fonds, excède 1,200 fr., l'indemnité du remplaçant sera à sa charge. Cette indemnité est fixée, savoir : dans une cure de première classe, à 700 fr. ; dans les cures dont la dotation en biens fonds s'élève plus haut que 1,500 jusqu'à 2,000 fr., à 800 fr. ; et au-dessus de 2,000 fr., à 1,000 fr.

Art. 12. L'absence d'un titulaire, pour cause de maladie, sera constatée au moyen d'un acte de notoriété, dressé par le maire de la commune où est la paroisse.

Art. 13. Quelle que soit la cause de l'éloignement du titulaire, lorsque l'indemnité du remplaçant, dans les cures dotées entièrement en biens fonds, doit être fixée d'après le produit des revenus fonciers, le montant de ce produit sera évalué au moyen d'un acte de notoriété semblable.

Art. 14. Toutes les fois que dans les cures dotées en biens fonds par une dérogation autorisée par nous à la loi de germinal an X, l'indemnité du remplaçant étant à la charge du titulaire, une partie ou la totalité doit en être imputée sur les revenus de la cure, le remplaçant sera créancier privilégié du titulaire, et sur les revenus, de la somme qui lui en revient.

Art. 15. Lorsqu'un curé ou desservant sera devenu, par son âge ou ses infirmités, dans l'impuissance de remplir seul ses fonctions, il pourra demander un vicaire qui soit à la charge de la fabrique, et en cas d'insuffisance de son revenu, à la charge des habitants, avec le traitement tel qu'il est réglé par l'article 40 du décret du 30 décembre 1809, sur les fabriques.

Ordonnance du Roi du 27 décembre 1846,

QUI DÉTERMINE LES AFFAIRES QUI NE SERONT POINT PORTÉES A L'ASSEMBLÉE GÉNÉRALE DU CONSEIL D'ÉTAT.

Art. 1er. Ne seront point portées à l'assemblée générale du conseil d'État, et nous seront immédiatement soumis après avoir été délibérés dans les comités, les projets d'ordonnance qui ont pour objet : 1o d'autoriser l'établissement d'églises, de succursales, de chapelles, d'oratoires et de tous autres établissements consacrés au culte, lorsqu'il n'y aura aucune réclamation; 2o d'autoriser l'acceptation de dons ou legs, faits à des établissements religieux ou autres établissements publics tenus de se pourvoir de ladite autorisation, dans le cas seulement où lesdits legs ou dons n'auront donné lieu à aucune réclamation et ne dépasseront pas 50,000 fr.; tout projet d'ordonnance portant réduction ou refus d'autorisation sera soumis à l'assemblée générale; 3o d'autoriser les acquisitions, aliénations, concessions, échanges, baux à longs termes, et l'emploi des capitaux pour les mêmes établissements, lorsqu'il n'y aura aucune réclamation; 4o d'autoriser les transactions faites par lesdits établissements, lorsque les autorités, dont l'avis doit être pris, aux termes des lois et règlements, auront donné leur adhésion au projet; 5o d'autoriser les emprunts faits par les mêmes établissements, quand le remboursement devra s'opérer à l'aide des revenus ordinaires et dans un délai de moins de dix années.

Art. 3. Les affaires comprises dans l'article 1er seront portées à l'assemblée générale, lorsque, en raison de leur importance ou de la gravité des questions, les ministres, soit d'office, soit sur la proposition du comité, en auront prononcé le renvoi à l'examen du conseil d'État.

Décret du Président de la République du 22 janvier 1852,

ÉTABLISSANT UNE CAISSE DE RETRAITE POUR LES DESSERVANTS LES PLUS PAUVRES.

Art. 1er. Les biens meubles et immeubles qui sont l'objet de la donation faite le 7 août 1830, par le roi Louis-Philippe, sont restitués au domaine de l'État.

Art. 4. Les biens faisant retour à l'État seront vendus en partie, à la diligence de l'administration des domaines, pour le produit en être réparti ainsi qu'il suit :

Art. 8. Cinq millions serviront à établir une caisse de retraite au profit des desservants les plus pauvres.

Décret du 16 février 1852,

RELATIF A LA FÊTE DU 15 AOUT.

Louis Napoléon, — Considérant que la célébration des anniversaires politiques rappelle le souvenir des discordes civiles, et que pour les fêtes, c'est un devoir de choisir celle dont la consécration tend le mieux à réunir tous les esprits dans le sentiment commun de la gloire nationale, décrète :

Art. 1er. A l'avenir, sera seul reconnu et célébré comme fête nationale l'anniversaire du 15 août.

Art. 2. Toutes les dispositions des lois antérieures, contraires au présent décret, sont abrogées.

Décret du 9 mars 1852,

SUR L'INSTRUCTION PUBLIQUE.

Art. 1er. Le Président de la République, sur la proposition du ministre de l'instruction publique, nomme et révoque les membres du conseil supérieur, les recteurs, les inspecteurs généraux, les professeurs des facultés, etc.

Art. 2. Quand il s'agit de pourvoir à la nomination d'un professeur titulaire dans une faculté, le ministre propose au Président de la République un candidat choisi soit parmi les docteurs âgés de trente ans au moins, soit sur une double liste de présentation, qui est nécessairement demandée à la faculté où la vacance se produit et au conseil académique.

Art. 3. Le ministre, par délégation du Président de la République, nomme et révoque les fonctionnaires et professeurs de l'enseignement secondaire public; il prononce directement et sans recours, contre les membres de l'enseignement secondaire public, la réprimande devant le conseil académique, la censure devant le conseil supérieur, la mutation, la suspension des fonctions, avec ou sans privation totale et partielle de traitement, la révocation.

Il peut prononcer les mêmes peines contre les membres de l'enseignement supérieur, à l'exception de la révocation, qui est prononcée, sur sa proposition, par décret du Président de la République.

FIN DU MANUEL.

TABLE DES MATIÈRES

CONTENUES DANS CE VOLUME.

LOIS OU DÉCRETS REPRODUITS DANS CE VOLUME.

FIN DE LA TABLE DES MATIÈRES.

Contraste insuffisant

NF Z 43-120-14

www.ingramcontent.com/pod-product-compliance
Lightning Source LLC
Chambersburg PA
CBHW060952280326
41935CB00009B/701